创业基础：

大学生的创新创业之道

（第二版）

主　编　张立峰　柏文静　李红艳
副主编　林艳辉　刘　延　张　丹　张大庆
参　编　张　爽　张赫楠　牟晓娜　潘　玥
　　　　由晓霞　张立辉　宿桂红　代海涛

中国人民大学出版社
·北京·

图书在版编目（CIP）数据

创业基础：大学生的创新创业之道/张立峰，柏文静，李红艳主编．--2版．--北京：中国人民大学出版社，2021.1
ISBN 978-7-300-28932-8

Ⅰ.①创… Ⅱ.①张…②柏…③李… Ⅲ.①大学生一创业一高等学校一教材 Ⅳ.①G647.38

中国版本图书馆CIP数据核字（2021）第013965号

创业基础：大学生的创新创业之道（第二版）
主　编　张立峰　柏文静　李红艳
副主编　林艳辉　刘　延　张　丹　张大庆
参　编　张　爽　张赫楠　牟晓娜　潘　玥　由晓霞　张立辉　宿桂红　代海涛
Chuangye Jichu：Daxuesheng de Chuangxin Chuangye zhi Dao

出版发行	中国人民大学出版社		
社　　址	北京中关村大街31号	**邮政编码**	100080
电　　话	010－62511242（总编室）		010－62511770（质管部）
	010－82501766（邮购部）		010－62514148（门市部）
	010－62515195（发行公司）		010－62515275（盗版举报）
网　　址	http://www.crup.com.cn		
经　　销	新华书店		
印　　刷	北京鑫丰华彩印有限公司	**版　　次**	2015年3月第1版
规　　格	185 mm×260 mm　16开本		2021年1月第2版
印　　张	12.5	**印　　次**	2021年1月第1次印刷
字　　数	298 000	**定　　价**	38.00元

前言

中国高等教育的大众化保证了经济与社会的可持续发展，但大学毕业生市场供需的结构性失衡也导致了严重的就业问题。在如此严峻的形势之下，政府提出“以创业带动就业”的战略思想。在教育部的引领和推动下，我国许多高等院校积极开展创业教育，大学生的创业意识逐步增强，创业能力得到历练，鼓励大学生创业的社会环境逐步形成。但是，在此过程中也暴露出一些问题，包括整体创业氛围稚嫩、大学生综合素质有待提升、创业导师资源有限、教育方法不当等，致使创业教育发展缓慢。面对当前许多大学生创业技能不足、创业的心理素质比较脆弱的情况，创新性创业教育体系的构建与完善尤为重要。

本书遵循教育部2012年8月颁布的《普通本科学校创业教育基本要求（试行）》中的“创业基础”教学大纲，系统地阐述了开展创业活动所需要的基本知识，主要包括创新与创业、创业者与创业团队、创业机会、商业模式、创业资源、创业风险、创业策划、新企业的开办、新企业的管理九个主题。为了给学生提供更加丰富的创业信息，本书还设置了“创业者的故事”和“创业项目集锦”两个特殊主题，通过鲜明的创业人物和生动的商业案例加深学生的理解，使学生树立科学的创业观，掌握创业的基本理论，具备必要的创业能力。本书将创业相关的知识点提炼为45个具体问题，通过对问题的解答，深入浅出地将创业的相关概念、理论、方法展现在学生面前。书中设置了案例、练习、知识拓展、学习总结等环节，以提高学生的学习兴趣，强化学生对相关内容的掌握。

本书是吉林省创新创业教育教学改革重点课题研究成果。本书由张立峰负责结构的设计与审核，李红艳负责主题1的撰写，张大庆负责主题2的撰写，张赫楠负责主题3的撰写，柏文静负责主题4、主题6、主题8、主题10的撰写，张丹负责主题5的撰写，林艳辉负责主题7的撰写，张爽、刘延、牟晓娜、由晓霞负责主题9的撰写，潘玥、由晓霞、张立辉、宿桂红、代海涛负责主题11的撰写，张大庆、张赫楠负责全书数据的审核与文字校对。各位作者在本书的编写过程中都贡献了宝贵的智慧，希望本书可以为国家创业教育体系的完善尽微薄之力。

由于作者水平有限且时间仓促，书中难免会有疏漏之处，敬请各位专家、同行及广大读者批评指正。

编者

2020年12月

目　录

主题1

创新与创业

Q1：何谓创新？
Q2：怎样实现创新？
Q3：如何定义创业？
Q4：创新与创业有何关联？
Q5：创业到底有多难？
Q6：我们该不该创业？

Q1：何谓创新？

创新是基于现有“冲突”的变革

希腊哲学家赫拉克利特有一句名言：“世上唯一不变的就是变化本身。”世上的万物都在变，人的需求在变，各种行业在变，组织的管理模式在变，国家的经济体系在变。所有的变化意味着原有的观念与模式不断地与现实情况发生冲突。当冲突发生时，固守原有模式自然不是理智的选择，变革才是顺势而为的明智之举，而创新就是基于冲突的变革。

世上绝大多数的变化源自人的渴望。以人们对声音的渴望为例：1877 年爱迪生将留声机带入人们的视野，满足了人们对储存并分享声音的渴望。但第一代留声机的音质保真性不强，因此很快就出现了保真性更强且更便宜的黑胶唱片机，黑胶唱片成为占统治地位的声音载体。直到 1963 年盒式磁带诞生。盒式磁带与磁带录音机可以称为 20 世纪末最完美的声音组合，由于其声音的清晰性和使用的便捷性，迅速得到普及。但磁带的寿命较短，且收音功能有限，为了进一步满足人们的需求，1982 年索尼公司推出了世界上第一台 CD 播放器，正式开启了数字音频的时代。很快，MP3 数字音乐流行起来。起初，MP3 文件只能由电脑来播放，随着人们随时随地欣赏音乐需求的高涨，一些厂商看到了商机并开始尝试生产 MP3 音乐播放器，1998 年韩国世韩公司（Saehan）推出了世界上第一台 MP3 播放器——MPMan F10，终结了 CD 时代，但很快又被智能手机所终结。回望这一段历史不难发现，人们持续升级的渴望不断地与现实情况发生冲突，而变革是解决冲突的唯一途径，所以创新不是超脱现实的创造，而是面对现实的必然选择。

哈佛商学院克莱顿·克里斯坦森教授在1997年出版的《创新者的窘境》一书中提到，创新有两种类型：持续性创新和破坏性创新。持续性创新是以渐进式变化为基础，始终保持原有的商业模式，例如在MP3的时代，苹果、徕声科技等公司先后推出了硬盘MP3播放器、软硬结合的MP3播放器、微硬盘MP3播放器、闪存式彩屏MP3播放器和带有摄影功能的MP3播放器，这些产品都是基于进一步满足消费者需求设计的，其根本的商业模式并没有改变。破坏性创新则是以颠覆性的方式转变一个行业，例如前文提及的人们记录声音的整个历史，智能手机"破坏了"MP3播放器，MP3播放器"破坏了"CD播放器，CD播放器"破坏了"磁带录音机，磁带录音机"破坏了"黑胶唱片机，黑胶唱片机"破坏了"留声机，每一个阶段的发展都建立在对旧模式的破坏的基础之上。

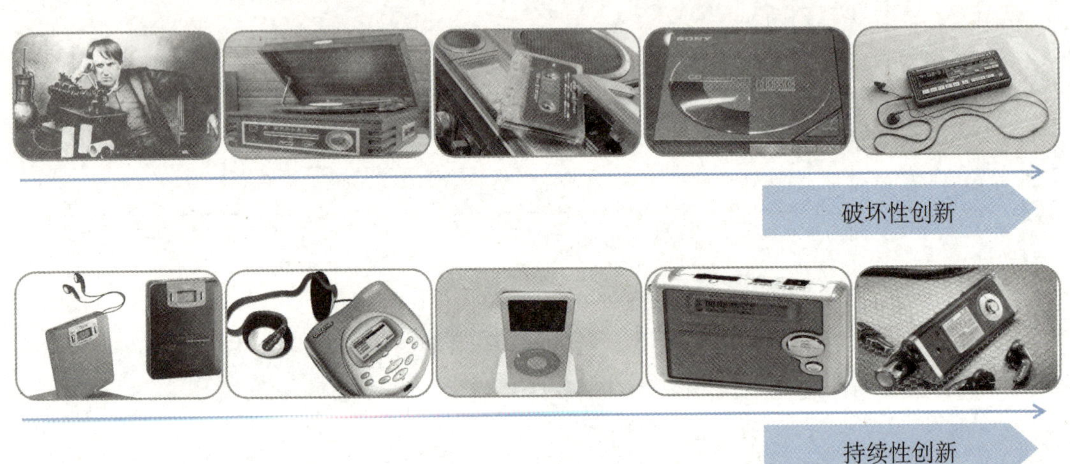

此外，还有一种名为"大爆炸式创新"的创新模式，这个词是由拉里·唐斯和保罗·纽恩斯共同创造的，主要是指基于宽带网络、云计算、物联网等新技术而出现的瞬间替代与革新，例如由互联网的发展而催生出的电子商务、三方物流、大数据等行业。

总而言之，面对创新应该有一个正确的认识，它是时代发展的必然，不要抵触创新，要学会适应变革，享受创新。

练习：大胆猜想一下，未来20年，下列各个领域将会变成什么样子？

教育	农业
医疗	旅游
养老	游戏

Q2：怎样实现创新？

最简单的创新就是“复制＋改良”

“创新”这个词听起来很复杂，好像需要很高深的智慧，但实际上，只要用心，人人都可以实现创新。创新既包括“从0到1”的开创，也包括“从1到N”的完善。而无论是开创还是完善，都可以借鉴“复制＋改良”的思考模式，采用“D-A-T-T”的操作方法。

Discovery　以“同理心”**发现**现实和潜在的冲突。

Accumulation　不断**积累**信息，保证“复制”的基础。

Transformation　重组资源，**转换**场景，激发创新的火花。

Testing　大胆尝试，思考**测试**中出现的失败。

D 发现

创新的第一步是明确目标，即明确你想要改变什么，或者说，你想要解决什么样的冲突。而确定冲突的方式则是站在消费者的角度，以“同理心”去感受和发现问题。

A 积累

创新的第二步是扩大自己的信息涉猎面，不断积累各个行业和各个领域的知识，不管它们是否与上述冲突直接相关。以创新商业模式为例，积累的过程就是不断了解不同行业的商业模式，并尝试从其中得到启发。

T 转换

创新的第三步是转换场景，针对第一步中发现的冲突，尝试重新组合资源，将运用于其他行业和领域原本是解决其他问题的方法转换到你发现的这个问题上面，测试是否可行，是否能产生新的火花。

T 测试

创新的第四步是对所有可能的解决方法进行测试，并不断反思测试中出现的失败。不畏惧失败，在失败中吸取经验，反复锤炼，直至呈现质的飞跃。

案例——上海盛大网络发展有限公司的《传奇》游戏

D

上海盛大网络发展有限公司（以下简称盛大网络）是国内领先的互动娱乐媒体企业，向用户提供多元化的互动娱乐内容和服务。盛大网络旗下的盛大游戏拥有国内最丰富的自主知识产权网络游戏的产品线，向用户提供包括大型多人在线角色扮演游戏、休闲游戏等多样化的网络游戏产品，是我国网络游戏领域的先驱者。在2001年之前，国内大型网络游戏市场基本处于空白状态，研发和推广大型游戏的成本几乎超出了国内所有企业的能力范围。

A

面对大型网络游戏日益增长的市场需求与国内游戏开发公司研发力量薄弱之间的冲突，盛大网络开始积极寻找解决方案。盛大网络先后了解了国内不同规模游戏开发公司的竞争实力和运营特点，调查了韩国、日本、美国等多个国家在推行大型网络游戏时的运营模式，甚至对网络衍生企业的发展方式和战略选择都进行了研究，形成了充分的“复制”基础。

T

通过对相关行业和企业的充分研究，盛大网络选择了原本广泛应用于贸易领域的代理方式在国内引入大型网络游戏，并通过仔细分析和筛选，将推广的游戏确定为韩国娱美德公司（Wemade）开发的《传奇》。2001年11月，《传奇》正式上市，并迅速登上各软件销售排行榜榜首。盛大网络以代理的方式引入大型网络游戏是一种创新性的转换模式。

T

在推广《传奇》游戏的过程中，盛大网络并不是一成不变的代理，而是在运营过程中不断发现问题，并结合我国网络游戏发展特点和消费者的需求变化对自身业务的运营模式进行逐步完善。缺少技术曾经是盛大网络最头疼的问题，现在公司已经拥有了国内最丰富的自主知识产权网络游戏产品线，这就是在创新测试的过程中积累的经验。

练习：以你感兴趣的领域为例，梳理一下创新的思路。

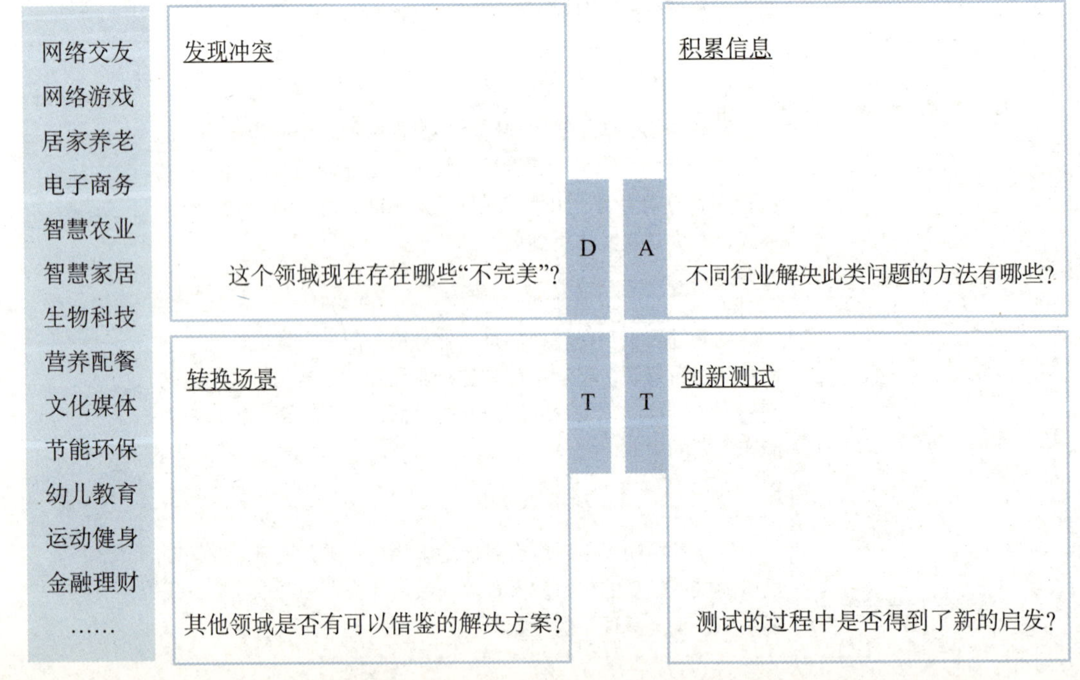

Q3：如何定义创业？

为人生而做的所有努力都是创业

“创业”是一个有丰富内涵的词语，如果在《牛津高阶英汉双解词典》中查找“创业”的译义，会得到两种答案：一种答案强调的是动态的过程，如 start an undertaking，found a business，do pioneering work；而另一种则凸显着静态的特性，如 venture 和 entrepreneurship，其中 venture 最原始的意义是“冒险”，它暗示了企业在创办及运营期间必然会面临困难，相较于 venture，entrepreneurship 强调的则是创业过程中体现出来的必要素质。

“创业”一词在中国同样具有悠久的历史，它并不单单代表着某类企业的创办，而是暗指一种巨大的成就或贡献。《辞海》中将“创业”定义为“开创建立基业、事业”，诸葛亮的《出师表》中有“先帝创业未半，而中道崩殂”之言，足见“创业”有开天辟地之意。

纵观创业学术研究史，不难发现，学者们都在尝试从不同的层面和视角对“创业”进行界定和描述，在这一过程中逐渐形成了两大学派，分别是以霍华德·斯蒂芬森（Howard H. Stevenson）为代表的哈佛商学院学派和以杰弗里·蒂蒙斯（Jeffry A. Timmons）为代表的百森商学院学派。

哈佛商学院学派

强调创业的本质，创业是不拘于当前所控制资源而探寻机会并创造价值的过程。

百森商学院学派

强调机会的重要性，创业是一种思考、推理和行动的方法，它不仅要受机会制约，还要求创业者有缜密的实施方法，并讲求高效平衡技巧的领导艺术。

目前，学术界对于“创业”的定义主要集中在“能力”“价值”“过程”“结果”四个方面。结合学者们的观点，本书认为“创业”可以从狭义和广义两个层面进行界定。

狭义层面的创业指的是创业者在详细的市场调查的基础上，发现机会，并通过资源整合实现其蕴藏的价值的过程。

广义层面的创业指的是创立自己的人生事业，它包含了一个人为人生而做出的所有努力。

练习：尝试绘制自己的人生规划。

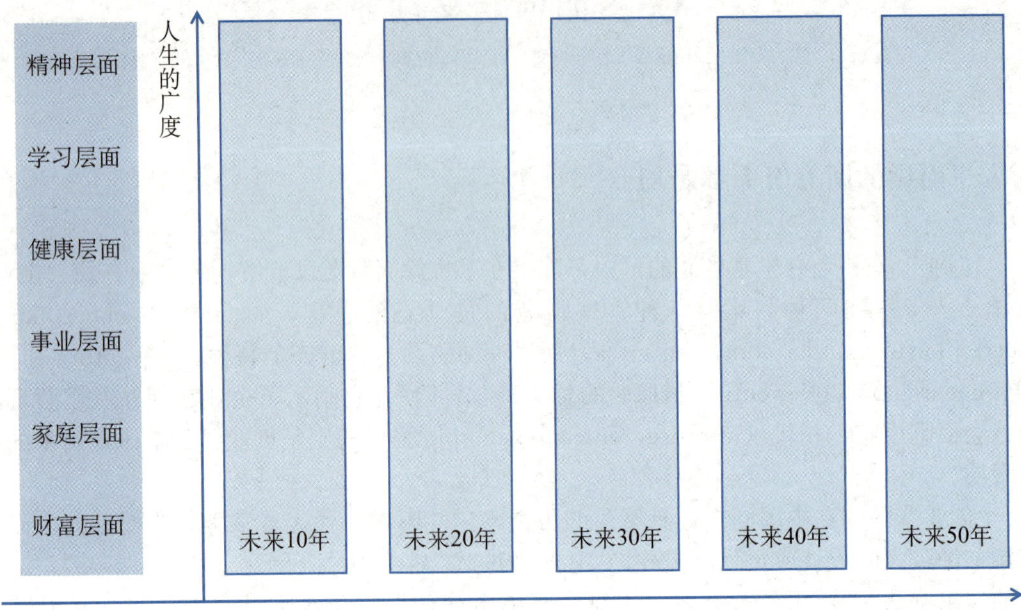

Q4：创新与创业有何关联？

创新是创业的本质与基础

“创新”是以新思维、新发明和新描述为特征的一种概念化过程。“创新”一词起源于拉丁语，它的原意有三层含义，一是更新，二是创造新的东西，三是改变。而经济学范畴的“创业”指的是主体以创造价值和就业机会为目的，通过组建一定的企业组织形式，为社会提供产品和服务的经济活动。由此不难看出，创业的本质就是创新，创新是创业的灵魂，两者存在密切的内部联系。

创新与创业之间的关联表现在两个层面。首先，创新是创业的基础，创业的前提是发现商机，而商机成立的前提是发现并能够解决现实或潜在的冲突，所以创业的前提是创新。其次，创业是对创新想法的有效验证，创新的成效只有通过创业的实践来进行验证。所以，创新是创业的基础，而创业是创新的验证。以“高校邦”为例，“高校邦”是专门为中国高校打造的智慧学习平台，其针对现有高校教育资源有限的问题，提出以“互联网＋教育”的思路构建高校智慧学习平台，期望借助全社会的教育资源进行更高素质的人才培养。“互联网＋教育”是“高校邦”的创新，而正式的上线运行便是其对于这个创新的验证与完善。综上所述，创新与创业之间是相互影响、相互支持的关系。

Q5：创业到底有多难？

80%的新企业在创立的第一年便失败了

创业是就业的最高形态，如果有人说“我没有找到工作，先创业吧”，那么他大概率是会失败的。我们总是羡慕马云、马化腾、王健林等那些成功的企业家，而选择无视绝大多数的失败者，这是一种对现实的逃避。创业远比你想象中要难，你可以从以下几个方面来感受创业的难度。

创业对人的改变

也许有些年轻人会觉得，与其朝九晚五给别人打工，不如自己做老板，既可以赚到钱，又在时间上很自由。这是一种大错特错的想法！先不说能不能赚到钱，单说创业的付出，有可能是打工时的十余倍。走在创业道路上的人不仅被挤占了全部的时间，更是被挤占了全部的心灵，每天有操不完的心，有解决不完的问题，长期承受着高压。企业还小时，担心做不大；企业做大了，担心养不活；面对困难时其他人都可以逃避责任，唯独你不行。当然，创业也会让人学会坚强、勇敢和练达，这也是让人成长的兴奋点。

创业需要什么？

创业是一个非常艰巨的事业，也是一个繁杂且复合的系统，它需要很多条件、资源和要素。根据“创业教育之父”杰弗里·蒂蒙斯提出的创业要素模型——蒂蒙斯模型，可知创业的关键要素包括创业机会、创业团队和创业资源，三者之间互相支撑，且处于动态平衡状态。

创业机会是创业活动的前提，绝大多数的创业活动都是源自创业机会的发掘，理智的创业者会选择在掌握了高价值创业项目的基础之上开始组建团队并整合资源。

创业团队是创业活动的中心，创业是一种高强度的活动，创业者要进行市场的分析、项目的评估、资金的筹集、风险的管理等多项工作，需要的是一个有着共同追求且能力互补的团队。所以，高度匹配的团队也是创业的关键要素。

创业资源是创业活动的基础，创业资源是初创企业在创造价值的过程中需要的特定资产，包括有形资产和无形资产，它是企业创立和运营的必要条件。

创业机会、创业团队和创业资源是创业活动的三大关键要素，任何一个要素的缺失都会导致创业活动的失败。

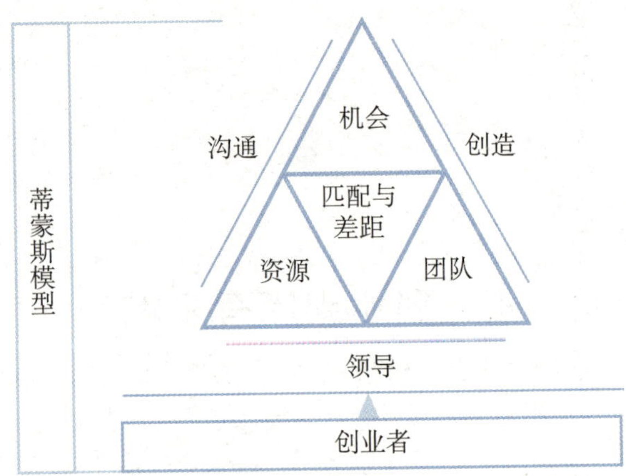

创业要经历什么?

创业并不是单凭一腔热血就可以做出的决定，走上创业道路之前，你不仅需要拥有高价值的创业项目、齐备的创业资源、团结的创业团队，更要做好“通关打怪”的心理准备，在创业路上你要闯过“九九八十一难”。

在创业规划期，你要对外部市场进行细致分析，充分验证创业项目的商业价值，把握目标市场的消费特性，准确推算项目的预期收益，预测出项目上市后可能遭遇的所有风险。即使是这样，还会有很多你想不到的问题，而且这个阶段还只是“初步烧脑期”。

在创业准备期，你要对团队成员进行挑选，组建真正强大的创业团队，还要借助一切可以借助的力量获取创业资源，包括政策、技术、人才、信息、渠道、品牌等，这是创业路途中的“深度烧脑期”，也是考验创业者心理承受能力的关键阶段。

在创业管理期，你要把自己锻炼成真正的企业家，学会从战略的角度分析各种问题，制定企业中长期发展规划，设计企业的组织结构，编制企业的人员管理制度，思考企业的风险防范策略，你甚至要学会专业的财务管理知识，这时的你已经进入“习惯性烧脑期”了。

不是每个人都能顺利地走到创业管理期，绝大多数的人在创业规划期就“倒下”了。有些人“死”于自己的不坚定，当他们发现创业远比想象中困难时，就开始犹豫不决，最终放弃；有些人“死”于过于自信，过分相信自己的创业项目能赚到钱，而忽略了市场的验证，最后血本无归；有些人“死”于团队分裂，过分乐观地依赖情感，没有构建出合理的股权结构，最后搞得团队成员间连朋友都做不成；有些人“死”于企业融资过程中的操作失误与各种风险。

走在创业路上的人们有各种不同的“死法”，但“活着”的人却都有共同的特点，他们都有丰富的失败经历，并在一次又一次的失败中吸取教训，积攒经验，当然也沉淀下来丰厚的社会资源，这些都成为日后成功的基础。所以，创业要经历的是失败带来的成长和在终点等着你的成功！

练习：你想问创业者什么问题？

Q6：我们该不该创业？

创业是一种人生态度和选择

“我们该不该创业？”这个问题就像“我们要不要结婚？”一样，每个人都会有不同的答案，而它也可以转换成另外一个问题——“我们为什么创业？”

答案一：为了赚更多钱

这个答案当然可以，创业本来就是商业价值的发掘与实现。但转变一个角度来看，人家凭什么让你赚到钱？捕捉商机并得到市场的信任可是需要高深的智慧与毅力的，如果事情没有预想得顺利，你不但没有赚到钱，还赔光了打工攒下的钱，之后该怎么办呢？

答案二：不想当一辈子打工仔

有人会说“我的老板根本就啥也不会，凭什么我干活，他赚钱”，觉得自己已经积攒了一定的人脉和社会经验，与其给别人打一辈子工，不如自己出来单干。选择这个答案的人，如果原本就有创业的决心，之前所做的一切都是在积攒能量，那么还是“靠谱”的，但如果只是觉得老板“无能”，觉得自己比老板强，应该比老板干得更好，赚得更多，那就危险了。有一首歌的歌词是“没有人能随随便便成功”，同样，也没有一位老板是随随便便成为老板的，他们或者有着丰富的社会资源，或者有着深刻的商场经验，总之，一定比你所认为的厉害。

答案三：手上有点闲钱，想投资创业

选择这个答案的人把创业看得太简单了。前文已经提到创业不仅需要高价值的项目、互补的创业团队、完备的创业资源，更需要一个正确的态度。创业就是一场打不完的仗，你永远有攻打的目标，永远活在没有硝烟的战场。抱持这种观点的人还是选择购买投资理财产品吧。

答案四：发现了一个不错的项目，不想错失良机

很多人在决定是否要走上创业道路时，都会有这样的犹豫，认为自己发现了一个“金矿”，不挖有点可惜。但这种想法犯的是和“答案三”一样的错误，轻视了创业这件事。是否是个“不错的项目”需要经过市场的验证，即使通过了验证，也要看你能不能获取并整合足够的资源。记住，在你发现这个项目之前，至少有一百个人都发现了。创业这张试卷有一百道题要回答，不要只答完一道题就认为自己可以得满分了。

答案五：为了改变自己

这个答案很有稻盛和夫①的风格，选择这种答案的人往往是积极奋进之人，他们希望活着的每一天都能过得充实，渴望用每一分、每一秒的时间提升自己，实现自己的人生价值。他们把创业当成一种修炼，充分感受并享受修炼过程中的痛苦和成长，这种觉悟用在创业上是可以的，但要注意目标的明确性，否则就变成“找罪受”了。

答案六：这是我要的生活

这个答案很“霸气”，只有这份“霸气”才能支撑创业者走在荆棘密布的创业之路上，面对挫折不气馁，面对困难不妥协。冯大辉②所理解的创业就是一种对待工作的态度，他说：“不是说自己一定要单干，比如注册个公司，当个说一不二的老板，才是在创业。想明白工作是为了自己，而不是感觉在为别人打工，这就是创业，创业就是一个更为积极、更为明确的工作态度。”这句话和我们之前对创业的定义不谋而合，创业就是一种对待生活的态度，当你认为我现在所做的一切都是自己想要的、追求的，那你已经在创业的路上

---

① 稻盛和夫，日本商业实业家，曾多次提出“希望自己成为一个比降临人世之初更好的人”。

② 冯大辉，无码科技创始人、CEO，曾任丁香园网站 CTO、支付宝数据库团队技术负责人。

了。当然，当你以这样的认知和态度去创办你的企业时，你也会产生无穷的力量，因为这就是你要的生活，你在为自己的梦想努力。学术界有一种理论叫“创业天赋”论，认为有一些人是为创业而生的。这不是说他们天生就具备创业者的素质和资源，而是他们喜欢开创和挑战的感觉，即使一次次失败也不会影响他们下一次尝试，对这样的人来说，创业就是他们想要的生活。

创业是一种人生的选择，有的人即使拥有充足的资源和高深的智慧，也不会选择这条路，因为那不是他要的生活。只有真正渴望那种生活的人才会走上这条路，而且义无反顾。

创业的路上，今天很残酷，明天更残酷，后天很美好，大部分人死在明天晚上，看不见后天的太阳。

——马云

如果你总是为别人的看法而活，那你已经死了。

——卡洛斯·斯利姆·埃卢

幸运之神会光顾世界上的每一个人，但如果她发现这个人并没有准备好要迎接她时，她就会从大门里走进来，然后从窗子里飞出去。

——比尔·盖茨

你梦想成为什么样的人，你就能成为什么样的人。你今时今日所处的位置都是基于你所信赖和梦想的一切。

——奥普拉·温瑞

成功的秘诀就是大家要一起努力。

——山姆·沃顿

学习总结——请用最简练的语言写下你的答案。

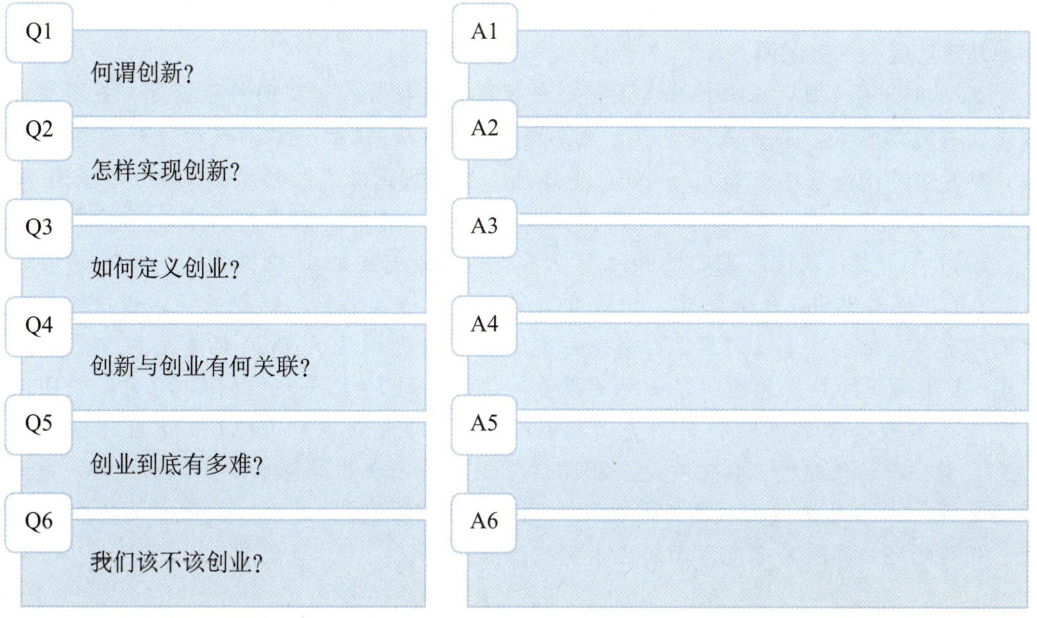

创业者档案

姓　　名： 王兴
国　　籍： 中国
籍　　贯： 福建龙岩
毕业院校： 清华大学
主要成就： 创办美团网、饭否网、校内网

王兴，2001 年毕业于清华大学电子工程系无线电专业，之后前往美国特拉华大学求学。2004 年，王兴中断电子与计算机工程系的博士学业，回国创业。

牛刀小试——多多友

王兴做的第一个项目叫“多多友”，这是典型的社交网站，用户通过注册，公布自己的一些信息或者昵称，并在网上结交一些朋友。之后王兴又做了第二个项目叫“游子图”，这是非常专业的服务性网站，海外留学生把数码照片发到国内，通过信用卡付费，“游子图”负责将照片冲印出来并寄送给他们的父母。虽然两个项目都很有创意，但都没有做出什么名堂。

喟然长叹——校内网

2005 年秋，王兴开始专注做细分市场，他选择了大学校园社交网络服务（SNS），借鉴脸书（Facebook）的运营模式和战略特点，结合国情，开发出了校内网。校内网上线 3 个月便收获 3 万用户。2006 年，校内网的用户量暴增，王兴由于没有充足资金增加服务器和带宽，只能将校内网卖给千橡互动集团。千橡互动集团 CEO 陈一舟从日本软银融得 4.3 亿美元，并将校内网改名为人人网，2011 年人人网在美国纽交所上市。

九转功成——美团网

2010 年 3 月 4 日，王兴推出美团网，并获得天使投资人王江的种子投资。美团网采用的是团购网站模式，业务覆盖美食、电影/演出、酒店/住宿、休闲娱乐、外卖等多个领域，口号为“吃喝玩乐全都有”。2010 年 8 月，美团网获得了红杉资本 1 200 万美元 A 轮投资，并正式开始在全国扩张，先后在上海、西安、广州、无锡、南京、石家庄等地上线。2011 年 7 月，获得阿里巴巴和红杉资本 5 000 万美元的 B 轮投资，同年，销售额超 2.5 亿元，稳居团购业龙头位置。2014 年 5 月，再获得 3 亿美元 C 轮投资，领投机构为泛大西洋资本，红杉资本及阿里巴巴跟投，美团 C 轮融资的估值在 30 亿美元左右。2015 年 1 月，美团网获得 D 轮总额 7 亿美元的投资，估值达到 70 亿美元。同年 10 月，美团网与大众点评宣布合并成立新公司，美团网 CEO 王兴与大众点评 CEO 张涛同时担任联席 CEO，新公司估值超过 150 亿美元。2018 年 4 月，美团收购摩拜单车。同年 9 月，美团登陆港交所。2019 年公司收入达 975 亿元，同比增长 49.5%。目前，美团网无论在企业估值、销售额还是品牌知名度方面均已占据行业领先地位。

主题2

创业者与创业团队

Q1：如何定义创业者？
Q2：创业者是什么样的人？
Q3：创业团队是一种什么样的团队？
Q4：创业团队该如何组建？
Q5：创业团队有哪些管理技巧？

Q1：如何定义创业者？

创业者是怀揣梦想的“疯子”

创业者都是伟大的梦想家，他们以超人的毅力奋战在荆棘密布的创业道路上，在痛苦中努力成长，在成长中呵护梦想。与“创业”一样，关于“创业者”的定义，学术界也有很多不同的版本。

“创业者”最早由法国经济学家坎蒂隆（Cantillon）于1755年提出，当时是用来描述“执行某个项目的人”。1800年，另一位法国经济学家让·巴蒂斯特·萨伊（Jean Baptiste Say）给出了“创业者”的定义，他认为，创业者是将经济资源从劳动生产率较低的地区转移到劳动生产率较高、产出较大的地区的人。1934年，著名的美籍奥地利经济学家熊彼特（Schumpeter）提出，创业者应为创新者。美国经济学家斯蒂文·马里奥（Steve Mariotti）认为，创业者的界定应该与就业者对应。就业者指的是为企业工作而赚取生活费用的人，他们不具有企业的所有权，只属于企业的资源；而创业者是建立了自己的企业并为自己工作的人，他们既是企业的所有者又是企业的就业者。

随后，各国学者对创业者的内涵和特质不断进行丰富和完善，结合各家观点，本书将创业者定义为：

创业者

能够发现机会、整合资源，将商业价值变为现实的人。

按照不同的标准，创业者可以划分为不同的类型。按创业者的创业动机不同，可以划分为生存型创业者、变现型创业者和机会型创业者。

生存型创业者创办企业的动机并不是自我价值的实现，也不是为了解决社会现有冲突，而是为了解决自身的生存危机。例如失地农民、下岗工人等，这种类型的创业者选择的创业领域多集中在小规模的商业贸易、技术含量较低的加工业或成本较低的电商行业等。

变现型创业者创办企业的动机是对现有资源的充分利用。这类创业者基本都拥有相对比较丰富的社会阅历，或者曾经在企事业单位就职，掌握了一定的信息或人脉，获取了大量资源和经验，当遇到好的创业机会时，他们选择离职并利用已经积攒的大量商业资源开始创业活动。

机会型创业者创办企业的动机是发现了高价值的创业项目，并估算出了可观的市场价值。机会型创业者又分为盲动型和主动型。盲动型创业者往往过度自信，存在投机的心理；而主动型创业者相对理智，会对创业项目的实际商业价值进行细致的分析，相对而言，主动型创业者获得成功的概率更高。

Q2：创业者是什么样的人？

创业者多为 E-S-T-P 型性格

创业这条路有千难万险，“倒下”的人有不同的特征，但坚持下来的人有相近的性格和相似的能力。

创业者的性格

性格是一个人对现实的稳定的态度，以及与这种态度相应的、习惯化了的行为方式中表现出来的人格特征，它的形成会受到成长环境、社会背景等方面的影响，性格一旦形成便相对稳定，但也可以进行后期的完善和修复。

创业者多为**外倾型**性格，其注意力和能量主要集中在外部世界的人和事，他们在与外人的接触和交流中能够获得能量和启发，在每一个场合都希望自己成为万众瞩目的焦点。

创业者在信息的接受方式上偏向**感觉型**，相对于主观的想象，他们更喜欢搜集实实在在的信息和数据，比较现实，能够接受具有实际意义的创意，更多地着眼于现在。

创业者处理问题的方式多为**思考型**，解决问题时以现实为依据，不受情感左右，面对难题时会将自己从情景中抽离出来，以旁观者的角度对形势进行客观的分析和判断，会根据分析出的某一行动或决策的逻辑后果来做出决定，相对理智而聪颖。

创业者的行动方式多为**直觉型**，喜欢以一种灵活、自发的方式生活，更愿意体验并理解生活，而不是控制生活，愿意对新的信息保持开放的态度，做事会保留余地和周转的空间，对于新的环境能够迅速适应，是灵活而智慧的人。

我们通常会借用 MBTI（Myers-Briggs type indicator）性格探索工具来评估一个人是

否具有创业者的性格特质。

MBTI性格探索工具

MBTI（Myers-Briggs type indicator）性格探索工具是由美国心理学家伊莎贝尔·布里格斯·迈尔斯（Isabel Briggs Myers）和她的母亲凯瑟琳·布里格斯（Katherine C.Briggs）共同研究得出的。MBTI中共包含“能量倾向”、“接受信息”、“处理信息”和“行动方式”四个维度，共计32个评价指标，采用二分法进行评估，将每组较高分数对应的字母组合起来即为测试者的性格类型，在文后附有详细的列表和解释。

创业者的能力

通过前面各个问题的探讨，我们已经知道了，创业这条路不是任何人都可以挑战的，创业者要拥有强大的内心、良好的知识素质和正确的创业精神，更重要的是要具备创业的核心能力。

创业者要具备**商机识别**的能力，能够对外部环境有准确的认知，及时发现环境中发生的改变和变化中蕴藏的机会。马云在 20 世纪 90 年代隐约感觉到了互联网将给中国带来巨大的变化，便义无反顾地投身互联网创业领域，先后创立了中国黄页和阿里巴巴等著名的企业。创业者一定是对外部环境极其敏感的人，能够察觉并迅速捕捉商机。

创业者要拥有**审时度势**的能力，能够看清局势对创业者而言是非常重要的一项本领。创业者必须懂得“顺势而为”，而这个“势”包括以政府政策为代表的“大势”，以行业发展为代表的“中势”和以自我认知为代表的“小势”。顺势者事半功倍，逆势者难以成功。郭瑞平就是一位懂得度势的企业家，当他看到国家提倡竞技体育与群众体育两手抓、两手都要硬的政策大势时，马上推出了设置在居民区里的“群众性体育健身器材”，顺了势，当然赚得盆满钵满。

创业者要拥有**开拓创新**的能力，勇于打破常规，能够从不同的角度看待问题，这正是创业的基础。创业是一个“斗心眼”的活儿，特别是在同质化的行业里，只是追求品质已经不能再保证企业的竞争力，想要赢必须学会剑走偏锋，通过差异化的战略实现异军突起。当国内网络旅游业已经被携程、去哪儿、途牛分食殆尽时，大学生创业者姜宜良推出了海岛私人订制旅游服务——“遇•岛”，开辟出了一片蓝海，2016 年上线，2018 年估值已经超过亿元。

创业者还要具备**整合资源**的能力，创业需要的不仅是热情和智慧，还要有获取创业资源的本领。创业者要有意识地拓展自身的人脉关系网，并能够利用社会网络中的各个“节点”获取、整合创业资源。我们可以学习一下冯仑，冯仑开始创业时手上只有 3 万元，而他选择的行业是房地产，很多人说他是痴人说梦，但冯仑用他优异的履历说服了信托公司的老板投资 500 万元，随后拿着 500 万元去银行做现金抵押，贷出 1 300 万元，之后买了 8 栋别墅，转卖后赚了 300 万元。这其实就是一种资源的整合。

创业者需要具备**风险防范**的能力。“创业有风险，上路请谨慎”，创业的路上有“九九八十一难”，创业团队、技术专利、投资人、供应链、分销商等各个环节随时都会出现“意外”，创业者要对创业路上的各种风险做好预警，能够在危急时刻做出理智的决策。

创业者需要具备的能力还有很多，除了上面提到的商机识别、审时度势、开拓创新、整合资源之外，还包括战略规划、组织管理等多个方面。

知识拓展——MBTI 性格探索工具

MBTI 的四个维度

能量倾向

外倾型（E）	内倾型（I）
与他人相处时精力充沛	独处时精力充沛
行动先于思考	思考先于行动
喜欢边想边说出声	在心中思考问题
易于“读”和了解	更封闭
说多于听	听比说多
高度热情地社交	不把兴奋说出来
反应快，喜欢快节奏	仔细考虑后，才有所反应
重广度而不是深度	重深度而不是广度

接受信息

感觉型（S）	直觉型（N）
相信确定和有形的东西	相信灵感或推理
对概念和理论兴趣不大	对概念和理论感兴趣
重视现实性和常情	重视可能性和独创性
喜欢使用和琢磨已知的技能	喜欢学习新技能
留意具体的、特定的事物	留意事物的整体概况
循序渐进地讲述有关情况	跳跃性地展现事实
着眼于现实	着眼于未来
重深度而不是广度	重广度而不是深度

处理信息

思考型（T）	情感型（F）
对问题进行客观的分析	考虑行为对他人的影响
一视同仁	重视准则的例外性
被认为冷酷	被认为情感丰富
认为坦率比圆滑更重要	认为圆通比坦率更重要
只有当情感符合逻辑时，才认为它可取	无论是否有意义，认为任何感情都可取
被“获取成就”所激励	被“获得欣赏”所激励
很自然地看到缺点	着重维护人脉资源

行动方式

判断型（J）	知觉型（P）
做了决定后最为高兴	存在多种选择时感到高兴
工作第一	享受第一
确立目标，准时地完成	随着新信息的获取，不断改变目标
愿意知道将面对的情况	喜欢适应新情况
注重结果	注重过程
满足感来源于完成计划	满足感来源于计划的开始
把时间看作有限的资源	认为时间是可更新的资源

关于MBTI测评的说明

MBTI测评共有32个问题，每个问题都有一对选择，如问题1中包括选择A和选择B，A和B的分数加起来等于5分，测试者根据自己的实际情况进行评分，允许极端情况的存在，如1A为0分，1B为5分，但分数必须为整数。测试结束之后，将所有问题的分数填写到“MBTI测评计分表”中，并在“I-E”“N-S”“F-T”“P-J”中分别选出总分最高的那一项，如“I-E”中如果I那列的分数高则选择I，“N-S”中如果S那列的分数高则选择S，“F-T”中如果F那列的分数高则选择F，“P-J”中如果P那列的分数高则选择P，最终性格组合就是“ISFP”。MBTI测试会形成16种不同的性格组合，各种组合都有其不同的特质。

MBTI 测评试题列表

序号	选　择	A 分数	选　择	B 分数
1	A. 只有了解了别人对问题的想法之后，才做出决定。		B. 不和别人协商就自己做出决定。	
2	A. 别人说你有想象力，富有直觉。		B. 别人说你重视事实，要求准确。	
3	A. 根据个人感情以及对他人的了解，设身处地地为他人着想。		B. 根据现有客观资料对情况做系统的分析。	
4	A. 如果有人愿意承担任务，那就作为任务来安排。		B. 力求任务明确，保证有人承担。	
5	A. 愿意安静地思考问题。		B. 愿意与人周旋，活跃，有干劲。	
6	A. 用所熟悉的有效方法把工作做完。		B. 设法用新的方法来工作。	

续表

序号	选　择	A分数	选　择	B分数
7	A. 根据以往的生活经验和人们的是非观念做出结论。		B. 不掺情绪地根据逻辑进行谨慎分析，最后得出结论。	
8	A. 避免按照固有计划办事，不给事情规定最后的期限。		B. 安排好了的事情就不再变动。	
9	A. 遇到问题时，不与别人沟通交流，喜欢独自承担或思考。		B. 喜欢和别人谈话或讨论，不愿独处或独自考虑问题。	
10	A. 考虑有可能出现的问题。		B. 应付现实。	
11	A. 被认为是一个重感情的人。		B. 被认为是一个爱思考的人。	
12	A. 做决策时周密地考察事物，并长时间从各个角度考虑。		B. 收集所需信息，考虑一下后迅速而坚决地做出决策。	
13	A. 别人很难了解自己的想法和行动。		B. 常常和别人一起参加各项活动。	
14	A. 喜欢抽象的、概括性的或理论性的论述。		B. 喜欢具体的或真实的论述。	
15	A. 帮助别人了解他们自己的情感。		B. 帮助别人做出逻辑的决策。	
16	A. 不断随现实的变化而寻找新的选择，改变原有选择。		B. 事先对问题的发展和变化有所了解并做出预计。	
17	A. 一概不外露自己的思想和情感。		B. 随时与别人沟通自己的思想和情感。	
18	A. 惯于整体地看待事物。		B. 注重事物的细节。	
19	A. 用资料、数据、分析与推理做决策。		B. 用常识和经验做决策。	
20	A. 根据事情进展逐步制订出计划。		B. 一有必要，就在行动前先期制订出计划。	
21	A. 愿意结识新朋友、了解新事物。		B. 愿意独自一人或与熟悉的人在一起。	
22	A. 注重印象。		B. 注重事实。	
23	A. 信服可以证实的结论。		B. 信服通情达理的说法。	
24	A. 把有关具体的情况都尽量写在本子上。		B. 尽量不用笔记本或做记录。	
25	A. 在一个小组内充分地讨论一个未曾考虑过的新问题。		B. 自己冥思苦想一个问题，然后把结果告诉别人。	
26	A. 准确地执行所制订的详细计划。		B. 想出计划，搭好架子，但不一定实行计划。	

续表

序号	选　择	A分数	选　择	B分数
27	A. 偏重凭感情做事的人。		B. 偏重有逻辑的人。	
28	A. 在一时冲动之下随意做出一些事情。		B. 事先清楚地知道自己所要做的事情。	
29	A. 成为人们注意的中心。		B. 显得沉默寡言。	
30	A. 有不与实际完全吻合的想象。		B. 注重实际的细节。	
31	A. 乐于用理性分析情况。		B. 乐于体验充满情绪的场景或讨论。	
32	A. 按安排好的时间开会。		B. 等一切就绪时再开会。	

MBTI 测评计分表

I		E		N		S	
题号	评分	题号	评分	题号	评分	题号	评分
1B		1A		2A		2B	
5A		5B		6B		6A	
9A		9B		10A		10B	
13A		13B		14A		14B	
17A		17B		18A		18B	
21B		21A		22A		22B	
25B		25A		26B		26A	
29B		29A		30A		30B	
合计		合计		合计		合计	
F		T		P		J	
题号	评分	题号	评分	题号	评分	题号	评分
3A		3B		4A		4B	
7A		7B		8A		8B	
11A		11B		12A		12B	
15A		15B		16A		16B	
19B		19A		20B		20A	
23B		23A		24B		24A	
27A		27B		28A		28B	
31B		31A		32B		32A	
合计		合计		合计		合计	

MBTI 16 种性格组合的特点

内倾型性格（I）

ISTJ

安静、严肃、实际、有责任感。决定有逻辑性，并能够一步步地朝着目标前进，不易分心。喜欢将工作、家庭和生活都安排得井井有条。重视传统和忠诚。

ISFJ

安静、友好、有责任感和良知。坚定地致力于履行他们的义务。全面、勤勉、精确、忠诚、体贴，留心和记得他们重视的人的小细节，关心他人的感受。努力把工作和家庭环境营造得有序而温馨。

INFJ

寻求思想、关系、物质等之间的意义和联系。希望了解什么能够激励人，对人有很强的洞察力。有责任心，坚持自己的价值观。对于怎样更好地服务大众有清晰的远景。对于目标的实现过程有计划而且果断坚定。

INTJ

在实现自己的想法和达成自己的目标时有创新的想法和非凡的动力。能很快洞察到外界事物间的规律并形成长期的远景计划。一旦决定做一件事就会开始规划并直到完成为止。多疑、独立，对于自己和他人能力和表现要求都非常高。

ISTP

灵活、忍耐力强，是个安静的观察者，一有问题发生就会马上行动，找到实用的解决方法。分析事物运作的原理，能从大量的信息中很快找到关键的症结所在。对于原因和结果感兴趣，用逻辑的方式处理问题，重视效率。

ISFP

安静、友好、敏感、和善。享受当前。喜欢有自己的空间，喜欢按照自己的时间表工作。对于自己的价值观和自己觉得重要的人非常忠诚，有责任心。不喜欢争论和冲突。不会将自己的观念和价值观强加到别人身上。

INFP

理想主义，对于自己的价值观和自己觉得重要的人非常忠诚。希望外部的生活和自己内心的价值观是统一的。好奇心重，很快能看到事情的可能性，能成为实现想法的催化剂。寻求理解别人和帮助他们实现潜能。适应力强，灵活，善于接受，除非是有悖于自己的价值观的。

INTP

对于自己感兴趣的任何事物都寻求合理的解释。喜欢理论性的和抽象的事物，热衷于思考而非社交活动。安静、内向、灵活、适应力强。对于自己感兴趣的领域有超凡的集中精力深度解决问题的能力。多疑，有时会有点挑剔，喜欢分析。

外倾型性格(E)

ESTP

灵活，忍耐力强，实际，注重结果。觉得理论和抽象的解释非常无趣。喜欢积极地采取行动解决问题。注重当前，自然不做作，享受和他人在一起的时刻。喜欢物质享受和时尚。学习新事物最有效的方式是通过亲身感受和练习。

ESFP

外向、友好、接受力强。热爱生活和物质上的享受。喜欢和别人一起将事情做成功。在工作中讲究常识和实用性，并使工作显得有趣。灵活，自然不做作，对于任何新的事物都能很快地适应。学习新事物最有效的方式是和他人一起尝试。

ENFP

热情洋溢、富有想象力。认为人生有很多的可能性。能很快地将事情和信息联系起来，然后很自信地根据自己的判断解决问题。总是需要得到别人的认可，也总是准备着给予他人赏识和帮助。灵活，自然不做作，有很强的即兴发挥的能力，语言表达流畅。

ENTP

反应快、睿智，有激励别人的能力，警觉性强、直言不讳。在解决新的、具有挑战性的问题时机智而有策略。善于找出理论上的可能性，然后再用战略的眼光分析。善于理解别人。不喜欢例行公事，很少会用相同的方法做相同的事情，倾向于一个接一个地发展新的爱好。

ESTJ

实际、现实主义。果断，一旦下决心就会马上行动。善于将项目和人组织起来完成任务，并尽可能用最有效率的方法得到结果。注重日常细节。有一套非常清晰的逻辑标准，系统性地遵循，并希望他人也同样遵循。在实施计划时强而有力。

ESFJ

热心肠、有责任心、乐于合作。希望周边的环境温馨而和谐，并为此果断地执行。喜欢和他人一起精确并及时地完成任务，事无巨细。保持忠诚。能体察到他人日常生活所需并竭尽全力帮助。希望自己和自己的所为能受到他人的认可和赏识。

ENFJ

热情、为他人着想、易感应、有责任心。非常注重他人的感情、需求和动机。善于发现他人的潜能，并希望能帮助他们实现目标。能成为个人或群体成长和进步的催化剂。忠诚，对于赞扬和批评都会积极地回应。友善、好社交。在团体中能很好地帮助他人，并有鼓舞他人的领导能力。

ENTJ

坦诚、果断，有天生的领导能力。能很快看到公司/组织程序和制度中的不合理性和低效能性，能建立并实施有效和全面的系统来解决问题。善于做长期的计划和目标的设定。通常见多识广，博览群书，喜欢拓展自己的知识面并将此分享给他人。在陈述自己的想法时强而有力。

Q3：创业团队是一种什么样的团队？

创业团队是一种“拧巴”的团队

创业从来就不是孤军奋战的事，它需要一个“英雄联盟”。关于创业团队的定义，学术界也有不同的界定。创业团队首先是一个团队，管理学家斯蒂芬·P. 罗宾斯（Stephen P. Robbins）认为，团队就是由两个或者两个以上的，相互作用、相互依赖的个体，为了特定目标而按照一定规则结合在一起的组织。而创业团队属于团队中的一类，它归属于商业领域，其终极目标是财富的创造和梦想的达成。

纽瑞克（Nurick）在1990年给出了创业团队的定义，认为创业团队是两个或两个以上参与公司创立过程并投入同比例资金的人。钱德勒（Gaylen N. Chandler）和汉克斯（Steven H. Hanks）在1998年提出，创业团队指的是在公司成立之初执掌公司的人或是在公司营运的前两年加盟公司的成员，但不包括没有公司股权的一般雇员。目前关于创业团队的定义主要集中在“企业所有权”和“人员参与时间”的角度，也有一些学者提到了“技能互补”和“资源贡献”等元素。结合现有定义，本书认为创业团队包含狭义和广义两个层面的定义，狭义层面的定义以企业内部创始人员为主，广义层面的定义则包括了企业外部的利益相关者。

狭义层面

由两个或两个以上拥有相同创业目标、共享创业收益、共担创业风险、共同承担创业责任的人组成的工作团队。

广义层面

除了包含狭义层面的创业人员，还包括创业过程中的各种利益相关者，如风险投资家、供应商、代理商等。

创业团队是一种特别“拧巴”的团队，它既要求团队成员具有共同的目标和相似的价值观，又强调团队成员之间的差异性。在为着共同的创业目标努力的过程中，团队成员要齐心协力、彼此信任，又要通过合理的股权结构彼此牵制，所以，创业团队是一种永远在动态变化中寻找微妙的平衡点的团队。很多资深的投资人会用“成也团队，败也团队”来评价一些创业公司，这也充分说明了创业团队在组建和管理中的难度。

创业团队主要分为三种类型：星状创业团队、网状创业团队和虚拟星状创业团队。星状创业团队中有一个核心主导人物充当领军的角色，团队的组建完全是基于他的想法和对资源的需求，团队的其他成员更多地扮演支持者的角色；网状创业团队是一种群体型创业团队，这种创业团队的成员在创业之前就有着密切的联系，或为朋友，或为同学，或为亲人，他们为着共同的愿景走到一起，团队中并没有明确的核心人物，团队中每位成员扮演的都是协作者的角色；虚拟星状创业团队是由网状创业团队演化而来的，是前面两种团队的中间状态，团队中拥有核心成员，但他更多地扮演发言人的角色，重要决策均由团队成员讨论决定。

Q4：创业团队该如何组建？

把希望的种子种在每个人心里

根据蒂蒙斯模型可知，创业团队是创业活动的重要组织元素，它影响着创业资源的获取和创业机会的实现，创业团队的组建是一个看起来简单、做起来费劲的工作。在组建创业团队时，我们必须遵循以下几方面的原则。

原则一：目标一致

创业团队就像一支队伍，奋战在没有硝烟的战场，团队成员必须拥有一个共同的愿景，他们的心目中要绘制同一张蓝图，并且愿意为这个目标付出全部心力。这句话说起来简单，但做起来很难。创业团队中的每一位成员都拥有不同的角色，有的人是创意的发起者，有的人是资源的提供者，对于创业，他们不可避免地会有各自的“小心思”，一旦出现目标分歧，团队将随时处于崩裂的状态。所以，创业者必须详细解释并反复强化团队的创业目标，以避免由于目标不一致而导致的分裂。

原则二：能力互补

创业团队并不是一个简单的团队，团队中的每一个人都既是梦想的呵护人又是资源的供给者。团队成员之间不仅要实现性格的互补，更要实现能力的互补。每个成员都是形状各异的“拼图”，通过各自的技能和资源的奉献，共同拼凑梦想的蓝图。互补性原则是组建创业团队的一个关键性原则，团队成员在个性上应该有“软”有“硬”，在专业上应该有“粗”有“细”，在能力上有“文”有“武”。因此，在组建创业团队时与其过多地考虑情感因素，不如更多从能力及资源互补的角度挑选成员。

原则三：精简高效

在创业初期，创业者要做出很多决策，例如创意的呈现形式、合伙人的选择、企业的股权结构等，所有这些决策的制定既要准确又要迅速，这就要求在组建创业团队时必须摒弃“人多力量大”的观点，遵循精简高效的原则，建立“小而美”的团队，能用一个人绝对不用两个，这样既压缩人工成本，又可避免过多的冲突，也能够保证决策的效率。

原则四：动态灵活

创业团队的组建原则中还有一条就是“动态灵活”，团队的组建不可能是一劳永逸的，由于企业所处的外部环境会不断地发生变化，团队内部的人员也会产生不同的需求和渴望，这就使得团队会一直处于不断变化的状态中，因此，在组建创业团队时要为后期的变化预留出一些空间。例如，在设置企业的股权结构时预留出一定比例的期权池，以在企业扩大规模的过程中吸引高价值投资人或合作伙伴。

小锦囊

在组建创业团队之前，我们可以借助贝尔宾团队角色测试来了解现有人选的个性特征和团队角色倾向。

知识拓展——贝尔宾团队角色测试

贝尔宾团队角色测试是贝尔宾博士经过多年的研究与实践提出的著名理论，他认为一支结构合理的团队应该由八种角色组成，分别是智多星、外交家、审议员、协调者、鞭策者、凝聚者、执行者、完成者。想知道自己在团队中更倾向于扮演什么样的角色吗？我们来做一下测试吧！

说明：下列问题每题有 8 个选项，每个选项都在不同程度上描绘了你的行为。请将总分 10 分分配给每题的 8 个选项。分配的原则是：最能体现你行为的选项分最高，以此类推。可以将 10 分全部分配给其中的某一个选项。请你将每个选项的分数填在后面的记分卡上，并计算每一列的总分，得分最高的一列即为你的团队角色倾向。

问题 1　我认为我能为团队做出的贡献是：

A. 我能很快地发现并把握住新的机遇。

B. 我能与各种类型的人一起合作共事。

C. 我生来就爱出主意。

D. 我的能力在于，一旦发现某些对实现集体目标很有价值的人，我就及时把他们推荐出来。

E. 我能把事情办成主要靠我个人的实力。

F. 如果最终能产生有益的结果，我愿面对暂时的冷遇。

G. 我通常能意识到什么是现实的、什么是可能的。

H. 在选择行动方案时，我能不带倾向性，也不带偏见地提出一个合理的替代方案。

问题 2　在团队中，我可能有的弱点是：

A. 如果会议没有得到很好的组织、控制和主持，我会感到不痛快。

B. 我容易对那些有高见而又没有适当地发表出来的人表现得过于宽容。

C. 只要集体在讨论新的观点，我总是说得太多。

D. 我的客观使我很难与同事们打成一片。

E. 在一定要把事情办成的情况下，我有时使人感到特别强硬甚至专断。
F. 可能由于我过分重视集体的气氛，我发现自己很难与众不同。
G. 我易于陷入突发的想象之中，而忘了正在进行的事情。
H. 我的同事认为我过分注意细节，总有不必要的担心，怕把事情搞糟。

问题3　当我与其他人共同进行一项工作时：

A. 我有在不施加任何压力的情况下去影响其他人的能力。
B. 我随时注意防止粗心和工作中的疏忽。
C. 我愿意施加压力以换取行动，确保会议不是在浪费时间或离题太远。
D. 在提出独到见解方面，我是数一数二的。
E. 对于与大家共同利益有关的积极建议我总是乐于支持的。
F. 我热衷寻求最新的思想和新的发展。
G. 我相信我的判断能力有助于做出正确的决策。
H. 我能使人放心的是，对那些最基本的工作我都能组织得井井有条。

问题4　我在工作团队中的特征是：

A. 我有兴趣更多地了解我的同事。
B. 我经常向别人的见解进行挑战或坚持自己的意见。
C. 在辩论中，我通常能找到论据去推翻那些不甚有理的主张。
D. 我认为，只要计划必须开始执行，我就有推动工作运转的才能。
E. 我有意避免使自己太突出或出人意料。
F. 对承担的任何工作，我都能做到尽善尽美。
G. 我乐于与工作团队以外的人进行联系。
H. 尽管我对所有的观点都感兴趣，但这并不影响我在必要的时候下决心。

问题5　我在工作中得到满足，因为：

A. 我喜欢分析情况，权衡所有可能的选择。
B. 我对寻找解决问题的可行方案感兴趣。
C. 我感到我在促进良好的工作关系。
D. 我能对决策有强烈的影响。
E. 我能适应那些有新意的人。
F. 我能使人们在某项必要的行动上达成一致意见。
G. 我能使自己全身心地投入到工作中去。
H. 我很高兴能找到一块可以发挥我想象力的天地。

问题6　如果突然给我一件困难的工作，且时间有限、人员不熟：

A. 在有新方案之前，我宁愿先躲进角落，拟定出一个摆脱困境的方案。
B. 我比较愿意与那些表现出积极态度的人一道工作。
C. 我会设想通过用人所长的方法来减轻工作负担。
D. 我天生的紧迫感将有助于我们不会落在计划后面。
E. 我认为我能保持头脑冷静，富有条理地思考问题。
F. 尽管困难重重，我也能保证目标始终如一。
G. 如果集体工作没有进展，我会采取积极措施去加以推动。

H. 我愿意展开广泛的讨论，意在激发新思想，推动工作。

问题 7　对于那些在团队工作中或与周围人共事时所遇到的问题：

A. 我很容易对那些阻碍前进的人表现出不耐烦。

B. 别人可能批评我太重分析而缺少直觉。

C. 我有做好工作的愿望，能确保工作的持续进展。

D. 我常常容易产生厌烦感，需要一两个有激情的人使我振作起来。

E. 如果目标不明确，让我起步是很困难的。

F. 对于我遇到的复杂问题，我有时不善于加以解释和澄清。

G. 对于那些我不能做的事，我有意识地求助于他人。

H. 当我与真正的对立面发生冲突时，我没有把握使对方理解我的观点。

贝尔宾团队角色测试记分卡

问题	CW		CO		SH		PL		RI		ME		TW		FI	
1	G		D		F		C		A		H		B		E	
2	A		B		E		G		C		D		F		H	
3	H		A		C		D		F		G		E		B	
4	D		H		B		E		G		C		A		F	
5	B		F		D		H		E		A		C		G	
6	F		C		G		A		H		E		B		D	
7	E		G		A		F		D		B		H		C	
总计																

团队角色解释

智多星——PL（plant）

智多星创造力强，充当创新者和发明者的角色。他们为团队的发展和完善出谋划策。通常他们更倾向于与其他团队成员保持距离，运用自己的想象力独立完成任务，标新立异。他们对于外界的批判和赞扬反应强烈，持保守态度。他们的想法总是很激进，并且可能会忽略实施的可能性。他们是独立的、聪明的、充满原创思想的，但是他们可能不善于与那些气场不同的人交流。

外交家——RI（resource investigator）

外交家是热情、行动力强、外向的人。无论公司内外，他们都善于和人打交道。他们是与生俱来的谈判高手，并且善于挖掘新的机遇、发展人际关系。虽然他们并没有很多原创想法，但是在听取和发展别人想法的时候效率极高。就像他们的名字一样，他们善于发掘那些可以获得并利用的资源。由于他们性格开朗外向，所以无论到哪里都会受到热烈欢迎。外交家为人随和，好奇心强，乐于在任何新事物中寻找潜在的可能性。然而，如果没有他人的持续激励，他们的热情会很快消退。

审议员——ME（monitor evaluator）

审议员是态度严肃、谨慎理智的人，他们有着与生俱来的对过份热情的免疫力。他们倾向于三思而后行，做决定较慢。通常他们非常具有批判性思维。他们善于在考虑周全之后做出明智的决定。具有审议员特征的人所做出的决定基本上是不会错的。

协调者——CO（co-ordinator）

协调者最突出的特征就是他们能够凝聚团队的力量向共同的目标努力。成熟、值得信赖并且自信，都是他们的代名词。在人际交往中，他们能够很快识别对方的长处所在，并且通过知人善任来达成团队目标。虽然协调者并不一定是团队中最聪明的成员，但是他们拥有远见卓识，并且能够获得团队成员的尊重。

鞭策者——SH（shaper）

鞭策者是充满干劲、精力充沛、渴望成就的人。通常，他们非常有进取心，性格外向，拥有强大驱动力。他们勇于挑战他人，并且关心最终是否胜利。他们喜欢领导并激励他人采取行动。在行动中如遇困难，他们会积极找出解决办法。他们是顽强又自信的，在面对任何失望和挫折时，他们倾向于显示出强烈的情绪反应。鞭策者对人际交往不敏感，好争辩，可能缺少对人际交往的理解。这些特征决定了他们是团队中最具竞争性的角色。

凝聚者——TW（team worker）

凝聚者是在团队中给予其他成员最大支持的人。他们性格温和，擅长人际交往并关心他人。他们灵活性强，适应不同环境和人的能力非常强。凝聚者观察力强，善于交际。作为最佳倾听者的他们通常在团队中备受欢迎。他们在工作上非常敏感，但是在面对危机时往往优柔寡断。

执行者——CW（company worker）

执行者是实用主义者，有强烈的自我控制力及纪律意识。他们努力工作，并系统化地解决问题。广而言之，执行者是典型的将自身利益与团队紧密相连、较少关注个人诉求的角色。然而，执行者或许会因缺乏主动而显得一板一眼。

完成者——FI（finisher）

完成者是坚持不懈、注重细节的人。他们不太会去做他们认为完成不了的事。他们由内部焦虑所激励，但表面看起来很从容。一般来说，大多数完成者都性格内向，并不太需要外部的激励或推动。他们无法容忍那些态度随意的人。完成者并不喜欢委派他人，而是更偏好自己来完成所有的任务。

特殊说明：

贝尔宾团队角色测试是通过群体行为、团队贡献和人际互动等几个方面的评估，来推测测试者的团队角色倾向，完整的测试应该包括测试者的自我评估和外部评估两个环节，应从自身、第三方等多个角度更立体地分析测试者的团队角色倾向。此外，贝尔宾团队角色类型目前已经增加到九种，新增的角色为专业师 SP（specialist）。

Q5：创业团队有哪些管理技巧？

让每个人都能扮演正确的角色

人是企业中最复杂的存在，其变化性远远高于其他商业元素，因此，创业团队的管理需要更高的智慧。创业团队不同于大公司，具有结构扁平化、沟通高效化等特点。那么在思考创业团队的管理技巧时就不能盲目套用传统模式，要有针对性和灵活性。

技巧一：强化团队的信仰

在创业团队组建之初，团队里的每一个人对于企业的未来都有着一致的认定，他们满怀理想与抱负，憧憬着无比美好的明天。但在残酷的现实面前，很多人开始犹豫，甚至开始质疑之前的决定。这些迷茫几乎是每一个创业团队都会经历的事情，这时就要通过信仰的反复强化，来坚定成员们的信心，塑造锐意进取、勇往直前的创业氛围。

技巧二：追求高效的沟通

沟通是决定团队工作效率的关键，在团队建立初期就要塑造出高度透明化和公开化的管理习惯，凡事及时沟通，注重反馈，保证团队成员对于信息的准确理解，避免由于沟通失效而导致误会，而且要将这样的行为方式转化为企业习惯，沉淀成企业文化。

技巧三：坚持适才的原则

坚持适才原则，指的是将团队里的每一个人放在最合适的位置，让每一个人都扮演正确的角色。德国作家克莱因汉茨在书中说："世上的每一个人都应该是幸福的，不幸福的人是因为他没有找准自己的位置。"这句话放到创业团队的管理上同样有道理，团队里的每一个人都应该清楚地知道自己喜欢什么、擅长什么、追求什么，基于自身的优势在团队中找到最合适的位置。

技巧四：养成复盘的习惯

创业团队在征战沙场的路上会遭遇各种各样的挫折和失败，面对困难，团队成员除了坚持信仰、不忘初心之外，还要学会对失败进行复盘。针对失败的任务，回顾任务的目标，评估执行的结果，分析失败的原因，反思并总结经验。只有经过不断复盘与锤炼，团队才会在失败中学会成长，变得更加强大。

技巧五：合理的股权构架

管理一支团队单凭氛围的塑造和文化的沉淀是远远不够的，还需要设置出科学、合理的股权结构。成员平分式或高度集中式的股权结构都是不合理的。平分式股权结构会诱发成员夺权、分裂等问题；高度集中式的股权结构不利于培养成员的创始人精神，也无助于后期获取投资。这两种形式对于企业的发展都会造成阻碍。真正合理且稳固的股权结构应该是金字塔状的，即根据团队成员贡献的创业资源的重要性进行结构化股权分配。只有通过刚柔并济的方式对团队进行管理，才能保证团队的稳定和高效。

学习总结——请用最简练的语言写下你的答案。

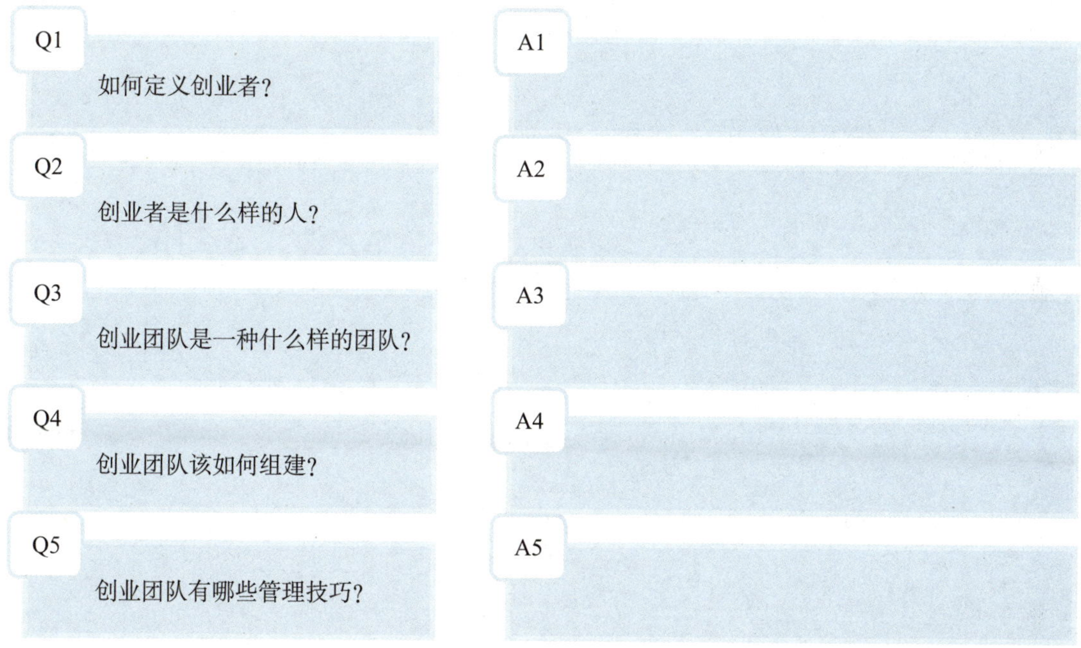

Q1	如何定义创业者?	A1	
Q2	创业者是什么样的人?	A2	
Q3	创业团队是一种什么样的团队?	A3	
Q4	创业团队该如何组建?	A4	
Q5	创业团队有哪些管理技巧?	A5	

创业者档案

姓　　名：姜宜良
国　　籍：中国
籍　　贯：山东淄博
毕业院校：瑞典哥德堡大学
主要成就：创建“遇·岛”

自称“85 后”的姜宜良毕业于瑞典哥德堡大学，主修环境经济学。在瑞典求学期间就与同学一起搞起了国际贸易，并赚到了人生的第一桶金。2010 年起在斯德哥尔摩大学攻读经济学博士，但他中途辍学，开始了“任性”的环球旅行。旅行期间，他来到中国西北地区，感受淳朴的民风和自然景色，并凭借着他的专业知识与能力帮助当地人改善生活。2015 年底，姜宜良正式启动“遇·岛”计划，全力打造海岛旅游个性化服务品牌。2016 年初获得 300 万元天使轮投资。目前“遇·岛”已开发海岛线路近 300 条，覆盖 37 个国家和地区。“遇·岛”也得到了投资界的欣赏，已成功获得三轮投资，估值超过亿元。

主题3

创业机会

Q1：什么是创业机会？
Q2：怎样选择创业的方向？
Q3：创业项目都在哪儿？
Q4：怎样才能找到适合自己的创业项目？
Q5：如何评估创业项目的商业价值？

Q1：什么是创业机会？

能让你赚到钱的就是创业机会

创业机会是创业活动的基础，它与创业团队和创业资源一同被称为创业的三大关键要素。那么，什么是创业机会呢？它与商业机会又有哪些区别呢？

创业机会是一种特殊的商业机会，学术界对它还没有统一的定义，英国雷丁大学经济学教授卡森（Casson）认为，创业机会是指在新生产方式、新产出或生产方式与产出之间新的关系形成过程中，引进新的产品、服务、原材料和组织方式等，得到比创业的成本具有更高价值的状态。熊彼得指出，创业机会是通过把资源创造性地结合起来，以满足市场需求，创造财富的一种可能性。蒂蒙斯认为，创业机会的特征是具有吸引力、持久性和适时性，且伴随着可以为购买者或使用者创造或增加使用价值的产品或服务。

学者们给出的定义纷繁而复杂，但大都涉及三个要素：一是**需求**，创业机会的前提是存在现实或潜在的需求；二是**价值**，上述需求的满足能够为创业者带来经济收益，即存在商业价值；三是**可行**，通过创业者的努力可以将设想转变为现实，外部环境的发展也能够支撑这样的改变。满足以上三个要素的商业机会才可以被称为创业机会。

创业机会

通过满足市场需求而获得价值回报的一种商业机会。

创业机会可分为：显性创业机会与潜在创业机会、行业性创业机会与边缘性创业机会、现实性创业机会与未来性创业机会。

显性创业机会针对的是市场上明显没有被满足的现实需求，如居家养老服务。**潜在**创业机会针对的是隐而未见的需求，例如家庭情感呵护服务。

行业性创业机会指的是在企业所处的行业或经营领域中出现的市场机会，如电子商务衍生出的第三方支付服务。**边缘**性创业机会指的是在不同行业之间的交叉或接合部出现的市场机会，如现在出现的各种 App（手机应用软件）。

现实性创业机会与显性创业机会相似，都是针对已经明显表现出来的市场需求。**未来**性创业机会指的是当前还只是小众市场，但随着社会的发展会不断增加需求量的创业机会，如 AR 技术和 3D 打印技术等。

创业机会可能源自市场的变化、技术的升级、政策的指引，也可能来自地区自然环境的馈赠，甚至人文环境的改变。

Q2：怎样选择创业的方向？

方向的选择依靠的是你的本能

很多创业路上的“菜鸟”都会向“大咖”请教以下的问题：

“现在什么行业最赚钱？”

“我想创业，但没有合适的项目，您能推荐我几个项目吗？”

“有没有低风险高回报的项目？”

…………

“菜鸟”都希望能从“大咖”的嘴里听到如母婴服务、居家养老、农村电商等具体又具象的答案。但没有一个成熟的创业“大咖”会给出这样的答案，因为创业方向的选择依靠的往往是你的本能。你当然可以通过 PEST 模型①分析外部的宏观环境，了解各个行业的发展趋势，你也可以通过波特五力模型推算目标行业的潜在利润，更可以通过 SWOT 分析，选定优势行业或项目。但这些都只是外因，只是工具和方法，而决定创业方向的内因不是方法，是一种本能。

那么，问题来了，是什么形成了你的本能？

答案——你在决定创业之前的人生积淀，特别是职业生涯的积累。

成长环境塑造了你独一无二的价值观②，教育背景决定了你的学识水平，社会阅历影响着你的视野，人脉关系决定了你的资源获取能力，而所有这一切都在潜移默化间滋养了

---

① PEST 模型分析指的是宏观环境分析，主要是通过政策与法律环境、经济发展环境、人文社会环境和科技创新环境四个维度来了解国家或地区的整体发展情况和环境。

② 价值观可以相似，但不会相同，因为每个人的成长环境、社会背景都是不同的。

你的人生，形成了你的本能。将它们置换到创业方向的选择上来，就是依靠你的人生沉淀，遵循你的本能，选择自己最熟悉、最擅长也最喜欢的领域。换句话说，就是能让你发挥出能量的方向。

如果你自小就喜欢旅游，了解祖国各地的名山大川，还擅长规划旅游线路，设计游玩攻略，最重要的是你在这个过程中并不觉得辛苦，反倒觉得充实而有趣，那么你何必非要去选择别人说的“互联网＋教育”“老年娱乐服务”呢？如果你是标准的“理科男”，不善交际，只对各种计算公式感兴趣，那就可以当CTO（首席技术官），以联合创始人的身份投身创业。无论你的人生积淀是怎么样的，遵循自己的本能，选择的方向才是真正能给你力量、支持你走下去的。

如果你并不清楚自己的能量在哪里，可以尝试借助三度交集法则来明确优势创业方向。三度交集法则考虑的是“兴趣度”、“擅长度”和“财富度”。“兴趣度”考虑的是创业者感兴趣的事物，“擅长度”考虑的是创业者擅长的事物，而“财富度”考虑的是项目蕴含的商业价值，三者的交集就是创业者的优势能量领域。

练习：尝试用三度交集法则寻找自己的能量领域。

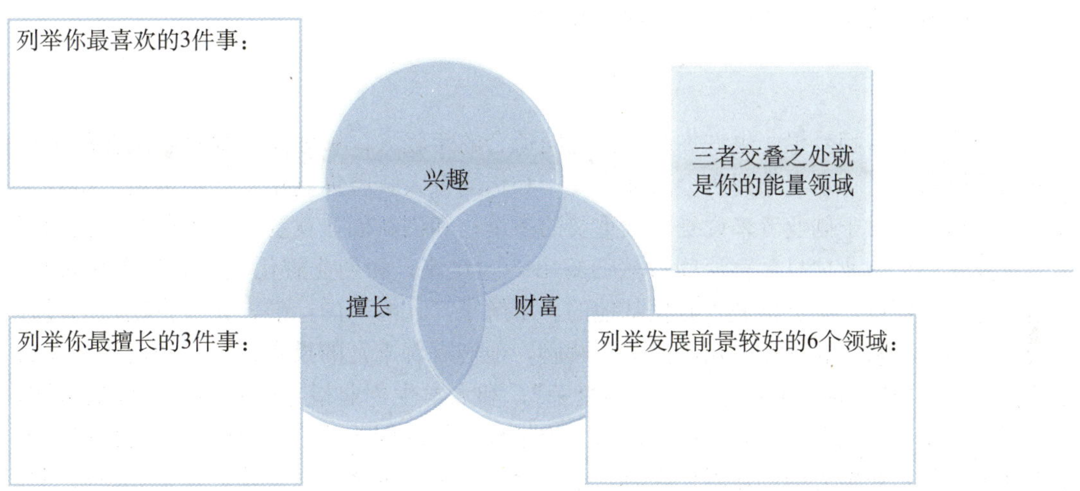

也许现在的你还没有形成完美的交集，别着急，我们还有很多寻找创业项目的方法。

Q3：创业项目都在哪儿？

就在你的身边，只等一双慧眼

提到创业，很多创业者发愁的问题就是：“干什么？”“创业项目到底在哪儿？”“哪些创业项目是真正有价值的？”“哪些创业项目是当下确实能做的？”想不明白这些问题，创业就会变成一场盲目的冒险，那么创业项目到底在哪儿呢？我们又该如何去寻找呢？

其实，创业项目就在你的身边，就在你每天的工作、生活之中，等着有心人的发现。如果你想找到它们，就打开你的心、开动你的脑，到处去看一看、聊一聊、听一听、走一走，你会发现世界远比你想象得精彩，有太多机会等着你去挑战。

看一看

看看电视里每天都在说什么，晚上七点的新闻联播都在播报什么，那是政府给我们的指引，也是作为创业者必须知道的“大势”；看看近几年的创新创业大赛里得到投资公司青睐的都是什么样的项目，“风投”的选择都在暗示行业的发展方向；看看网络上各种创业论坛里大家都在聊什么，那是过来人的经验，对我们来说就是迅速获取商业信息的“捷径”；你也可以看看网络上各种创业项目推介网站上的信息，虽然不能轻信，但至少可以开阔你的眼界；或者去各种商品展销会看一看，你会发现现在的商品品类和功能早已超出了你的想象；如果对上述内容都不感兴趣，你可以看一看创业类的电视节目，如“合伙中国人”，不仅能知道很多有趣的项目，还能学会从投资人的角度去分析项目。一旦你开启了自己的创业之旅，你会发现你需要看的东西太多，逐渐就会开始有意识地分类和筛选。总之，创业项目就在你的身边，只等你睁开慧眼。

聊一聊

和你的同学聊聊梦想，也许你会找到志同道合的年轻人；和你的老师聊聊现在的困惑和未来的规划，老师丰富的阅历会给你启发；和你的家人聊聊你真正喜欢的事情，得到家人的理解和支持对于创业者来说是非常重要的事情；和创新创业竞赛的评委聊聊，他们每年会看到几百个创业项目，言谈间自然会给出一些建议；和创业孵化基地的负责人聊聊，可不是每一个项目都有资格进入孵化基地的，了解了“入孵”的标准，在寻找项目的过程中会少走很多弯路；和创投公司的投资人聊聊，他们有着丰富的投资经验，知道哪些项目是“低调的奢华”，哪些项目是“虚假的繁荣”；和大学生创业指导中心的工作人员聊聊，你会了解到地区的创业扶植政策以及政府更推崇什么样的创业项目，顺应政策的指引就能事半功倍；和正在努力的创业者们聊聊，他们会告诉你书本之外的一切，包括你想得到和想不到的事情，这是最重要的。

也许你会想：“我也知道要通过各种途径了解创业，但我要怎么接触到这些人呢？”其实，这事儿也不难，同学、朋友、家人、老师，这些人你一定找得到，但创业竞赛的评委、创业孵化基地的负责人、创投公司的投资人、大学生创业指导中心的工作人员以及“在路上”的创业者们都在哪儿呢？

创业竞赛的评委当然在竞赛现场了，想见到他可以直接参赛或当个竞赛志愿者。创业孵化基地的负责人可以通过学校的创业孵化园进行联系，现在各地都在推行校企合作教育，很多高校都与当地的创业孵化园区建立了战略合作关系，找到学校创业孵化园的老师，自然就找到了这条线的一个“头儿”，几个电话打过去总会找到创业孵化基地的负责人，即使初次沟通不畅，你也可以将你想知道的几个问题列出来，交给学校的创业导师，让他们负责联系和解答。大学生创业指导中心的工作人员就在大学生创业指导中心里，他们热衷于促成学生的创业事业，所以只要你去，再配有创业导师事先的沟通，对方会有问必答。大学生创业者想要接触到创投公司的投资人有点难度，特别是企业资源比较丰富的投资人，因为创业投资领域目前是供不应求的状态，每天都有无数位创业者拿着策划书追着投资人跑，你有两条路可以接触到他们：第一是通过企业投资建设的“创客空间”，那是另外一种类型的创业孵化基地，比高校和政府主导的创业孵化基地更现实一些[①]，这种“创业空间”的背后是专业的投资机构，你可以尝试通过“前店”找到“后厂”；第二是通过参加高价值的创新创业竞赛，例如中国“互联网+”大学生创新创业大赛、全国大学生电子商务“创新、创意及创业”挑战赛等，这类比赛就像过关一样，而在最后一关等着你的就是投资人，所以前期你可以以团队成员的身份参加比赛，当接触到投资人时自然可以将你的更多想法跟投资人沟通。奋战在创业道路上的创业者们，你可以通过“线下”和“线上”两种途径接触到。“线下”主要是通过创业孵化基地，能够“入孵”的企业基本都已经有了一定的创业经验，你可以去和他们好好聊一聊。当然你也可以以免费打工者的身份融入其中，毕竟，想了解更多的信息就必须付出更多的努力。“线上”主要是通过一些创业类的论坛，例如知乎、创业邦、“90后”创业论坛等，这些平台上的创业者对于各种类型的创业项目有着更现实的解读，从中你能得到很多宝贵信息和智慧，甚至还可以结交一些有着共同追求的朋友。

听一听

听一听身边的牢骚，牢骚本身暗示着一种渴望，而渴望从专业的角度来解释就是未被满足的需求，我们身边有太多创业项目都是源自听到的牢骚。听一听身边的赞叹，有些人赞叹科技的发展，有些人赞叹企业家的超前意识，更有人赞叹生活水平的迅速提升，所有这些赞叹都能让你知道身边的事物每一天都在不断地变化，新的科技、新的话题、新的成长自然也会给你带来新的启发。听一听不同人群的心声，例如即将登上社会舞台的“00后”，听一听他们的心里话，他们追求的是什么？他们喜欢的是什么？他们心中的未来是什么样子？或是听一听大爷大妈的心声，他们喜欢的是什么？他们恐惧的是什么？他们担忧的是什么？无论是“00后”或是大爷大妈，他们都在告诉你世界是怎么样的、将会变成怎么样的。其实，跟谁说话、听谁说话，不是最重要的，最重要的是在听的过程中你是否用心，你是否听到了对方传递出来的抱怨，是否感受到了对方的惊喜，是否理解了对方描绘的世界。

我们可以通过什么途径去听？“听”的途径包括广播电台、创业培训课堂、各种创业微课堂、寝室、广场、微信等。中央广播电视总台的《中国之声》节目就是一个很好的媒介，每天定时向听众播报政治、经济、文化等方面的最新资讯，近几年播报的内容越来越贴近创业，能让有心的听众得到很大的启发。此外，这几年也出现了大量创业资讯类的App，例如投资界、今日创业头条、36氪、创业头条新闻等，它们都是通过短新闻的方式向大众传递创业知识和创业信息，对于创业者发掘商机很有帮助。还是那句话，怎么听、听什么不重要，重要的是是否用心在听。

---

① 目前国内绝大多数企业主导的创业孵化基地或“创客空间”都是带有投资色彩的，入驻的企业如果成功获利，基地将按比例提取收益。

走一走

在寻找创业项目的过程中不能只是听、只是说，还要实际地走一走、看一看，到已经开设的企业走一走，实地调查一下各种创业项目网站上推送的创业项目，在实际的运营中是否如其描述的一般火爆；到你没去过的城市走一走，看看那里有没有没见过的新鲜玩意儿，或是当地有哪些有趣的习俗、迷人的风景、美味的特产，这些都可能成为你的创业项目，现在国内很多旅游服务企业已经开始尝试开发小镇旅游项目，电商平台上也出现了各地区、各民族的土特产，这些项目可都是“走”出来的；到创业孵化基地走一走，看看现在的孵化园里都挂着哪些项目的牌子；到淘宝、京东上“走一走”，看看这些全国知名的电子商务平台上又出现了哪些新产品，我们可以尝试在原有产品的基础上进行产品的重组；到城市的 CBD① 里走一走，看看那里充斥着哪些企业；到大学城走一走，调查一下现在大学生在学习和生活中有哪些需求，分析一下大学城内现有的经济组织是否能够满足大学生所有的需求，如果不能，那么需求的空白点就是你可以记录下来的潜在创业项目。

相较于前文提到的“看”“听”“聊”，“走”是寻找创业项目比较辛苦的一种方式，但却是最必要的一种，你可以准备好一个笔记本，把一路上发现的新鲜事物都记录下来，把随时产生的想法也记录下来，这样当你完成一场创业的游学之后，再来翻看这本笔记必然会有很多的启发。季琦在开创如家酒店集团之前，带着一个本子、一把尺、一个老式的佳能胶卷相机，把上海和宁波两地的每一家锦江之星②都住了一遍，房价多少、有多少间房、床有多宽、门有多高，都一一记下来，闲时还和值班经理、服务员聊天，把客源资料和成本结构都摸得清清楚楚，随后他便在上海建立了第一家如家酒店③，既摒弃了老式经济型酒店的缺点，又打造了自身与众不同的特点，四年之后便以中国酒店业海外第一股的身份在美国纳斯达克上市。创业是一个逐步打开身心的过程，我们要以开放的姿态不断吸收外部的信息，切忌闭门创业。

关于“创业项目在哪儿?”的回答繁多，为帮助大家清晰思路，将这部分内容简单梳理如下：

看一看	聊一聊	听一听	走一走
电视新闻 创业竞赛 创业论坛 商品展销会 创业项目网站 创业类电视节目 ……	创业者 同学、老师、家人 创业竞赛评委 创业指导中心 孵化基地负责人 创投公司投资人 ……	广播电台 大学校园 文化广场 创业微课堂 创业培训课堂 创业资讯类App ……	大学城 创业企业 陌生城市 孵化基地 商务中心 电子商务平台 ……

① CBD（central business district），中央商务区，指一个城市里的主要商务活动地区。

② 锦江之星是我国经济型酒店的先驱，隶属于锦江集团，2002 年之前国内经济型酒店只有锦江之星和新亚之星两个品牌。

③ 如家酒店集团创立于 2002 年，2006 年 10 月如家酒店集团在美国纳斯达克上市。

创业项目就围绕在你的身边，就等着你用心去琢磨和发现。

大学生可以借助以下平台寻找创业项目：

创业类App：
青伙
微链
比目
创业圈
投资界
爱合伙
创业加盟
商机盒子
中国加盟网
手机猪八戒
创业项目大全
创业项目点评
……

大学生创新创业大赛：
全国大学生机器人创业大赛
国际大学生iCAN创新创业大赛
“创青春”全国大学生创业大赛
“挑战杯”全国大学生创业计划大赛
全国“互联网+”大学生创新创业大赛
全国大学生电子商务“创新、创意及创业”挑战赛
……

创业类电视节目：
合伙中国人
创业英雄汇
一起投吧
创客英雄会
创客中国
……

创业项目网站：
28商机网
58创业网
3158致富网
青年创业网
全球加盟网
……

创新创业论坛：
知乎
天涯
36氪
i黑马
创业邦
果壳网
创业网
创业家园
创业者论坛
飞度创业网
创业交流论坛
“90”后创业论坛
……

值得推荐的大学生创业的领域有电子商务、网络教育、智能家居等。

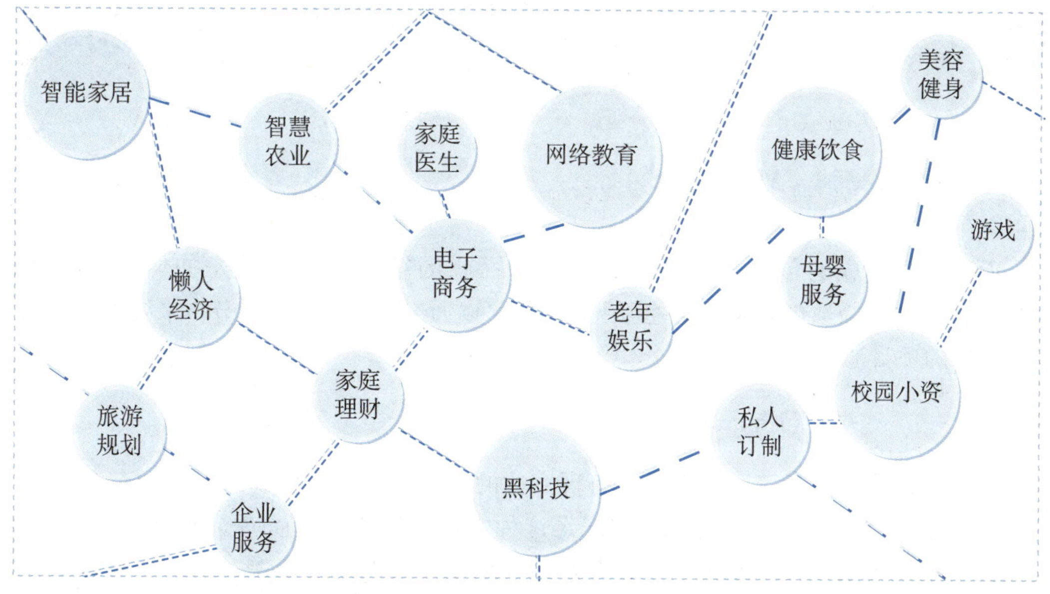

练习：利用本节所学知识形成你的项目池。

项目1 ______________________　　项目2 ______________________

项目3 ______________________　　项目4 ______________________

项目5 ______________________　　项目6 ______________________

项目7 ______________________　　项目8 ______________________

Q4：怎样才能找到适合自己的创业项目？

通过七个问题找到“Mr. Right”

面对已经形成的创业项目池，创业者要面临的第二个问题就是如何找到自己的“Mr. Right”。在筛选创业项目的过程中，我们可以通过对七个问题的分析来明确思路，在充满诱惑的项目池中找到你的“Mr. Right”。

问题一：这个项目有市场吗？

很多项目看起来很美，但不见得有现实性的市场。这里的市场指的是拥有某种需求或欲望，以及有能力通过交换的方式满足这种需求或欲望的消费者。所以，不难看出，市场的前提是需求，而判断市场是否存在的标准就是需求是否存在。面对满眼的创业项目，创业者需要明确的问题是：这些项目的背后是否存在需求？存在的是现实性的需求还是潜在性的需求？消费者对这种需求的渴望程度如何？这几个问题是决定项目是否成立的关键，我们可以借助营销学中的一个工具来对各个项目的市场状态进行分析，即

STP模型。STP模型也叫STP法则，它包括市场细分（segmenting）、目标市场选择（targeting）和产品定位（positioning）三个环节。STP法则在使用中的主要的思路是先按照一定的标准对整个市场进行划分，而后分析各个细分市场的核心需求与特性，再根据自身战略构想选择目标市场，针对目标市场需求特性设计产品或服务的创新点，明确定位。

市场细分：创业者可以先按照一定的标准，如地理、人口、心理、行为等对整体市场进行划分，将繁杂的消费者市场整理为若干个具有类似需求倾向的消费者群体。再通过深入的调研，仔细分析每个细分群体的消费共性和特征。

目标市场选择：创业者在明确了各个细分市场的需求特点及消费特性之后，就可以进行针对性的目标市场选择了。在选择时一定要考虑到战略构想的对应性和自身优势的匹配性。

产品定位：当创业者选定了主要目标市场之后，就要针对目标市场的核心需求和消费习性进行产品或服务的差异化设计与定位，以保证市场、需求、产品特色三者之间的统一。

乍看之下，STP模型似乎与创业项目的筛选没有直接关联，但它却可以让创业者有一种精准定位的意识。创业者可以针对项目池中的所有创业项目进行目标市场的明确分析，例如该项目的产品或服务是针对什么样的消费人群，这种人群的消费特点是怎么样的，他们是怎样看待这种产品或服务的，对于它的需求程度有多高，价格承受度如何。所有这些问题的明确都可以帮助创业者验证创业项目的市场潜力和价值。此外，通过STP模型分析，创业者也可以更好地把握目标市场的需求与喜好，并在后期“投其所好”地设计产品或服务的特点。

问题二：行业竞争情况如何？

创业者要清晰地梳理出项目池中每一个创业项目的行业归属，并且对行业目前的竞争状况进行准确分析。创业者可以从行业现有竞争企业的数量及相对规模、产品需求增长率、现有市场细分的程度等几个方面来分析行业竞争强度。如果发现某一项目所属的行业已经呈现出了竞争激烈的红海[①]状态，那么在决定是否保留这一项目时，就必须考虑自身资源的匹配性和项目特色的可挖掘性。如果在研究之后发现，自己无论是在资源保证方面还是在创意设计方面都无法形成优势，那么最理智的做法就是放弃。因为，在红海中竞争，更多依靠的是先位优势[②]和资本储备，而这些恰恰是创业者比较缺乏的东西。相反地，如果市场处于半空白状态，那么我们还要进一步验证这种空白是否真实，毕竟，不是每个人都能开拓出来蓝海市场。

问题三：进场时机是否恰当？

一般情况下，行业的发展包括萌芽期、成长期、成熟期和衰退期四个阶段。如果你手

---

① 红海指的是已经存在的竞争激烈的市场空间，与之相对地，蓝海指的是等待开拓的市场空间。

② 先位优势指的是在市场竞争中，先进入市场者相比后进入者存在的竞争优势，如品牌知名度、渠道资源、金融支持等。

上的某一个创业项目目前正处在萌芽期，那说明你还有抢占先机的可能；如果已经进入成长期，你也可以勉强做个追随者；而一旦项目已经进入成熟期，甚至衰退期，那意味着已经完全失去了先机，这时的市场基本形成了稳定的“军团结构”，行业中的各大竞争企业已经对市场进行了全面的瓜分，你连残羹冷炙都抢不到。所以，对于已经处于成熟阶段的传统项目，在无法实现突破性创新的情况下，还是谨慎选择为妙。在挑选创业项目时，应将更多的注意力放在刚刚启动的产业上，如 VR 产业、生态农业等。

问题四：项目的创新性如何？

创业者要明确项目池中的每一个创业项目能在多大程度上实现创新。如果某一个项目创新的空间比较有限且容易被模仿，例如，管理模式上的创新或产品包装上的创新就比较容易被复制，那么，在选择时就要慎重。因为，如果某一种产品或服务很难形成差异，在发展过程中就会逐步呈现同质化市场的状态，而同质化的行业有着近乎一致的发展路径，即前期大量企业涌入，市场瞬间变为红海一片，随后实力不济的企业纷纷破产或被吞并，留下来的只有少数几个实力雄厚的公司。曾经火遍全国的共享单车就是一个典型的例子，当摩拜、ofo 小黄车占领了一线城市并探索出了一条可模仿的商业模式之后，以悟空单车为代表的小资本企业纷纷涌入二三线城市，试图用“农村包围城市”的战略与行业领导者对抗，但结果是资本雄厚者胜，“小粉车”“小彩车”“小灰车”统统被扔进垃圾场。所以，在挑选创业项目时有必要仔细思考每个项目的创新空间，这里的创新应该是技术、渠道、盈利模式等高壁垒的创新。

问题五：利润空间是否够大？

能不能赚钱是判断项目好坏的重要标准，创业者在选择创业项目时要考虑到产品或服务的成本问题，项目如果涉及稀缺性材料、专业人才或高科技设备，产品的成本必然会被抬高。为了弥补成本，要合理设定售价才能够既保证回本又不至于流失客户。成本和售价都确定下来之后，还要估算项目的毛利率，一般情况下毛利率低于 20%的项目是不予考虑的，毕竟企业的本质是追求利润和持续发展。

前面的几个问题主要是从项目是否具有商业价值的角度进行分析，重点研究项目的市场需求、发展空间和盈利潜力，我们也可以借助波特五力模型来对上述问题进行分析。波特五力模型属于战略分析层面的工具，是由战略学家迈克尔·波特于 20 世纪 80 年代初提出的，五力分别指的是“现有竞争强度”“供应商的议价能力”“消费者的议价能力”“潜在进入者的威胁”“替代品的威胁”。该模型主要是借助塑造行业竞争的这五种力量来分析指定行业的利润空间。我们同样可以借助波特五力模型来研究某一个项目的利润空间和商业价值。

现有竞争强度：目前有多少人已经在做这个项目？他们的实力如何？是否已经形成了一定的竞争结构？

供应商的议价能力：项目需要哪些原材料作为支撑？供应商的实力如何？在交易中拥有多大的话语权？

消费者的议价能力：消费者的购买能力能否支撑你推出的产品或服务？在交易中是否占有主导权？

潜在进入者的威胁：还有多少人在盯着这个项目？这些窥视者中是否有实力雄厚的企业？

替代品的威胁：市面上有没有能够替代你的项目的产品或服务？它们能够在多大程度上对你的项目形成替代？

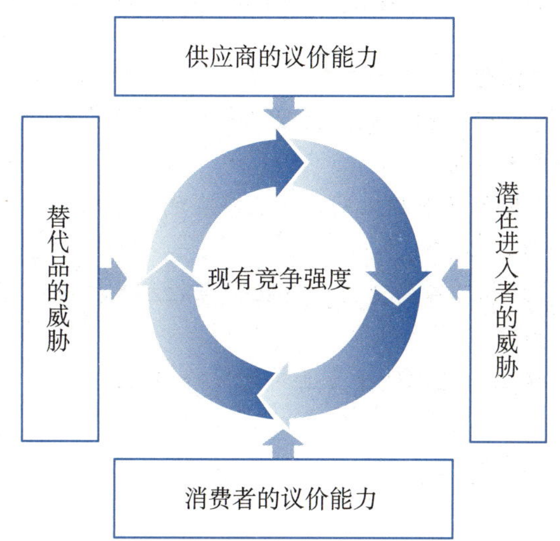

问题六：你有多喜欢这个项目？

与前面的五个问题相比，这个问题看似比较感性，但却是创业者需要严肃对待的问题。创业者的兴趣、爱好和价值观与创业项目是否匹配，决定了创业者对这个项目的投入和“牺牲”的程度。如果面对一个创业项目时，创业者感到疲惫、厌倦、打不起精神，那么不能期待创业者会在这个项目上产生突破性的创新。据统计，我国私营企业的平均寿命只有2.9年，每年有100万家私营企业破产倒闭，60%的企业在5年内破产，85%的企业在10年内消亡。私营企业的寿命之所以如此之短，除了受到外部环境的影响之外，还有一个很大的原因是创业者兴趣的留存度的问题，绝大多数创业者并不是真正喜爱自己选择的项目，前期靠着激情打拼，但当激情退去，又没有“真爱”的支撑，项目自然坠落。反之，如果创业者是真正发自内心地喜欢某一件事情，那么当他们在为自己喜欢的事情打拼时是热情万丈的，且会不遗余力地为面对的每一个难题寻找切入口，他们其实是在享受整个过程。所以，面对你的项目池，好好问问自己：究竟喜欢哪一个？

问题七：你有足够的资源吗？

也许现在你面前有一个项目，你很爱它，它也很好，但这不代表你就可以开始实施它，因为还要考虑另外一个问题，就是你有没有足够的条件去驾驭它，这就涉及创业资源的匹配性问题。创业资源包括资金、技术、人才、信息、渠道、政策等。你的手上有多少资源，你又能筹集到多少资源，这决定了你有没有资格去选择心仪的创业项目。很多人禁不住诱惑，看到一些“有魅力”的项目之后就跃跃欲试，而忽略了创业者选项目也得讲究“门当户对”，与其在资源不足的情况下去追求“高大上”的项目，不如转做自己能够驾驭的“小而美”的项目。对于大学生创业者而言，应该循序渐进地发展事业，积攒资源，对于资本要求过高的项目不建议太早尝试。

在筛选创业项目时，我们可以借助一个工具，即 SWOT 分析模型，来帮助自己明确项目池中的各个项目与自身的契合度。SWOT 分析模型是一种态势分析工具，于 20 世纪 80 年代初由美国旧金山大学的管理学教授卫里克提出，经常被用在企业战略制定或竞争对手分析等场合。SWOT 分析模型中的四个字母分别代表不同的层面和内容。

Strengths——竞争优势：
与竞争对手相比较，企业具有的“长处”。
Weaknesses——竞争劣势：
与竞争对手相比较，企业存在的“短处”。
Opportunities——环境机会：
外部环境的变化给企业带来的发展机遇。
Threats——环境威胁：
外部环境的变化使企业面对的风险与挑战。

创业者档案

姓　　名：余佳文
国　　籍：中国
籍　　贯：广东潮州
毕业院校：广州大学华软软件学院
主要成就：创建“超级课程表”

余佳文，1990 年出生于广东潮汕一个普通家庭。他并不是一个传统意义上的乖孩子，他不喜欢读书，常常和老师顶嘴、和父母吵架。在高中的 9 门课程里，只有数学和物理是他喜欢的。当时所有人都不看好余佳文，认为他根本考不上大学。结果余佳文考上了广州大学华软软件学院。

余佳文 14 岁开始尝试做生意。2007 年，在饶平二中读高一的余佳文开始自学编程，开创了一个高中生社交网站，2008 年网站实现盈利，他赚得了人生的第一桶金。2009 年，余佳文考入广州大学华软软件学院，此时他卖掉了网站，并坚定地认为未来还会有更大的事业在等着自己。

在余佳文的大学生活中，一星期有三十节课，学生基本记不住课程表，经常忘记在哪里上课，这些日常小烦恼给了余佳文创业的灵感。他拉上几个朋友，组建了 8 个人的创业团队，成员都是清一色的大学生。2011 年下半年，团队开始研发软件“超级课程表”。“超级课程表”是以传统课程表为基础而设计的校园实用工具，面向高校大学生，软件内置许多实用功能，如查看课程表、记录课堂笔记、成绩查询等。2012 年，余佳文成立了自己的公司——广州超级周末科技有限公司，同年 8 月，拿到了第一笔天使投资。2013 年 1 月，又获得了第二笔天使投资。2014 年 11 月，余佳文团队成功获得四轮融资，“超级课程表”的注册用户突破 1 000 万。

案例——“超级课程表”SWOT 分析结果

Strengths	Weaknesses	
1.拥有比较丰富的创业经验 2.拥有比较丰富的技术资源 3.拥有比较丰富的客户资源	1.创业资金相对不足 2.产品经验相对不足 3.管理经验相对不足	竞争优势（S） 与其他创业者相比，你在实现这个项目时存在哪些优势，主要从资源获取和支撑的角度进行分析。 竞争劣势（W） 与其他创业者相比，你在实现这个项目时存在哪些劣势，同样从资源支撑的角度进行分析。
Opportunities	**Threats**	
1.创业扶植政策日渐完善 2.创业舆论环境日益开放 3.校园消费需求逐渐兴起	1.同类产品的出现 2.恶意竞争的影响 3.管理风险的出现	环境机会（O） 政策、经济、人文、科技、生态、法律等外部环境的变化为项目的发展带来的机遇。 环境威胁（T） 政策、经济、人文、科技、生态、法律等外部环境的变化为项目的发展带来的挑战。

练习：在你的项目池中挑选一个创业项目，并尝试利用波特五力模型进行项目商业价值的分析。

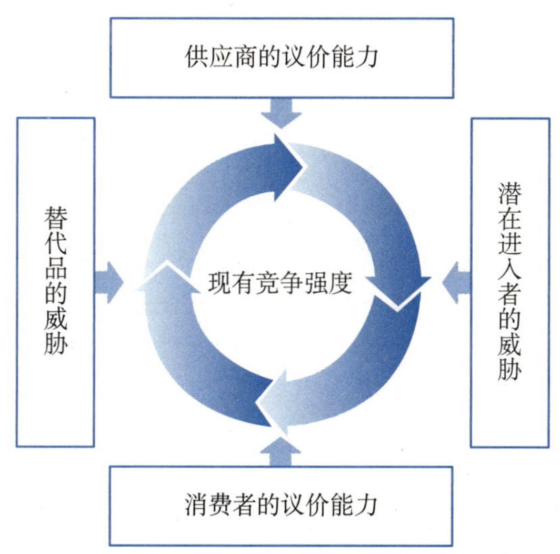

潜在竞争者进入市场的门槛如何？
消费者能否很容易地购买到与你的产品功能相同的产品？
供应商的议价能力如何？
消费者的议价能力如何？
行业竞争者的竞争程度如何？

练习：在你的项目池中挑选一个创业项目，并尝试利用 SWOT 分析模型进行项目契合度的分析。

项目简介：

Strengths

Weaknesses

Opportunities

Threats

Q5：如何评估创业项目的商业价值？

创业项目的价值由市场说了算

在 Q4 中提到了“利润空间”问题，强调创业者在挑选项目时一定要评估项目的商业价值。那么，我们到底该如何评估创业项目的具体商业价值呢？关于这个问题，创业学教授蒂蒙斯已经为我们做出了解答。他提出了创业机会评价体系，从涉及的行业和市场、经济因素、收获条件、竞争优势、管理团队、致命缺陷、创业者的个人标准、理想与现实的战略差异八个方面对创业项目的商业价值进行定量分析，该体系共包含 53 项指标，本书将其内容进行了梳理，从中提炼了 10 个评价指标。

指标 1：市场定位

创业项目必须要有清晰的市场定位，专注于满足顾客需求，同时能为顾客带来增值的效果。创业项目针对的需求和指向的目标人群要细致而明确，并且能够保证可以通畅地接触到目标顾客。创业项目能够为顾客带来的价值越高，其成功的概率也越高。反之，定位模糊的项目不仅无法精准地抓住顾客的需求，还会造成资源的浪费。

指标2：市场规模

市场规模主要是研究目标产品或行业的整体规模，具体包括目标产品或行业在指定时间里的产量、产值等。市场规模的大小与成长速度是影响项目商业价值的重要因素，蒂蒙斯在其评价模型中提到，创业项目的市场规模要足够大，销售潜力应达到1 000万～10亿元。项目的市场规模可以借助连锁比例法进行计算。

指标3：市场成长率

市场成长率又叫市场增长率，是指产品或劳务的市场销售量或销售额在比较期内的增长比率。市场成长率决定了创业项目的发展潜力，一般情况下高价值创业项目的市场成长率要达到30%～50%，甚至更高。

指标4：市场占有率

市场占有率又叫市场份额，是指一个企业的销售量（或销售额）在市场同类产品中所占的比重。在创业项目正式启动之前，创业者需要通过市场预测来推算产品未来的市场占有率。一般情况下，想要成为市场领导者，至少要在5年之内拥有20%以上的市场占有率。如果产品的市场占有率低于5%，则说明企业的竞争力较低，在行业中只能处于市场追随者的地位，且后期上市的概率也很小。

指标5：销售额增长率

销售额增长率是影响项目商业价值的重要因素，在蒂蒙斯的项目评价模型中提到，产品的销售额增长率要高于15%，如果在预测中发现，产品的销售额增长率呈现前期高、后期低的情况，可能预示着项目的同质化倾向较高，创新空间有限。

指标6：现金流占比

现金流是创业者在评估创业项目时必须重视的一个问题，国内庞大的创业队伍中，在经营初期由于现金流断裂而破产的企业不在少数。创业必须拥有良好的现金流量，能占到销售额的30%以上。

指标7：税后净利

税后净利决定了企业的资金积累和发展后劲，一般情况下，高价值的创业项目，至少要能够创造15%以上的税后净利。如果创业预期的税后净利在5%以下，那么说明这个项目的商业价值相当于储蓄利率，没有投资价值。

指标8：盈亏平衡点

盈亏平衡点又称零利润点、保本点、盈亏临界点、损益分歧点、收益转折点，通常是指全部销售收入等于全部成本时（销售收入线与总成本线的交点）的产量。如果以盈亏平衡点为界限，当销售收入高于盈亏平衡点时，企业盈利；反之，企业就亏损。企业达到盈亏平衡点的时间为盈亏平衡时间，合理的盈亏平衡时间应该在1.5～2年，如果3年的时间依然无法达到项目的盈亏平衡，则可以认定为投资风险偏大，不适宜作为投资项目。当然，也有一些科技或资本含量较高的项目，如生物制剂、主题公园、智慧农业等，其项目本身的投资回报期偏长，大学生创业者在面对这些项目时，如果没有一定的前期积淀或资源基础，还是不要轻易尝试。

指标9：投资回收率

投资回收率又叫投资回报率，是指通过投资而返回的价值，即企业从一项投资性商业活动的投资中得到的经济回报。在考虑了企业经营中可能会遇到的各种风险的情况下，合理的投资回收率应该在25%以上，如果某个项目的投资回收率在15%以下，可以考虑放弃。

指标10：毛利率

毛利率是毛利占销售收入（或营业收入）的百分比。不同行业的毛利率标准略有差异，但一般情况下，理想的毛利率在40%以上。近几年，互联网信息服务、人工景点、白酒、移动通信增值服务、酒店、餐饮、高速公路、葡萄酒、其他交通运输设备、生物制品、软件开发与服务等行业的平均毛利率超过50%。

在评价创业项目的商业价值时除了要考虑上述10个指标之外，还要分析市场的结构，例如行业现有竞争情况、现有企业的竞争格局等；分析产品的成本结构，例如物料与人工成本的比重、可变成本与固定成本的比重等；分析项目是否存在合理的退出方式，这主要是为投资者减轻心理负担等。为了帮助读者更深入地了解创业项目的评价内容，文后附有蒂蒙斯创业项目评价体系，便于更细致地讨论。

学习总结——请用最简练的语言写下你的答案。

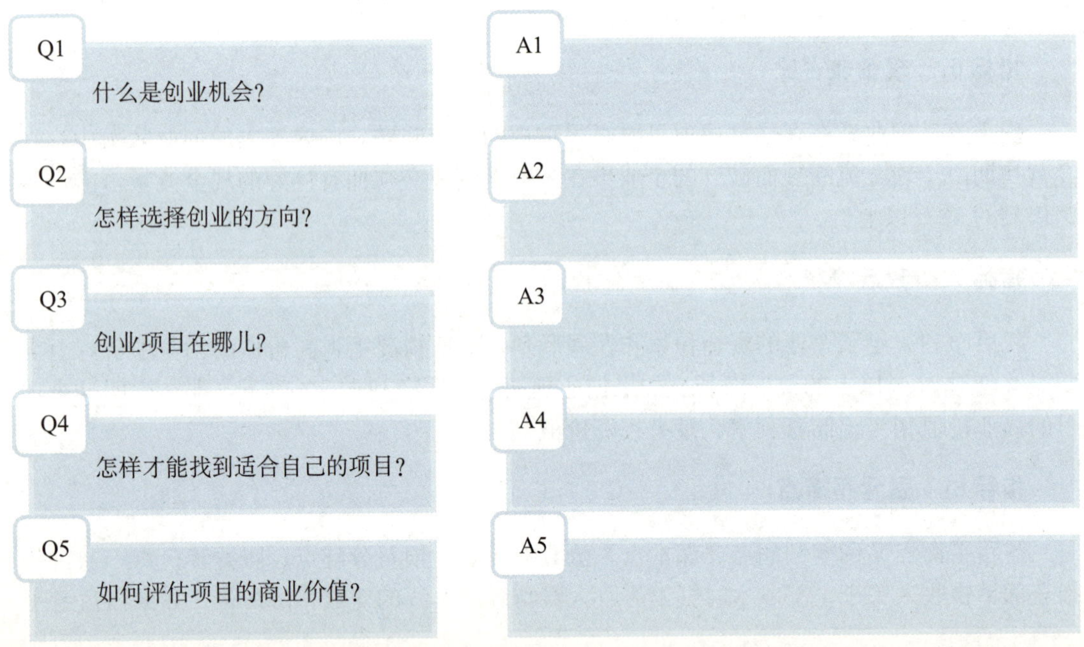

知识拓展——蒂蒙斯创业项目评价体系

指标类别	具体指标	指标类别	具体指标
行业和市场	1. 市场容易识别，可以带来持续收入	收获条件	1. 项目带来的附加价值具有较高的战略意义
	2. 顾客可以接受产品或服务，愿意为此付费		2. 存在现有的或可预料的退出方式
	3. 产品的附加价值高		3. 资本市场环境有利，可以实现资本的流动
	4. 产品对市场的影响力强	经济因素	1. 达到盈亏平衡点所需的时间在 1.5～2 年
	5. 将要开发的产品生命长久		2. 盈亏平衡点不会逐渐提高
	6. 项目所在的产业是新兴产业，竞争不激烈		3. 投资回报率在 25%以上
	7. 市场规模大，销售额潜力达到 1 000 万～10 亿元		4. 项目对资金的需求不是很大，能够获得融资
	8. 市场成长率在 30%～50%，甚至更高		5. 销售额的年增长率高于 15%
	9. 现有厂商的生产能力几乎完全饱和		6. 有良好的现金流量，占到销售额的 20%～30%
	10. 在 5 年内能占据市场的领导地位，占有率达到 20%以上		7. 能获得持久的毛利，毛利率达到 40%以上
	11. 拥有低成本的供货商，具有成本优势		8. 能获得持久的税后利润，税后利润率超过 10%
竞争优势	1. 固定成本和可变成本低		9. 资产集中度低
	2. 对成本、价格和销售的控制较高		10. 运营资金不多，需求量是逐渐增加的
	3. 已经获得或可以获得对专利所有权的保护		11. 研究开发工作对资金的要求不高
	4. 竞争对手尚未觉醒，竞争力较弱	管理团队	1. 创业者团队是一个优秀管理者的组合
	5. 拥有专利或具有某些独占性		2. 行业和技术经验达到了本行业内的最高水平
	6. 拥有发展较好的网络关系，容易获得合同		3. 管理团队的正直廉洁程度达到最高
	7. 拥有杰出的关键人员和管理团队		4. 管理团队知道自己缺乏哪方面的知识

续表

指标类别	具体指标	指标类别	具体指标
理想与现实的战略差异	1. 理想与现实情况相吻合	致命缺陷	不存在任何致命缺陷
	2. 管理团队已经是最好的	创业者的个人标准	1. 个人目标与创业活动相吻合
	3. 在客户服务管理方面有很好的服务理念		2. 创业者可以做到在有限的风险下实现成功
	4. 所创办的事业顺应时代潮流		3. 创业者能接受薪水减少或损失
	5. 所采取的技术具有突破性，不存在许多替代品或竞争对手		4. 创业者渴望进行创业这种生活方式，而不只是为了赚钱
	6. 具备灵活的适应能力，能快速进行取舍		5. 创业者可以承受适当的风险
	7. 始终在寻找新的机会		6. 创业者在压力下状态依然良好
	8. 定价与市场领先者几乎持平		
	9. 能够获得销售渠道，或已经拥有现成的网络		
	10. 能够允许失败		

注：创业者可以将蒂蒙斯创业项目评价体系进行适当简化，并设计成问卷，通过德尔菲法对自身项目进行评价。

创业者档案

姓　　名： 林呵呵
国　　籍： 中国
籍　　贯： 不详
毕业院校： 中国传媒大学电视学院
主要成就： 创建七十二变（北京）文化传媒有限公司

林呵呵，原名林恒，毕业于中国传媒大学电视学院。大学毕业后担任海南电视台节目主持人，主持过生活、财经、综艺等各种不同类型的节目。2008 年开始担任旅游卫视节目主持人，主持过的节目有《美丽俏佳人》《凯凯莎莎游世界》《谁借我厨房》《康宁心煮艺》等。

2016 年 5 月，林呵呵从旅游卫视辞职，创立七十二变（北京）文化传媒有限公司，推出《咋整呢呵呵》短视频节目。《咋整呢呵呵》是一档垂直于医学美容领域的短视频科普节目，在十分钟的时间内，通过有趣的内容快速教给大家关于美容领域的知识，帮助大家安全变美。节目上线一年内，播放量超过 3 亿次，在微博和秒拍等移动短视频的医学美容垂直领域达到第一位。在节目中，林呵呵通过与医学美容界的名医访谈的形式，为用户科普正确的医学美容观念和知识。节目内容兼具受众最想了解和最应该了解的问题，并做了一定的娱乐化包装，还会与用户一起探讨交流。节目在着力普及知识、帮助用户安全变美的同时，也在倡导健康的医美观念，告诉大家医美是有局限性的，不是唯一的变美方法。优秀的节目品质与轻松的互动形式为节目树立了良好的口碑。

主题4

商业模式

Q1：商业模式是什么？
Q2：有哪些经典的商业模式？
Q3：如何设计商业模式？
Q4：商业模式的设计技巧有哪些？
Q5：如何判定一个商业模式的好坏？

Q1：商业模式是什么？

创造、传递、获得价值的方法

当创业者估算了项目的商业价值之后，就要开始思考企业要通过什么方式来实现这些价值，这就进入到商业模式的设计阶段。学术界对于商业模式概念的界定，还存在很多分歧，主要是因为学者们对于商业模式的本质还没有形成统一的认识。

现存的有关商业模式的概念可以划分为四类，即经济类、经营类、战略类和整合类。经济类的定义将商业模式看作企业的经济模式，研究的是企业的利润产生逻辑，如斯图尔特（Stewart）将商业模式界定为“企业获得经济利益的内在逻辑，是企业能够获得并且保持其收益流的逻辑陈述”；经营类的定义关注企业内部流程及构造问题，其本质是说明企业如何设计“内部流程”和“基本结构”，以实现价值创造的过程，如马哈德万（Mahadevan）提出“商业模式是企业的资金流、物流与价值流的组合”；战略类的定义集中在企业在市场中如何通过资源组合实现价值创造的逻辑，如安德（Under）提出“商业模式是企业通过市场资源的整合实现价值创造的逻辑”；整合类定义主要是将经济获取、企业运营、战略选择三者进行融合的定义方法，如瑞士学者亚历山大·奥斯特沃德（Alexander Osterwalder）提出“商业模式是建立在许多构成要素及其关系之上，被用来说明特定企业商业逻辑的概念性工具”。

现存的四类定义虽然各有侧重，但却都是围绕着企业价值的创造与实现。本书选用了奥斯特沃德和比利时学者伊夫·皮尼奥（Yves Pigneur）在《商业模式新生代》（*Business Model Generation*）一书中为商业模式给出的定义。

商业模式

商业模式描述的是一个组织创造、传递以及获取价值的基本原理。

如果单纯从创业的角度对商业模式进行思考，它就是创业者通过创业想法创造价值，并通过资源整合实现价值的逻辑过程。我们甚至可以把它更简单地理解为，企业赚钱的方式。商业模式的内涵丰富而繁杂，其构成内容也包括多个要素。商业模式的构成包括 9 个模块：价值主张、客户细分、渠道通路、客户关系、收入来源、核心资源、关键业务、合作伙伴、成本结构。这 9 个模块包含了市场、业务、收益三个循环，关于这部分内容，我们将在 Q3 中进行详细讲解。

在社会进步和经济发展过程中，商业模式的类型也大大丰富，从传统的店铺模式发展到以互联网为基础的平台模式、聚焦模式、饵钩模式、联盟模式、虚实模式、众筹模式、共享模式等多种形式，为创业者提供了更多的启发和选择。

Q2：有哪些经典的商业模式？

平台、联盟、时空、众筹、饵钩……

商业模式的发展经历了一个从保守到创新的过程，如果细致地对现有商业模式进行划分，大约有上百种。本书对众多商业模式进行了梳理，从传统和新兴两个层面提取了 10 种比较具有代表性的商业模式。

传统的商业模式包括店铺模式、加盟模式和代理模式。新兴的商业模式包括平台模式、联盟模式、时空模式、众筹模式、饵钩模式、共享模式、聚焦模式。

传统商业模式：店铺模式

店铺模式是最古老的商业模式，是在具有潜在消费者群的地方开设店铺并展示其产品或服务，这种类型的商业模式在互联网兴盛之前广泛应用于餐饮、服装销售等服务行业。

店铺模式的运行效果在很大程度上取决于店铺的选址、店面的装修装饰、货品的选择和服务人员的素质。20 世纪 90 年代之前，这种商业模式在我国占据着主要地位，即使到了互联网发展极其成熟的当下，也有不少企业鉴于项目特色仍在坚持采用店铺模式。例如，成立于 1994 年的四川海底捞餐饮服务有限公司，十余年来，以其极致的服务获得了行业的认可和消费者的青睐。为了将其标志性的服务保持下去，海底捞在商业模式的选择方面坚持传统的店铺模式，虽然也会借助网络平台开设外卖服务，但公司依然将更多的精力放在店铺消费体验的提升上面，利用服务的细节打动食客。基于对服务质量的坚持，海底捞一直没有触碰可以快速提升企业规模的加盟连锁模式，这种坚持本身也是对自身竞争特色的保护。

21 世纪，互联网的发展对传统行业造成很大的影响，店铺模式也逐渐呈现出全新的面貌，但无论社会怎样发展，店铺模式的主要特征还是与消费者的直接接触，这就要求采用这一模式的企业务必提升员工的整体素质，保证企业品牌价值。

传统商业模式：加盟模式

21 世纪初，加盟连锁的商业模式在我国悄然兴起。加盟连锁又被称为连锁加盟，是指加盟主把自己开发的产品、服务的营业系统（包括商标商号等企业形象、经营技术、营业场合和区域），以营业合同的形式，授予规定区域内的加盟店，使加盟店具有一定程度的经销权或营业权，让加盟商可以用加盟主的形象、品牌、声誉等，在消费市场上招揽客户。目前我国的加盟连锁呈现出了很多不同的形式，如自愿加盟、跨业加盟、委托经营、委托授权经营、内部加盟、供货加盟等。但无论采用何种形式的加盟，加盟主和加盟商之间都是一种共赢的合作方式，加盟主将其品牌、技术、经验共享于加盟商，而加盟商向加盟主交纳加盟费、保证金或权利金等，两者各取所需、共同发展。

目前，加盟连锁的商业模式广泛地应用于餐饮、酒店、孕婴服务等多个领域，这种商业模式对于加盟主品牌知名度的提升和整体经营规模的扩大具有明显的作用。国内经济型酒店代表如家酒店集团在企业的扩张期采用的就是加盟连锁的商业模式。如家酒店集团成立于 2002 年，是针对当时酒店行业结构发展失衡的问题而成立的经济型酒店，主要是以平民化的房价向商旅人士提供舒适的酒店服务。由于经济型酒店行业存在同质化竞争的问题，市场会在同行的效仿中迅速进入完全竞争状态，竞争的结果往往是少数几个大企业垄断市场，小企业破产或被兼并。为了尽快扩大规模，提升酒店的市场占有率，成为行业的领导者，如家酒店集团在关键的企业扩张期选择了自营与加盟连锁相结合的发展模式，将当时三星级以下的宾馆以连锁加盟的方式纳入麾下，几乎是以最快的速度实现了如家品牌的全区域覆盖。目前，如家已经发展成为综合性酒店集团，拥有和颐酒店、如家酒店、莫泰酒店、云上四季酒店等品牌。

加盟连锁的商业模式可以帮助加盟主快速扩大规模，也可以帮助加盟商深入了解行业发展特点，快速找到经营技巧。加盟主和加盟商之间要保证密切沟通，加盟主要严格监督加盟商的运营情况，加盟商也要及时反馈经营中出现的各种问题，两者紧密合作，才能实现加盟连锁商业模式的效果。

传统商业模式：代理模式

品牌代理是由产品销售业务衍生出来的一种商业模式，在20世纪90年代之前，衡量企业成熟的标准是企业的价值链是否完备，所以企业通常会设置研发部、生产部、市场部、销售部、财务部、人事部等众多的职能部门，企业不可避免地要面对运营成本偏高的问题，因此往往没有过多的精力开拓市场，也不愿雇用庞大的销售团队进行各区域市场的渗透，这时便出现了品牌代理的商业模式。

品牌代理是厂商通过契约形式授予某个人或某家公司销售其产品的权利，品牌代理商可以以一个较低的折扣拿到品牌产品，然后再以全国统一的零售价销售，其中的差价成为品牌代理商的主要利润来源。品牌代理商的核心任务就是开拓市场，市场越广阔、销售量越大，代理商赚取的利润也就越多。代理商不需要对产品进行研发和生产，也不用设置大量库存，其承担的风险相对较小。品牌代理的商业模式覆盖了很多不同的行业，如食品、服装、鞋类等日用百货和日化产品等。

品牌代理这种商业模式的前提是授权厂商自身已经打造出了具有一定市场认可度的产品品牌，产品品牌的价值越高，代理商的代理热情越高；反之将加大代理商的经营难度和经营风险，代理商往往会比较犹豫。

很多创业者会模糊“加盟”与“代理”的概念，其实与加盟连锁相比，品牌代理并不能算是一种独立的经营模式，它更多的是一种授权，可以理解为代理商受到厂商的委托进行市场开拓和产品销售，产品的所有权并不属于代理商，代理商只赚取折扣价与市场价之间的差额，厂商与代理商之间是一种委托关系。而加盟连锁的两端，即加盟主和加盟商之间是契约关系，加盟主有义务帮助加盟商确立经营模式并帮助其解决经营难题，加盟主对于加盟商的经营是负有管理责任的。但厂商和代理商之间并没有这层关系，代理商的经营状态由其自身能力决定，厂商可以督促代理商加强市场的渗透，但不能干涉其经营行为。当然，厂商在选择代理商之前会对各个代理商的经营能力进行细致的调查，以保证自身市场的开拓效果。目前，国内的品牌代理模式已经发展得较为成熟，先后出现了很多品牌代理的平台，如中国代理网、中国时尚品牌网、全商品牌网等。也有很多国外品牌选择以品牌代理的模式开拓中国市场，如意大利国际运动品牌迪亚多纳（DIADORA）和乐途（LOTTO）等。

相较于完全独立的创立企业，通过加盟或代理的方式进入商场并积累市场资源，对大学生创业者来说是一种风险较小的模式。但在大学生创业者决定要加盟或代理某个品牌之前，必须做好品牌质量的调查，以免落入某些加盟或代理的骗局。

新兴商业模式：平台模式

21世纪，互联网的发展使平台模式的普及成为可能。所谓平台模式就是构建多主体共享的商业生态系统，并且产生网络效应，实现多主体共赢的一种商业模式。

互联网时代之前的平台指的是一种现实的空间，专门用于促成双方或多方之间的交易，例如大型的购物中心、金融服务组织、专业咨询服务中心等。互联网时代的平台则更多是一种虚拟的空间，它可以跨越时间和空间的限制，更便捷地促成双方或多方的交易，最具代表性的就是各种类型的电子商务平台。

目前，我国的电子商务平台包括 B2B、B2C、C2C、O2O 等多种形式。B2B 指的是企业对企业（business to business）的平台形式，代表性的企业如阿里巴巴；B2C 指的是企业对消费者（business to consumer）的平台形式，它是我国最早产生的电子商务模式，如今 B2C 电子商务网站非常多，如京东商城、天猫商城、一号店、苏宁易购、国美在线等；C2C 指的是用户对用户（consumer to consumer）的平台形式，是为用户直接提供交易的平台，如专做二手货交易的闲鱼网等；O2O 指的是线上对线下（online to offline）或者线下对线上（offline to online）的平台形式，是一种线上线下相结合的新兴电子商务模式，代表性的企业如美团外卖、美乐乐等。

电子商务平台类型还有很多，如 ABC，即由代理商、商家和消费者共同搭建的集生产、经营、消费为一体的电子商务平台；或是 B2G，该模式是企业与政府管理部门之间的电子商务，如政府采购网、海关报税平台、国家税务局网上办税平台等；此外还有 B2T（business to team）、B2B2C（business to business to customers）、C2B2S（customer to business-share）等，电子商务平台正随着网络的普及呈现出越来越丰富的形式。

除了电子商务之外，平台模式还包括以互联网为基础的大数据平台、物联网平台等。创业者如果要选择使用平台模式作为自己的商业模式，那么最重要的是具备平台思维。所谓平台思维，指的是先做关注度，利用免费会员等低门槛的模式吸引用户，当平台商流汇集到一定程度之后，再进一步挖掘商流的价值。作为国内 B2B 平台的领导企业，阿里巴巴在创建之初，选择的就是免费会员制，利用免费的方式吸引企业登录平台注册用户，并专做信息流，当平台汇集了大量的市场供求信息之后，自然可以吸引更多用户的加入，进而提升品牌的市场价值和融资能力，为后期淘宝网、支付宝、阿里云的创立提供条件。

大学生创业者如果要做平台模式的创业项目，务必注意两点：第一点是平台类型的选择，与其好高骛远地选择“大而全”的平台，不如更加实际地选择自己驾驭得了的“小而美”的平台，选择自己最熟悉的领域，竭尽全力做出“名堂”，前期不要轻易采用收费的方式，尽量降低平台的准入门槛，并尝试借助事件营销、好奇营销等方式提升平台的关注度，当平台拥有了比较可观的流量之后，再通过挖掘流量价值或社会融资的形式谋求更大的发展。第二点是大学生创业者必须认清一个事实，平台模式无论项目大小都需要大量的人力资源作为支撑，在决定选择这种模式之前，务必筹备充足的资源。

新兴商业模式：联盟模式

随着社会的进步和经济的发展，各行各业之间的竞争日益激烈，一个行业由蓝海变为红海的速度越来越快。面对这种形势，很多企业开始尝试突破行业的边界，采用联盟的方式共同服务同一目标群体，这时，具有高度融合性的联盟模式便诞生了。所谓联盟模式就是产业链中的利益相关者转变合作的形式，从原本的竞争状态，转变为互助共赢的状态。联盟模式是一种社会力量的汇聚，联盟中的每一方都有着相同或相似的目标人群，它们以结盟的方式共同满足市场的各类需求。联盟模式是帮助中小企业整合资源、快速成长的有效手段，是管状经济向网状经济的转化。

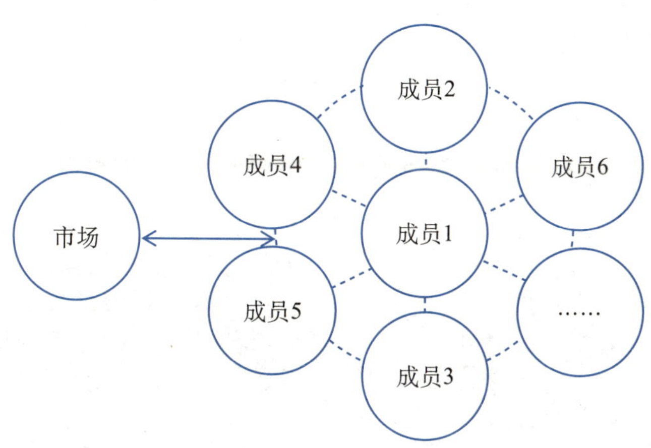

联盟模式

由于联盟模式比较适合于中小型企业，近几年很多大学生创业者都在尝试通过这种方式快速在市场中站稳脚跟，实现“深海”背景下的借力发展。例如，最近出现的免费打印社就是借助了这样一种思路，这类免费打印社通常设置在大学校园里面，由于大学生要打印的资料多数是单面的学习材料，所以打印社会在打印纸的背面印上广告，而这些广告就是校园附近的饭店、KTV、影院等商家的宣传信息。打印社向大学生提供 10 页之内免费打印，超出 10 页以每张 0.1 元的价格收费，甚至有一些打印社干脆实行完全免费方式。这种打印社其实就是采用联盟的方式实现了利润的转移：打印社表面上没有赚钱，实际上赚到的是人气和广告费；校园周边的商家虽然为大学生支付了打印费，却实现了广告的精准投放，在一定程度上还节省了宣传费。由于校园经济圈内的所有经济组织面向的目标人群都是一致的，在发展的过程中完全可以通过联盟的方式，共享资源，各展所长。现在在校园里出现的自助打印机、免费照片打印机等项目，采用的都是联盟模式的经营思维。

大学生创业者由于缺少创业资源，在选择商业模式时可以借助联盟模式，联合同一目标市场的企业，实现借力发展。

新兴商业模式：时空模式

时空模式是基于“缸中之脑”① 假设的一种体验式商业模式，这种商业模式的重点是通过环境或氛围的打造，“欺骗”消费者的大脑，让消费者有一种时空置换、虚实融合的错觉。时空模式最初广泛应用于网络游戏的领域，随着虚实概念的普及，时空模式延伸到了餐饮、娱乐等领域。例如，被誉为“全球最昂贵的餐厅”Sublimotion 位于西班牙伊比沙岛硬石酒店（Hard Rock）内，餐厅选用的都是米其林二星名厨，为食客提供最精致的美食，餐厅最具有特色的是利用艺术投影、灯光变化等方式为食客打造 4D 式感官享受，会让食客在享受美食时有一种时空穿越的错觉。这种极致的消费体验也为这家餐厅带来了可观的经济效益和知名度。

此外，近几年逐步成熟起来的 VR 技术也为时空模式的兴盛提供了可能。VR（virtual reality）是在 20 世纪 80 年代初提出的一种虚拟现实概念，具体是指借助计算机及最新传感器技术创造的一种崭新的人机交互手段。目前，VR 技术已经广泛应用于地产漫游、虚拟样板间、场馆仿真、专业教育、文化娱乐等领域，并逐步向更多的领域渗透，它的发展大大促进了时空模式的成熟。

---

① “缸中之脑”是希拉里·普特南（Hilary Putnam）于 1981 年在他的《理性，真理与历史》（*Reason, Truth, and History*）一书中阐述的假想。

除了 VR 技术之外，现在还出现了 3D 虚拟试衣间的概念，用户可以通过 PC 端或手机端的 3D 虚拟试衣系统实现购物、娱乐、体验一体化的享受。

新兴商业模式：众筹模式

众筹（crowd funding）的原意是大众筹资，是一种向群众募资，以支持发起的个人或组织的行为。近几年，随着创新创业环境的日益完善，众筹也成为一种有效的商业模式。众筹模式指的是创业者针对创业项目的市场化运营过程中的某一个或几个环节向社会进行资源的筹集，借助社会的力量将创业想法变为现实的商业模式。

众筹模式包括很多种类型，如项目研发众筹、生产众筹、销售众筹和资金众筹等。

研发众筹指的是借助社会的科研力量，或者直接让消费者加入产品的研发和试验之中，代表性的企业如北京小米科技有限公司。小米公司会借助“米粉”[①] 的力量对新概念或新产品进行研发和试错，利用大众的智慧保证产品的新颖性和市场接受度。

生产众筹指的是让社会大众，特别是消费者加入产品的生产环节，既减轻了企业的生产压力，又让消费者享受了亲手组装产品的乐趣。代表性企业为来自瑞典的宜家家居。宜家是全球知名的家具和家居用品零售商，其产品品类繁多，既包括成套的家具，也包括单件的家居制品零部件，客户可以将其买回家后自行组装。

销售众筹指的是让大众加入产品推广与销售环节，借助消费者的力量进行市场开拓和渗透。销售众筹的形式很多，前文提到的品牌代理就可以视作销售众筹的一种。此外，目前日益增多的微商也是销售众筹的一种，很多新颖的产品都是通过微商的平台推向更广阔的市场的。

资金众筹是目前发展较为成熟的一种众筹模式，创业者在特定平台上发布产品创意信息或筹资需求，有意者按照一定数额进行投资，并在项目上市之后享受同比例收益。比较著名的采用众筹模式的组织是阿里斯泰尔·帕顿创办的 M1NT 俱乐部。M1NT 俱乐部是世界上第一个“股东制”的富豪私人俱乐部，只有在为俱乐部投资后才可以成为会员，投资规模最低 5 万美元。会员在出资和消费的同时也会得到丰厚的分红，所有 M1NT 的股东及会员在享受全球 M1NT 会所的同时，还可以进出与其达成会员互惠制度的会所，可以定期在优雅尊贵的商务社交环境中，与志同道合的商界友人洽谈交流，并能知晓全年顶尖商业活动日程。

---

① 小米公司打造了独特的“粉丝文化”，公司的忠实消费者被称为“米粉”。

对于大学生创业者而言，众筹模式与联盟模式一样，都是可以快速获取创业资源的一种商业模式。

新兴商业模式：饵钩模式

饵钩模式也被称为剃刀与刀片模式，或是搭售模式，它并不是一种全新的商业模式，早在20世纪初期饵钩模式就已经出现了。在传统的饵钩模式中，主要强调的是一种产品组合销售的行为，例如剃须刀与刀片组合、打印机与墨盒组合、相机与胶片组合等。在这种模式中，基础产品的售价普遍较低，但搭配产品的售价却很高，如单功能打印机的售价通常为600～1 000元，而与之搭配的墨盒的售价要达到300～500元，在这样的组合中真正能够为企业带来持续性收益的并不是打印机，而是墨盒，这就是一种典型的饵钩模式，打印机是“饵”，墨盒是“钩”。饵钩模式已经广泛应用于商界的各个领域，如亚洲航空公司、春秋航空公司、九元航空公司等采用低成本战略的航空公司，它们的机票售价非常便宜，例如从上海飞往新加坡仅需要几百元，但行李托运、餐食等服务需要额外收费，主要是通过提供附加服务来实现盈利。在汽车、日化品、健身、酒店、教育等各个领域都可以感受到饵钩模式的智慧。

21世纪，互联网迅速普及，为饵钩模式赋予了更丰富的内容和形式。企业家们开始尝试借助网络积累用户，培养市场。以优酷、腾讯、爱奇艺等在线视频网站为例，它们先通过免费观看视频的方式积累用户，当用户数量形成规模，且已经养成了通过视频网站观看内容的习惯时，再开启收费模式，这套动作就是互联网经济背景下的饵钩模式。苹果公司也利用互联网设计了一个饵钩模式，传统的电子产品盈利模式只是通过一次性产品销售来实现，但苹果公司将电子消费品当成一个个终端，当终端数量达到几千万甚至上亿时，便将终端汇集到iTunes软件市场，一方面鼓励高水平的软件工程师到iTunes中销售自己的软件，另一方面通过对软件市场抽成的方式，挖掘出用户更多层面的价值。

饵钩模式中包含了战略及营销等层面的知识，对于创业者寻找、培养和捕捉市场有着很好的效果。但创业者在选用饵钩模式之前，务必想好以什么作为“饵”，以什么作为“钩”。“饵”的设置一定是以让利于消费者为前提，而“钩”的选择则要具有持续性。

新兴商业模式：　共享模式

共享单车的出现将共享模式带入了人们的视野，2016 年共享单车的火爆更是刺激着创业者们开始思考其他共享模式，之后便相继出现了共享雨伞、共享充电宝、共享汽车、共享厕所等，有人预测共享经济将是互联网时代的下一个“风口”。共享模式源自共享经济，共享经济是指拥有闲置资源的机构或个人有偿让渡资源使用权给他人，让渡者获取回报，分享者利用分享自己的闲置资源创造价值。共享经济的本质其实是一句话：弱化“拥有权”，强调“使用权”。无论是资源还是技能，对于拥有者而言都是因为私有化而没有得到充分利用，借助共享模式便可以使资源得到更广阔的利用，创造更多的价值。

以共享单车为例，早在 2007 年共享单车便已经引入国内，在经历了近十年的缓慢发展后，移动互联网时代的到来开启了共享单车的兴盛时代。2014 年，ofo 小黄车和摩拜单车相继上市，在一线城市的校园、地铁站点、公交站点、居民区、商业区、公共服务区等地出现了数量众多的“小黄车”和“小橙车”，人们通过扫描车身上的二维码获得单车的使用权，并按照使用时间进行计费。共享单车迅速火爆的原因不仅是它为大众展现了一种环保的出行方式，还有它独特的盈利模式，单车赚取的并不只是分时租金，还有由租金形成的庞大的资本投资市场。很快，市场上出现了各种品牌的共享单车，“小蓝车”“小灰车”“小粉车”“小彩车”……一夜之间，共享单车已经达到了“泛滥”的程度。同质化的市场很快显现出了问题，恶意破坏单车、恶意涂抹二维码等事件不断出现，很多资本实力较小的企业很快出现了资金不足的问题，面临破产窘境。而作为标杆性共享单车品牌，ofo 于 2018 年陷入严重资金危机，用户押金无法退还，其 App 变返利网购网站；摩拜单车于 2018 年被美团收购，2020 年 12 月起更名为“美团单车”。

我们必须理智地认识到，共享单车行业出现的问题并不代表着共享经济模式存在问题，只能说明我们还需要对共享模式进行更深入的创新和思考。共享单车的命运如何，有待我们继续观察，而共享模式已经迎来了最佳发展时期。在决定是否选择这种商业模式之前，大学生创业者要明确共享模式的本质，以更开阔的思维设计项目的运营环节和盈利模式。

新兴商业模式：　聚焦模式

20 世纪 90 年代之前，用来评价一家企业是否成熟的标准是企业的组织结构是否合理，

职能部门是否完备。以联想、海尔、长虹为首的大型企业基本都设置了功能齐备的职能部门，如产品研发部、生产运作部、市场营销部、售后服务部、人力资源部、财务管理部、信息管理部、物料管理部等。但随着社会的进步和经济的发展，各个行业的竞争都变得越来越激烈，为了适应逐渐多变的竞争环境，很多企业开始放弃综合化的发展模式，而选用聚焦模式。

所谓聚焦模式，指的是企业利用其所有资源针对价值链①中的一个环节提供服务。例如，苹果公司聚焦于产品研发环节，富士康聚焦于产品生产环节，淘宝聚焦于产品销售环节，淘精灵聚焦于售后服务环节，毕马威聚焦于财务管理环节，香港利丰贸易聚焦于物料管理环节等。聚焦模式不仅聚焦于价值链中的某一环节，也可以聚焦于某一特定市场或某一特定区域。不管企业的关注点在哪一个领域，重点是以匠人精神做出品牌。对于大学生创业者而言，聚焦模式是一种更为现实的商业模式，带有一定的战略色彩。创业者可以将其有限的创业资源集中起来专注于一个细分市场，竭尽全力做出品牌。

此外，随着市场日益丰富，简单的聚焦模式已经不足以打造企业的优势，现在很多企业已经开始尝试集中差异化的商业模式。集中差异化的商业模式来源于集中差异化的竞争战略，指的是集中某一特殊市场，为其提供差异化的产品或服务。例如，2008 年成立的上海五分钟网络科技有限公司就是针对网游爱好者，为其提供简单的社交网络游戏，当年风靡全国的《开心农场》就是这家公司的产品。

聚焦的概念能够帮助创业者厘清思路，这种模式看似选择了一个细小市场，但实际上它对于创业者寻找市场入口、积攒创业资源具有重要作用，也能够避免创业者出现“以有

---

① 价值链是由战略学家迈克尔·波特于 1985 年提出的概念。他认为，企业的价值创造是通过一系列活动构成的，这些活动可分为基本活动和辅助活动两类。基本活动包括内部后勤、生产作业、外部后勤、市场和销售、服务等；而辅助活动则包括采购、技术开发、人力资源管理和企业基础设施等。

限的资源攻打无限的市场”的错误。

此外，对于大学生创业者而言，聚焦的市场应该是自身比较熟悉的领域，或是具有一定资源优势的领域，而产品或服务的差异化也应该更多地参考同类企业，或是经过消费者的充分验证。

Q3：如何设计商业模式？

很多人都在用商业模式画布

在了解了种类繁多的商业模式之后，创业者难免会有眼花缭乱的感觉，那么该如何设计自己的商业模式呢？其实在设计商业模式时有很多工具可以借助，目前使用得最为广泛的就是商业模式画布。

商业模式画布是一种能够帮助创业者按照合理的结构和顺序进行商业模式设计的工具。商业模式画布共包括九个部分：客户细分、价值主张、渠道通路、客户关系、收入来源、核心资源、关键业务、重要合作、成本结构。

客户细分（CS）：客户是商业模式的核心，没有客户，企业便没有存活下去的可能。创业者要按照一定的标准对现有客户进行划分，并根据不同客户群体的需求特性和行为特点进行选择。

价值主张（VP）是客户选择一家公司而放弃另一家公司的原因，它是企业为客户解决的问题或满足的需求。通常情况下，一个价值主张就表现为一个产品或一项服务。

渠道通路（CH）描述的是一家企业如何与选定的目标市场进行联系，如何将价值主张传递给客户群体。渠道通路在客户体验中扮演着重要的角色，具有明显的营销色彩。

客户关系（CR）描述的是一家企业如何与选定的客户群体建立情感，构建稳定的客户关系，保证市场黏性。

收入来源（RS）强调的是企业的盈利模式，描述了企业从客户群体获得收益的形式，这个模块是最考验创业者智慧的，能否设计出一个具有持续性的收入来源是决定商业模式成败的关键。

核心资源（KR）描述的是企业为了实现期望的价值主张所需要准备的资源，包括资金资源、技术资源、人才资源、物质资源等各个方面。

关键业务（KA）描述的是企业为了实现价值主张所需要完成的工作，包括生产性的工作、管理性的工作等。

重要合作（KP）描述的是为了保证商业模式的顺利运转而必须构建的合作网络。

成本结构（CS）指的是运营这个商业模式所产生的全部成本。

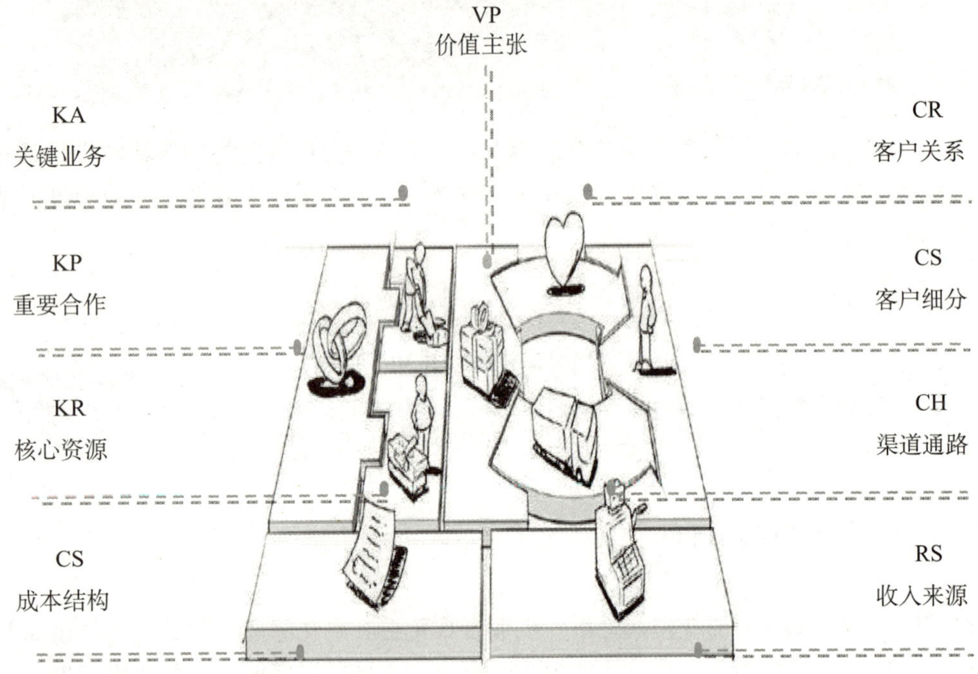

案例——Nespresso 胶囊咖啡

雀巢公司由亨利·雀巢（Henri Nestle）于1867年创办，总部设在瑞士日内瓦湖畔的韦威，在全球拥有500多家工厂。奈斯派索（Nespresso）是雀巢公司旗下的子公司，针对高端家庭消费市场推出了胶囊式咖啡机，每年销售额超过19亿美元。

Nespresso胶囊咖啡的发展经历了四十余年的变革。1976年，雀巢研发实验室的年轻研究员埃里克·法弗尔（Eric Favre）成功申报了胶囊咖啡机及相关产品专利，通过胶囊咖啡机和配套的咖啡胶囊就可以方便地制作出堪比咖啡馆品质的意大利特浓咖啡。当时，雀巢公司的雀巢咖啡品牌已经占据了庞大的速溶咖啡市场，但在烘焙咖啡和研磨咖啡领域的影响力相对较弱。Nespresso胶囊咖啡机的出现刚好可以弥补雀巢公司的这一市场空白。雀巢公司很快就成立了内部小组，专门攻关技术上的遗留问题，并尝试将该产品推向市场。刚开始时，他们将目标市场确立在餐馆，经历了短暂的失败之后，1986年，雀巢公司成立了一家全资子公司——Nespresso，并正式进军办公室市场。为了保证资源供给，雀巢公司还参股了一家在办公室市场很活跃的咖啡机制造商，并以完全独立于雀巢公司咖啡业务的方式进行运营。到1987年，产品销售额并未如预期般增长，而且出现了濒临破产的窘境。1988 年，雀巢公司任命吉恩-保尔·盖拉德（Jean-Paul Gaillard）为 Nespresso 的新任 CEO。盖拉德用激烈的变革彻底改变了这家公司的商业模式。盖拉德将目标市场转入高收入家庭，并且开始通过邮寄的方式直接销售胶囊咖啡机。这在当时是一项突破性的变革，那时雀巢公司都是通过零售渠道来获取大众市场。事实证明，这样的模式是成功的，从 2000 年起，Nespresso 的年增长率就超过了 35%。此后，Nespresso 在商业绝佳地段兴建零售商店，还在高端百货公司开设专柜，一路将“高端”做到底。雀巢公司向市场推出的两类咖啡产品具有完全不同的定位，也采用了完全不同的商业模式：雀巢咖啡针对普通大众，采用的是零售商销售模式；而 Nespresso 针对高端家庭，采用直销的方式。这两种方式采用的是完全不同的两套物流组织、资源和业务活动，两项业务之间相互协同的可能性很小。由于两种产品针对的目标市场不同，它们之间也并不存在竞争。2004 年，雀巢公司又推出了能够制作卡布奇诺和拿铁两种口味的全新胶囊咖啡机，以弥补口味单一的不足。

目前，中国市场已经逐渐接受胶囊咖啡这种产品，市场上先后出现了多种品牌的胶囊咖啡产品，胶囊咖啡也逐渐成为一种时尚的选择。

1976年获得专利	1982年聚焦办公室市场	1986年成立公司	1988年改革	1991年全球发布	1997年广告上线	1998年设计网站	2004年推出新品	2006年明星代言	至今市场稳定

胶囊咖啡的诞生与发展过程充满了创业者的热情与智慧，如果将 Nespresso 胶囊咖啡的商业模式展现在商业模式画布上，你便能够更清晰地感受到这套“拳法”的魅力。

Nespresso 胶囊咖啡的商业模式画布

KP	KA	VP	CR	CS
咖啡机制造商 分销商	营销、物流、生产、售后	在家里就可以享受堪比咖啡馆品质的意大利特浓咖啡	Nespresso俱乐部	高收入家庭 高档写字楼
	KR 专利、渠道、资金、工厂		CH Nespresso.com 电话直销	
CS 生产、品牌、分销与渠道		RS 咖啡胶囊、胶囊咖啡机与配件		

创业者在利用画布设计自身独特的商业模式时，针对画布中的每个模块可以有不同的创新和设计，但最终完成的画布务必要实现三个循环，即产品的循环、资源的循环和收益的循环。

CS——客户细分

创业者可以按照年龄、职业、经济情况、教育背景等标准对客户进行划分。客户群体一般会呈现出几种形式，如大众市场、小众市场、多元化市场等。所谓大众市场指的是庞大的、有着相似需求的客户群体，指向的项目多为同质化产品或服务；小众市场是与大众市场相对应的客户群体，它是一个具体的、专业的小规模市场，指向的项目为专业性较强的领域或定制类产品或服务；多元化市场是一个企业同时选择了两个及以上的客户群体，并极力满足每个群体的需求。大学生创业者在选择客户群体时应考虑自身资源的供给情况，尽量选择熟悉且具有资源优势的群体。

VP——价值主张

创业者明确商业模式的价值主张的前提是对选定的细分市场进行细致而透彻的分析，并梳理出目标市场在某一领域存在的所有问题或需求，而后根据自身资源优势对客户“痛点”进行选择，并给出创新性的解决方案。影响客户价值创造的因素包括突破性的创新、性能的改进、定制性服务、价格、可获得性和实用性等。大学生创业者在确定商业模式的价值主张时，务必抓住客户的真实需求，以确保收益的稳定性和持续性。消费者的需求包括现实需求与潜在需求，现实需求是消费者已经明显表现出来的渴望或出现的问题，而潜在需求是有待进一步挖掘和强化的需求。通常情况下，消费者更愿意为现实需求“买单”，但如果企业有足够的精力对消费者的潜在需求进行强化，往往也会带来可观的回报。

CH——渠道通路

渠道通路是企业与客户的沟通方式，它可以让客户了解企业的价值主张，知道企业的产品或服务，并了解到购买产品或服务的途径。渠道的类型包括自有渠道和合作式渠道。自有渠道属于直接渠道，是企业通过内部人员或部门进行信息的传递。合作式渠道属于间接渠道，是企业借助分销商和战略联盟方的力量进行信息宣传。创业者在构建渠道通路的过程中要学会利用各种资源，针对目标客户进行信息的针对性传递。近几年，随着新媒体的发展，企业的渠道通路呈现出越来越丰富的形态，除了可以借助电视、广播、报纸、杂志等传统渠道之外，还可以选择网站首页、在线视频广告、网络主播等途径。

CR——客户关系

客户关系是商业模式画布中的一个重要环节，它决定了市场的稳定性和企业品牌的强度，当市场处于饱和状态时，企业通常是通过稳定的客户关系来保证收益。创业者可以尝试通过专属私人服务、自助服务、社区服务等方式与客户建立稳固的关系。所谓专属私人服务就是企业为每一位客户指定固定的客户经理，针对客户具体需求予以满足。自助服务是企业为客户提供自助服务的条件，企业与客户之间并不发生直接的关联。近几年，社区服务也成为一种维护客户关系的形式，企业可以利用在线社区促进客户之间的交流与互动，并根据社区中呈现的信息快速捕捉客户在需求上的变化，进一步稳定企业的客户关系。

KA——关键业务

关键业务指的是企业为实现向顾客承诺的价值主张而需要完成的核心工作。例如个人电脑生产商戴尔的关键业务是供应链管理；对于软件商微软而言，其关键业务就是软件的开发；而小米科技有限公司的关键业务是电子产品的研发和网络平台的构建。创业者在确定商业模式画布上的关键业务之前，需要先将企业在实现价值主张的过程中需要完成的所有工作罗列出来，再根据各项工作的重要程度进行排序，选出对企业实现价值主张最具贡献性的业务。大学生创业者在描述商业模式的关键业务时，可以借助价值链模型的内容，从企业的基础性活动和辅助性活动两个维度进行分析。基础性活动包括与企业价值生成有着直接关系的各项工作，如产品研发、物料采购、产品生产、物流管理、质量检验、产品销售、售后服务等。辅助性活动包括支撑基础性活动的各个环节，如市场预测、信息关系、人力资源管理、财务管理、风险防范与管理、战略规划等。

KR——核心资源

核心资源是保证商业模式顺利运行的最重要的资产。不同的项目需要不同的资源作为支撑，例如服装类的电商需要的是设计师和专业的买手，网络社交平台需要的是网络红人资源，孕婴专卖店需要的是优质加盟主等。创业者在描绘核心资源时，同样可以先罗列项目所需全部资源，如资金、技术、人才、信息、平台等，再根据项目特色和自身实际情况进行资源的重要性排序。一般情况下，核心资源包括四类，分别是知识性资源、人力资源、实物资源和金融资源。知识性资源指的是如品牌、专营权、专利权、版权、合作关系、数据库等无形资源，随着市场经济的日益成熟，这类无形资源的影响力已经越来越强大，甚至已经能够在一定程度上帮助企业构建竞争壁垒；人力资源是企业拥有的各类人才，包括技术人员、管理人员和科研人员等，任何一家企业都不会质疑人力资源的重要性，华为技术有限公司就是利用强大的科研团队形成同行无法匹敌的竞争优势；实物资源包括企业运营所需要的各种实物资产，如房屋、专业设备、车辆、原料等；金融资源包括现金、信用额度、股票期权池等，互联网时代中的很多项目都极其依赖金融资源的支撑，如共享单车、社区网站等。

KP——重要合作

商业模式中的重要合作，可以被理解为重要的合作伙伴关系。随着商场竞争日益激烈，联盟式发展已经在一些领域中成为趋势，而理智的联盟可以帮助创业者整合并优化资源，降低风险，获取特殊资源。对于绝大多数创业者而言，合作是创业的必然选择，创业者可以选择非竞争者建立战略联盟，也可以选择与原材料供应商或分销商建立合作关系，更可以尝试与竞争者建立合作关系，通过抱团的方式迅速整合资源，获得发展。

RS——收入来源

收入来源是商业模式画布中非常重要的一个模块，也是难倒众多创业者的一个模块，很多新颖独特的创新之所以无法蜕变为创业项目，就是因为找不到合理的盈利点。目前，创业者可选择的收入来源包括实物销售收入、租赁收入、出售信息收入、广告位置收入、提供服务收入等。此外，随着互联网经济的发展，还出现了网络内容付费、网络直播打赏、网友开箱道具费用等新形式的收费模式。大学生创业者在思考项目的收入来源时可以根据现有模式，启发灵感。

CS——成本结构

成本结构是企业在实现价值主张时所产生的所有支出的总和。商业模式画布中的渠道通路、客户关系、关键业务、重要合作等模块都会在运行的过程中发生成本。所以，创业者在设计商业模式画布时需要进行系统的考虑，将实现价值主张过程中所发生的可变成本、固定成本进行记录和核算。在最终评价商业模式是否可行时，成本对收入的抵销程度是一个重要的指标。

练习：尝试针对你选择的创业项目绘制商业模式画布。

<table>
<tr><td rowspan="2">KP</td><td>KA</td><td rowspan="2">VP</td><td>CR</td><td rowspan="2">CS</td></tr>
<tr><td>KR</td><td>CH</td></tr>
<tr><td colspan="2">CS</td><td colspan="3">RS</td></tr>
</table>

Q4：商业模式的设计技巧有哪些？

协调统一，各具色彩

商业模式是一个很复杂的东西，我们很难认定什么样的模式是好的、什么样的模式是坏的，因为不同的行业就会有不同的模式，不同的项目也会展现不同的风采。但是，一个商业模式内部的九个模块，不仅要拥有各自的创新性，更要保证相互之间的协调一致。

学会开发小众市场

小众市场是一个对应于大众市场的概念，大众市场的背后是庞大的消费者群体和不计其数的产品品牌，小众市场的受众虽然少，但是在追求个性化的时代，小众市场已经呈现出明显的崛起之势。互联网时代之前的小众市场指的往往是奢侈品、私人定制、高端服务等，而现在的小众市场有了全新的定位，它的消费者不再只是有钱人，而是有特殊需求的人，一个产品或服务的出现不为满足所有人，只为满足少数人。例如，模型手办就是一个标准的小众市场，玩它的人较少，懂它的人更少，但这并不影响它蕴含的商业价值，如果创业者本身也是一个手办玩家，只要打开市场并用心维护好数量不多的客户就已经足够了。开发小众市场的基础是客户的细分，创业者要在芸芸众生中发现不一样的那一群人，并和他们来一场“不分手的恋爱”。

保持价值主张的新鲜度

创业者要明白一个道理，客户的需求不会一成不变，相反，他们的需求在不断升级迭代，而且随着社会的进步，这种需求的升级迭代速度会越来越快。所以，商业模式画布中的价值主张是要不断完善的。当你向客户推出一个不错的产品并得到市场的肯定之后，你需要做的下一件事情是根据客户的需求设计并推出更好的产品，永远要保证先于客户的需求设计产品或服务，这样你的产品才会给客户新鲜感。几代 iPhone 产品在中国市场上命运的巨大差异就可以充分说明这一点。iPhone 4 的火爆是因为它给中国客户巨大的惊喜，成为智能手机市场中的领先者；而从 iPhone 7 开始的惨淡是因为它只停留在原有功能的升级，没有为客户带来有足够吸引力的创新点。所以，创业者偷不得半点懒，要通过紧密的客户关系及时了解客户需求的变化趋势，永远要给客户制造惊喜。

使用互联网时代的营销手段

对于大学生创业者而言，电视、广播、报纸、杂志这些传统宣传媒介是昂贵的宣传平台。根据调查数据，目前国人手机、Pad、PC 等媒体的日均接触时间占比超过 70%，而电台、纸媒、电视的日均接触时间占比不足 30%，这说明最具消费力的人群都坐在电脑前，看着手机，玩着 Pad。那该怎么样让他们知道你的项目并尝试消费呢？答案是用他们习惯的方式告诉他们。以 QQ、微信为代表的“圈子”就是一个很好的宣传平台。2013 年，小米借助 QQ 空间开放红米手机预订，短短 30 分钟就有 100 万人参与预约，仅仅 3 天预约人数就突破 500 万。这样的成绩来自小米公司看准了 QQ 空间内部强大的熟人圈，利用熟人效应实现信息传递。互联网这个平台为创业者提供了太多宣传的途径，如关键词推广、软文广告、病毒营销①、论坛推广、博客推广等。大学生创业者在选择互联网营销方式时切忌跟风，要考虑到营销形式与项目的对应性。

利用“粉丝文化”增加客户黏性

互联网时代催生了很多新的事物，“粉丝文化”就是其中之一。“粉丝文化”的出现为企业提供了效率更高、费用更低的宣传机会。对于企业而言，“粉丝”的价值有多大？社区媒体监测机构 Syncapse 调查了全球第一社交网站 Facebook 前二十大品牌的 4 000 名“粉丝”，结果显示，Facebook 每个“粉丝”的价值在 136.38 美元左右；平均而言，某品牌的“粉丝”愿意为自己喜欢的品牌多花 71.84 美元。不仅如此，品牌的“粉丝”还会自动扮演宣传者和拥护者的角色，帮助企业扩大品牌的知名度。近十年里，商界有太多利用“粉丝文化”获得成功的例子。如服装品牌“七格格”，每次新品上市都会把设计出来的款式放在“粉丝”群组中，让“粉丝”进行投票，这样的参与感让“粉丝”感觉他们决定了潮流的走向，自然也会为这种决定买单。小米公司对于“粉丝”的培养是极其重视的，构建高质量的小米论坛，定期举办“粉丝”活动，保证“粉丝”的活跃度。此外，小米公司在“粉丝”中挑选了具有强烈品牌忠诚度和较高专业水平的“米粉”成立荣誉开发组，他们对

① 病毒营销是指通过人际网络或用户口碑传播使信息可以像病毒一样迅速传播。

于公司新品的设计与发布拥有评价权，如果对于新系统不认可，他们甚至可以在论坛中直接给出反对意见。腾讯游戏每年都会举办全国游戏玩家瞩目的游戏嘉年华活动，玩家从全国各地汇集一处，只为一睹新品发布和高手对决，而且这种级别的活动一般只对在游戏中达到一定级别的玩家发出邀请，也就形成了只有达到一定级别的游戏玩家才会了解的圈子文化。

创业者应该如何玩转“粉丝文化”呢？可以从罗辑思维、小米公司、金山软件等企业的做法中得到启示。首先，给予“粉丝”真实的权利，如果粉丝在论坛中提到的问题和建议得不到回应，他自然会失望、流失，所以，给粉丝一些权利，让他们参与企业的某些工作，让他们感受到自己被重视；其次，给“粉丝”一些实惠，仅有口头上的尊重对于“粉丝”队伍的维护和壮大是远远不够的，要给他们一些实际的东西，如罗辑思维会不断推送各种内容，以认同感收获“粉丝”；再次，定期举办活动，保证“粉丝”的活跃性，小米公司每周会举办一次小型活动，每月会举办一次大型活动，活动中既包括新品推送，也包括各种娱乐内容；最后，巧妙地利用事件营销，“蹭热点”，2012 年电影《那些年我们追过的女孩》火爆上映，小米公司抓住机会，拍摄《我们的 150 克青春》，包括雷军在内的小米合伙人团队集体“卖萌”，追忆青春，话题感十足，一时间“涨粉”无数。“粉丝文化”对于企业发展具有宝贵价值，但“粉丝文化”的打造需要创业者付出大量的时间、精力，最重要的是要有真情实感。

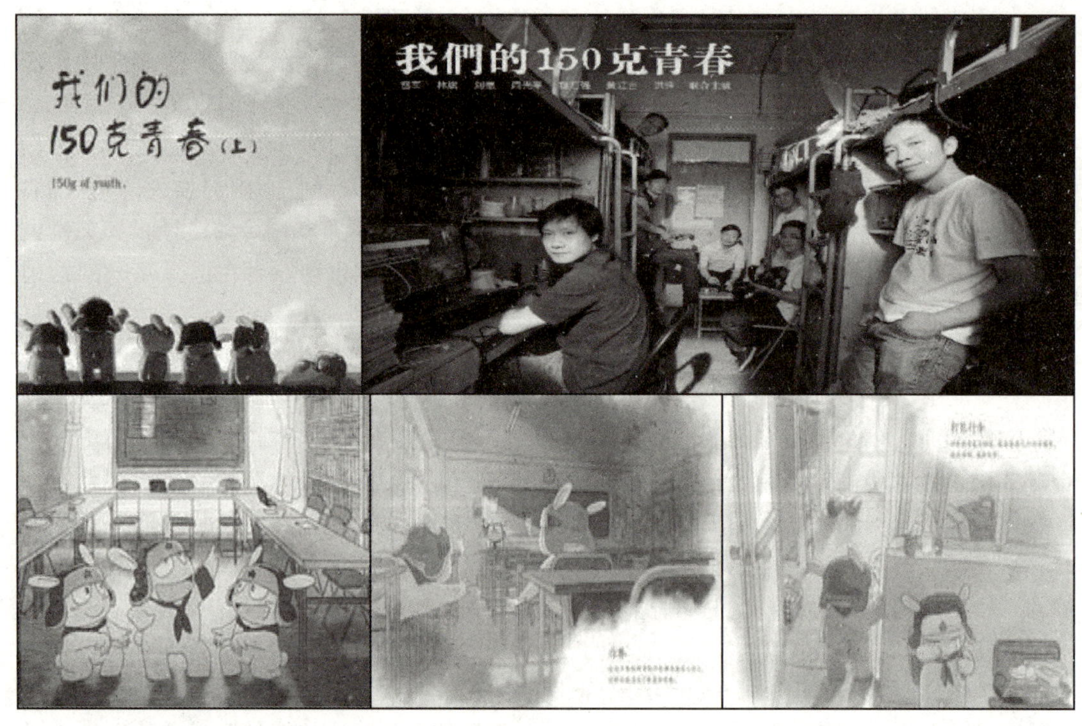

剥离非核心业务

对于大学生创业者来说，建立传统模式的企业的难度很大，创业者往往没有足够的资源组建职能模块完整的企业，这时就可以尝试轻型化发展模式，将企业中的非核心业务剥离出去，集中资源只做核心业务。例如，创业者可以没有工厂，通过代工商进行产品制造；创业者也可以没有零售门店，借助电商平台或知名零售商进行产品销售；创业者也可以没有固定的办公场所，直接在家中办公①。总之，通过各种手段减轻企业运营的成本压力，保证企业的整体灵活性。目前，有很多企业都在采用这种轻型化发展模式。如游索旅行公司（Travel Quest），其业务是专门带着游客看日食、月食、流星雨、北极光等天文现象，公司除了 3 个全职人员之外，其他员工都是兼职导游，这家看似“不靠谱”的公司却实现了每年 600 万美元的利润，原因是它构建了“小众市场＋战略联盟＋高端定位＋削减成本”的商业模式。再如爱尔眼科医院将目标市场确定在二三线城市，并采用租借医院场地、租赁医疗设备等方式实现轻资产经营，在短短的八年内便实现了全国迅速覆盖。创业者没有必要在起步时备齐一切，能借就借，能免就免，牢牢抓住最核心的业务，其他的交给更专业的人去做。

让用户成为资源的提供者

创业资源的获取对创业者来说是一大难题，创业准备期创业者往往什么都缺，缺资金、缺技术、缺渠道。这时，创业者会本能地去求助亲友、银行、投资人。其实用户也是一个可以提供资源的群体。首先，用户可以为创业者提供资金，例如小米当年的预售就是事先从用户手上拿到了资金。创业者还可以通过资金众筹的方式从用户那里获得资金，如将创业项目挂到网上，寻求筹资人，筹资人会因为对项目的认可而提供资源，随后他自然会转变为用户，并自发对项目进行宣传，这是一种微妙的角色变化。其次，用户可以为创业者提供技术，例如小米的荣誉开发组就对公司新品的测试、升级提供了重要的技术支持。最后，用户还可以为创业者提供渠道资源，没钱做宣传的创业者可以通过口碑营销将产品的信息传递出去，当年的聚美优品和小米用的都是这招。创业者要充分认识到用户的巨大价值，但在获取用户的帮助之前，务必明确一件事情，即只有创业者将用户看作自己的合作伙伴，并以开放、分享、共赢的态度与用户交流，才会真正得到用户的帮助。

改变成本结构

每个行业都有其相对固定的成本结构，无法突破原有成本结构的限制，创业者就无法实现利润的增长。近几年，商场中不断有人提出要进行成本结构创新，通过成本结构改革推动行业革新。例如，2015 年成立的全国首家互联网酒店 Xbed，是一家以共享模式聚合零散房源、以众包模式解决房间清洁问题的“无人值守酒店”。目前，Xbed 已经进驻全国近百个城市，签约房源数达 3 万间，开房率达到 80%，客单价为 400 元左右。传统酒店行业的成本结构是相对固定的，永远要面对物业、装修、人力成本“三座大山”。近几年，酒店行业的利润持续走低，原因包括三个方面：首先是运营成本的提升，这几年酒店行业的物业、装修和人力成本都呈现成倍的提升，挤压了企业的利润空间；其次，短租、客栈、民宿等非标准住宿品类在酒店的存量市场中不断挖角，让原本已经无比拥挤的酒店行业更是无缝插针；最后，客户现在追求的已经不仅仅是“睡个好觉”，还要有个性、有格调，由于现有酒店无法满足客户的这一需求，让客户对现有酒店的好感度不断下降。为了突破酒店业的瓶颈，Xbed 的创始人李春田彻底打破了传统酒店行业的成本结构，利用 Xbed App、丽家会 App、蓝主人 App 三套系统完成对顾客、客房清洁人员和房东的管理，把酒店的前台直接搬到了网上，基本实现了“去实体化”，利用社会资源整合方式，直接

① 国家允许从事高科技创业或现代服务业的大学生创业者以家庭住所、租借房、临时商业用房等作为创业经营场所。

越过了制约酒店行业发展的“三座大山”。

无论创业者计划进入哪一个行业，都要学会在熟悉原有规则的前提下突破创新。

发现产业中的高利润区，要么聚焦高端，要么聚焦低端

生物学里有一个著名实验，很好地体现了“模糊的中间地带”准则：在一个试管中放进两种不同的草履虫，过两天再来看，发现其中一种占据了试管的最上端，另一种则占据最下端。海边的藤壶也是一样，一个种类占据高潮线，另一个种类占据低潮线。这种自然定律也体现在商场之中。创业者想要赚钱，就要朝着赚钱的方向努力。无论在什么样的行业中，高利润区都集中在高端或低端。以零售行业为例，聚集低端的沃尔玛的销售额居全美零售业榜首，聚集高端的塔吉特同样赚得盆满钵满，而既做高端又做低端的凯马特却破产了。同样地，在航空业中走低端路线的美国西南航空公司、中国春秋航空公司、亚洲航空和走高端路线的高端私人包机的市场行情都在不断上涨，而走中间路线的美国航空公司、美国联合航空公司等基本上都在亏损。创业者要抓住产业中的高利润区，要么聚焦高端，要么聚焦低端，要远离“模糊的中间地带”。

Q5：如何判定一个商业模式的好坏？

你可以通过 7 个问题来分析

创业者在面对种类繁多的商业模式时，该如何判定每个模式的好坏呢？其实，并不存在完美的商业模式，每个模式都有自己的适用环境，都有各自的优点和缺点，我们可以通过回答以下 7 个问题来分析商业模式存在的问题与风险。

问题一：是否具有较高的壁垒，能否避免竞争对手的模仿？

复制难度是衡量商业模式质量的重要标准。一个优秀的商业模式一定是建立在持久竞争优势的基础之上。如果一个商业模式你可以做，别人也可以做，那么即使它具有一定的创新性，也会很快迎来激烈的竞争，从而带来利润风险。

问题二：现行商业模式的扩展性如何？

扩展性也是衡量商业模式质量的重要标准。一个好的商业模式不仅仅是能够解决客户的一些问题或满足市场的一些需求，更重要的是能够整合到足够多的资源，并具有足够的扩展性。例如，腾讯借助社交平台获取用户，再针对用户需求开辟网络游戏、视频、新闻、金融、管家、房产等业务，保证商业模式的扩展性。

问题三：现有商业模式能否产生可循环的经济价值？

在互联网时代，企业不能满足于“一锤子买卖”，要在商业模式中实现可循环的经济

价值。例如，在线视频领域源源不断的网络内容，电子产品中不断升级的软件配置等。

问题四：客户的转移成本有多高?

转移成本指的是客户从消费一个产品或服务，转向消费其他产品或服务过程中所耗费的时间、精力或金钱。一个好的商业模式可以铸造出较高的客户转移成本，即使行业中出现了竞争性产品或替代品，客户也不会轻易转移。

问题五：是否构建了理想的客户黏性?

现有商业模式是否能让客户加入进来，以真实的参与感提升客户黏性也是衡量其可行性的重要标准。小米构建了“粉丝文化”，“米粉”们既忙着帮公司测试产品，又忙着推销产品；Facebook 让用户自己上传照片，自由创造内容；宜家让客户自己组装产品……而更重要的是，上述这些企业的客户都乐在其中。

问题六：资金能否快速回流?

资金能否快速回流是决定一个商业模式是否成立的关键指标。即使商业模式再有创意，长期依靠社会融资生存，一直无法实现盈利，也会消耗投资人的信心，进而导致危机。

问题七：现有模式是否建立在改变成本结构的基础之上?

对于传统行业来说，简单地依靠压缩成本，已经不足以帮助企业形成竞争优势，能否改变成本的结构，是决定其是否可以在红海中突围的关键。

学习总结——请用最简练的语言写下你的答案。

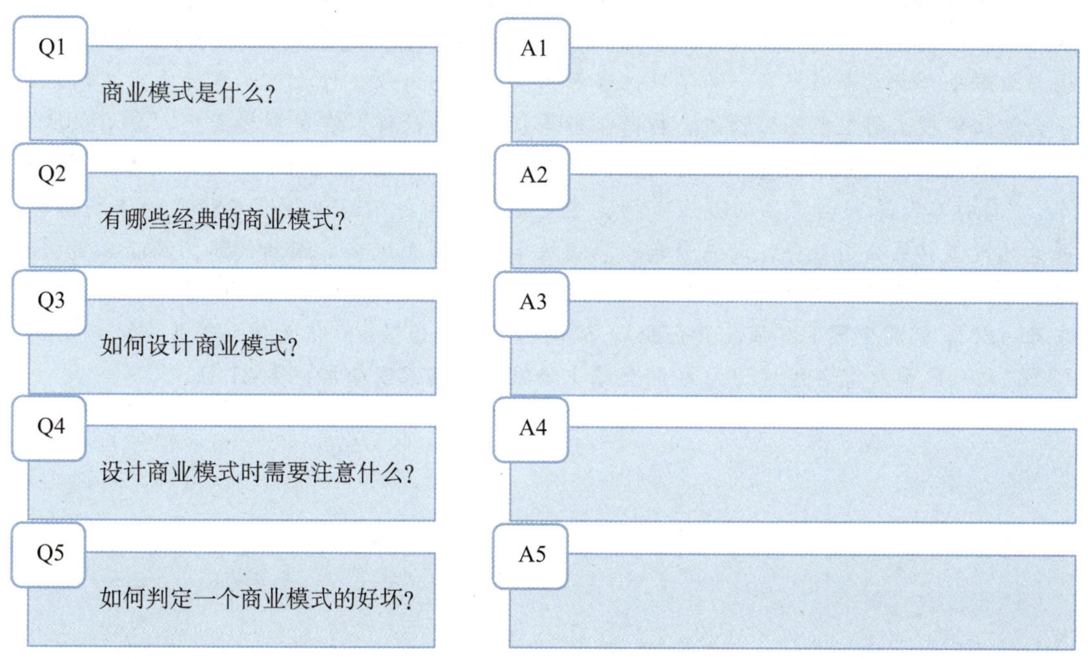

创业者档案

姓　　名：程维
国　　籍：中国
籍　　贯：江西上饶
毕业院校：北京化工大学
主要成就：创办滴滴出行

程维，1983 年出生于江西上饶铅山县一个普通家庭，毕业于北京化工大学。2005 年，程维进入阿里巴巴旗下 B2B 公司从事销售工作，后因业绩出色获得晋升，成为当时阿里集团最年轻的区域经理。在就职于阿里集团的八年时间里，程维进行了大量的客户拜访，积累了扎实的销售能力和经验。

2012 年 6 月，29 岁的程维从阿里集团离职并创立了北京小桔科技有限公司，公司的创业项目是做智能出行的打车应用程序——滴滴打车。最开始时，滴滴打车的价值主张是为乘客和出租车司机搭建信息传递的平台，目标市场设定为能够使用智能手机的出租车司机和能够使用智能手机并拥有打车习惯的顾客。公司主要利用移动互联网作为信息传递媒介，并通过前期让利的方式获取用户。由于打车平台所需资源较多，为了保证资源的供给，公司以合作收益共享的方式先后拉来了金沙江创投、阿里巴巴、腾讯、招商银行等众多合作伙伴。在盈利模式上，公司选择了平台抽成与高端用户服务费相结合的方式。在经历了与“摇摇招车”“打车小秘”“微打车”“易打车”等同类产品的激烈市场竞争之后，滴滴打车逐步拥有了稳定的市场份额，并开始慢慢拓展公司业务，滴滴专车、滴滴快车、滴滴顺风车、滴滴代驾、滴滴公交、滴滴租车、滴滴小巴相继上线。2015 年，滴滴打车更名为滴滴出行。2020 年，胡润研究院发布《2019 胡润中国 500 强民营企业》，滴滴出行以市值 3 600 亿元位列第 10 位，程维以 180 亿元人民币财富名列《2020 胡润全球少壮派白手起家富豪榜》第 21 位。

主题5

创业资源

Q1：创业资源是一种什么资源？
Q2：如何获取创业资源？
Q3：启动资金怎么算？
Q4：你可以通过哪些方式筹到钱？
Q5：筹钱时你需要知道些什么？

Q1：创业资源是一种什么资源？

创业者追逐梦想时的“外部支撑”

创业之旅充满千难万险，走在创业路上的创业者除了要有坚固的心理建设之外，还需要丰实的外部支撑。创业资源是指新创企业在创造价值的过程中需要的特定资产，包括人才、资金、技术、信息等多种形式。

人才资源

这是创业企业持续发展的重要保障。在创业过程中的每一项重要工作，如创业项目的发掘、项目价值的推算、创新点的设计、商业模式的勾画都是由人来完成。创业资金要通过“有钱人”来获取，创业技术要通过“专家”来整合，创业信息更要通过“明白人”来传递，所以人才资源是创业资源的重要组成内容。

资金资源

这是保证企业创立并运转的关键资源。资金是企业经济活动的第一推动力，也是持续推动力，企业能否获得稳定的资金来源，及时并足额筹集到生产经营所需要的资金，对于企业的创建和成长具有决定性的作用。对于大学生创业者来说，资金往往是最难得到的创业资源，在后面我们会针对这一问题进行详细解答。

技术资源

这是提升企业项目壁垒的核心资源。在前面的学习中，曾经提到评价创业项目商业价值的一项重要标准是项目自身的壁垒，也就是被其他同类企业模仿的难度。而技术是能够有效提升项目竞争壁垒的重要因素，能否通过自我研发或合伙人等形式获取高价值技术，是决定企业能走多远的关键。

信息资源

这是建立企业核心竞争力的保证。创业资源不仅包括创业所需的人才、资金、物资、技术，更包括市场认知、管理经验、文化基础、品牌建设、政府政策等创业信息资源。对于大学生创业者而言，市场认知难免肤浅，管理经验更是缺欠，但却拥有一项得天独厚的优势，就是政策支持。近几年来，政府为鼓励大学生创业而制定并推行了大量的创业扶植政策，覆盖融资、开业、税收、培训、项目等多个领域，大学生创业者务必学会利用政策，借势发展。

知识拓展——大学生创业优惠政策

为支持大学生创业，国家和各级政府出台了许多优惠政策，涉及融资、开业、税收、创业培训、创业指导等诸多方面，具体政策如下：

企业开办

大学生在毕业后两年内自主创业，到创业实体所在地的市场监督管理部门办理营业执照，注册资金（本）在50万元以下的，允许分期到位。首期到位资金不低于注册资本的10%（出资额不低于3万元）。1年内实缴注册资本追加到50%以上，余款可在3年内分期到位。

税务减免

大学毕业生新办咨询业、信息业、技术服务业的企业或经营单位，经税务部门批准，免征企业所得税2年；新办从事交通运输、邮电通信的企业或经营单位，经税务部门批准，第一年免征企业所得税，第二年减半征收企业所得税；新办从事公用事业、商业、物资业、对外贸易业、旅游业、物流业、仓储业、居民服务业、饮食业、教育文化事业、卫生事业的企业或经营单位，经税务部门批准，免征企业所得税1年。

金融帮扶

各国有商业银行、股份制银行、城市商业银行和有条件的城市信用社为自主创业的毕业生提供小额贷款，并简化程序，提供开户和结算便利，贷款额度在2万元左右。贷款期限最长为2年，到期确定需延长的，可申请延期一次。贷款利息按照中国人民银行公布的贷款利率确定，担保最高限额为担保基金的5倍，期限与贷款期限相同。

综合服务

政府人事部门所属的人才中介服务机构，免费为自主创业毕业生保管人事档案（包括代办社保、职称、档案工资等有关手续）2年；提供免费查询人才、劳动力供求信息，免费发布招聘广告等服务；适当减免参加人才集市或人才劳务交流活动收费；优惠为创办企业的员工提供一次培训、测评服务。

放宽限制

国务院《关于进一步做好普通高等学校毕业生就业工作的通知》规定，自主创业的毕业生，可以在注册登记、贷款融资、税费减免、创业服务等方面获得扶持。对于大学毕业生创业可以放宽一定的行业限制，比如，申办个体工商户、个人独资企业、合伙企业时，除法律法规另有规定外，不受最低出资金额限制。另外，某些省市还出台政策，提出只要高校毕业生从事高科技、现代制造、现代服务业等行业、领域的投资与经营，可将家庭住所、租借房、临时商业用房等作为创业经营场所。

创业资源的内容非常丰富，不仅包括上文提及的人才、资金、技术、信息，还包含创业用地、创业建房、生产厂房、销售场所等场地资源，包含行业生产链上的供应商渠道、分销商渠道、代工商渠道等渠道资源等。能否获取充足的创业资源是创业者实现梦想的外部基础。

创业资源

企业创造价值过程中需要的特定资产，包括人才、资金、技术、信息、场地、渠道等多种形式。

Q2：如何获取创业资源？

多数创业资源都是“借”来的

没有哪位创业者自身能够拥有创业所需的所有资源，而对于缺少的那部分资源，就要依靠购买、筹集、整合等形式进行获取。

人才资源的获取

在创业准备期，企业不仅需要拥有梦想、能够指引方向的领航人，还需要能够提供技术保障的技术高手、拥有丰富社会资源的商界伙伴、有一定资历的创业顾问等。企业虽然可以通过招聘的方式获取普通销售、人事助理、文秘等基层员工，但往往很难通过招聘的方式获取高质量人才，只有尝试通过合伙人或联合创始人的方式，才能吸引拥有一定技术资源、融资渠道、管理经验和商界人脉的高层次人才。也许你会问：“这样的人会愿意跟着我干吗？”其实在四种情况之下，他们是有可能“臣服”于你的：第一种情况是他跟你是认识的，而且是熟悉的，这时只要你给出有诱惑力的股权，是可以将他“拿下”的；第二种情况是他对你很有兴趣，感觉你和他有着一样的价值观和追求，可能你的梦也曾经是他未完成的梦；第三种情况是你的项目确实很好，也很对他的胃口，他是冲着项目来的；第四种情况是你是个名人，有让人羡慕的成就和令人赞叹的经历，他觉得他可以借到你的“光”。

那么，当我们把上述四种情况结合起来之后，会发现如果你想要吸引高质量人才加入自己的创业团队之中，就要把自己打造成一个有名气的大学生创业者，你要有丰富的经历和诱人的成绩，要让很多人听到过你的名字，这一切在新媒体时代也不是不可能。如果这时你手上拿着的又是一个不错的项目，你完全可以挺起胸膛去跟他们谈合作。

资金资源的获取

钱往往是创业者最头疼的问题。理论上，大学生创业者可以通过政府基金、自筹、天使投资、合作融资、银行贷款、风险融资、典当融资、租赁融资和众筹等方法获得资金，但这些融资渠道是分属于创业不同阶段的。在创业准备期，大学生创业者的资金绝大多数是通过父母、亲属资助的方式获取，其次是通过政府和高校提供的创业基金，也有一部分创业者能够拿到银行小额贷款，但这些都是“小钱”，对于企业的发展很难有实质性的帮助，大学生创业者想要获得真正的资金还是要去找天使投资人。

天使投资人又被称为投资天使，是权益资本投资的一种形式，指具有一定净财富的个人或者机构，对具有巨大发展潜力的初创企业进行早期的直接投资，属于一种自发而又分散的民间投资方式。目前，国内知名的天使投资人包括徐小平、朱敏、邓锋、张醒生、刘晓松、雷军、杨宁、沈南鹏、张向宁、周鸿祎等。知名的天使投资机构包括真格基金、创新工场、险峰华兴、联想之星、隆领投资、洪泰基金、英诺天使、阿米巴资本、九合创投、梅花天使等。天使投资与风险投资不同，风险投资在企业逃出“死亡谷”① 之前是不会进入“战局”的，能在“死亡谷”拉创业者一把的只有天使投资，因为天使投资人及机构与其他类型的投资机构相比要多承担一项责任，即社会责任。天使投资人及机构的目的不仅仅是找到有潜力的项目，获得期望的投资回报，还包括公司的培育。因此，他们会将关注的焦点放在年轻创业者身上，积极寻找具有企业家精神的创业新秀，提供资源帮助，培育高价值企业。

大学生创业者想要找到“天使”可以通过两种途径：一是参加高质量的创新创业竞赛，决赛的评委中有半席以上是天使投资人；二是借助创新创业基地，基地都会不定期提供路演机会，而观看路演的可不是“路人”，而是“天使”。

技术资源的获取

技术是提升项目壁垒的核心资源，如果创业者本身并不掌握项目的核心技术，就要通过寻找技术合伙人或购买技术专利等方式来获取技术资源。但无论是寻找合伙人还是直接购买专利都需要创业者发挥高深的智慧。

如何能让技术高手或掌握着重要技术专利的团队加入你的创业事业呢？千万不要以为，只要你激情飞扬地讲述你的理想和计划创建的美好事业，他们就会受到感染并加入你的团队。在经济高速发展的时代，好的技术人员永远都是稀缺资源，你别指望他们会在人才市场找工作，他们一定都有着自己的“位置”，并正在赚着优渥的薪水。以现在最火的

① 企业成长曲线中有一个阶段叫“死亡谷”，70%～80%的创业企业会在这一阶段“死掉”。

互联网行业为例，有着4～5年工作经验的界面视觉设计师的年薪大约在30万元，其他的相关岗位也都差不多，而且有悟性又努力的技术人员薪水会更高。

看到这儿，你可能有点绝望，觉得技术合伙人对大学生创业团队而言太遥远了，其实不然，只要你找到了他真正的“需要”，并且明确地告诉他，在你的事业里能满足他的需要，这事儿就有得谈。知乎上曾经有一个名为“从《西游记》看如何找合伙人”的帖子，里面提到唐僧之所以能找到孙悟空合作，并不是因为唐僧说服了孙悟空，让“西天取经”这项崇高的事业成为两人共同的理想，而是因为孙悟空跟观音做了交易，只要成功护送唐僧取得真经就能还他自由身，是这个理由让孙悟空坚持到最后。所以，同样的道理，你要找到技术高手们的“需求”或是他们现有工作中的“痛点”，知道他们真正想要什么，有针对性地进行“攻击”，让他们变成你的合伙人。

创业者也可以通过购买技术专利的方式获取技术资源，但要根据实际情况来选择购买成熟型技术或前景型技术。

信息资源的获取

信息资源的内容非常丰富，包括政府提供的创业扶植政策、行业发展数据、同类企业的管理经验等。信息资源的获取途径也比较丰富，例如国家大学生创业扶植政策的相关信息可以通过地方大学生创业指导中心进行咨询，或通过政府主导的创新创业孵化基地进行了解；行业的发展数据则可以通过政府官方网站发布的统计公报进行了解；而对大学生创业者而言最重要的企业管理经验可以通过与其他创业者进行交流的方式来获取。此外，近几年国内很多行业都建立了行业发展联盟，联盟中包含了行业中不同规模的企业，也包含了产业链不同环节的公司，借助联盟创业者也可以联系到一些宝贵的渠道资源。

相较于人才资源、资金资源和技术资源而言，信息资源是丰富而繁杂的，而且每时每刻都在不断更新变化之中，所以创业者必须形成一种时刻接收创业信息的习惯。此外，信息资源的获取也依靠创业者人脉资源的积累，创业者要紧紧抓住身边出现的每一个人，并且学会资源的整合。

其实，99.9%创业者并不是在有资源的情况下去创业，而是在没有资源的情况下去寻找机会。

Q3：启动资金怎么算？

固定资产+开办费用+流动资金

从创业想法的诞生到创业项目的寻找和创业资源的梳理，创业者的创业之旅似乎还只是停留在思考和规划的阶段，当创业者拿起计算器开始计算企业的启动资金时，才真正有一种“要动真格”的感觉。启动资金是什么？又该如何计算呢？

创业启动资金是指企业开业初期运作所必需的资金，包括获取厂房的费用、购买机械设备的费用、设备维修费、水电费、保险费、办公用品费、差旅费、广告费等。启动资金按照大类划分，可以分为固定资产、开办费用和流动资金三种。

固定资产

固定资产是指企业为生产产品、提供劳务、出租或者经营管理而持有的、使用时间超过 12 个月的，价值达到一定标准的非货币性资产，包括房屋、建筑物、机器、机械、运输工具以及其他与生产经营活动有关的设备、器具、工具等。

开办费用

开办费用是指企业筹建期间所发生的人员工资、办公费、培训费、差旅费、注册登记费等。有的教材会将固定资产与企业开办费用统称为固定资金。

流动资金

企业流动资金是流动资产的表现形式，即企业可以在一年内或者超过一年的一个生产周期内变现或者耗用的资产合计。启动资金中的流动资金主要包括购买并储存原材料和成品、促销、工资、租金、保险等方面支出的资金。

估算企业启动资金的思路非常简单，只包括三步：第一步，列出所有支出项目，包括厂房、设备、原材料、人员工资、装修费用、促销费用等；第二步，按照固定资产、开办费用、流动资金对所有支出项目进行分类；第三步，核算总和。

但是，真正操作起来并不是那么简单。首先，创业者要将整个企业的开办过程在头脑中完整地“走”一边，包括每一个环节和每一个细节，罗列出在整个过程中所有的费用支出点。其次，要对所有的支出项目进行准确的类别划分，可能你会觉得没必要，反正最后都是加到一起，但进行准确的类别划分是为了后续营销决策的制定和财务数据的计算。以产品定价为例，企业在为产品定价时一定要考虑成本的问题，而产品的成本包括可变成本和固定成本均摊，如果分类时出错，定价也会出错，这甚至会影响对盈亏平衡点的预测。最后，启动资金的罗列和核算并不是创业者闭门造车就能推算出来的，要去征询同行、供应商、分销商、商业协会或有经验的高级管理人员的意见。此外，在流动资金的部分通常不会只计算 1 个月，而是要至少准备 3 个月的需要量，以保证有充裕的启动资金。

练习：小陈开办企业需要多少启动资金？

案例背景

小陈计划在省城创业，他的创业项目是生产并销售钢门。企业开办之前，他需要购买一部电焊机（3 250元）、一个手电钻（250元）、一台切割机（450元）、一个氧气瓶（800元）、一个乙炔瓶（1 000元），还要购买电缆和一些手动工具（共计3 000元)。他打算租一个店铺，大约每月花700元。他还打算雇用一名电焊工和一名助手，电焊工的工资是1 200元/月，助手的工资是500元/月。一个月全日制工作，可以制造15扇钢门。一扇门的材料成本是 900 元，氧气瓶和乙炔瓶需要灌气，灌气费共100元，每灌一次气可焊5扇门。企业的其他费用包括：保险费25元/月，水电费350元/月，电话费100元/月，登记注册费50元，办公费用600元/月，广告费100元/月，设备折旧146元/月，维修费60元/月，小陈自己的工资（他担任销售员和经理）1 500元/月。请计算一下，小陈开办企业需要多少启动资金？

你的答案

固定资产：

开办费用：

流动资金：

启动资金合计：

Q4：你可以通过哪些方式筹到钱？

认识的“天使”+不认识的“天使”

当创业者计算出项目的启动资金之后，下一个摆在他们面前的问题就是如何筹到这笔钱。其实，创业者的融资渠道还是比较丰富的，例如亲友筹借、银行贷款、天使投资、风险投资、政府扶植基金、合作融资等。这些融资渠道各有优劣，而且分属于创业过程的不同阶段，创业者要根据自己的实际情况进行选择。

自筹资金

这是大学生创业者最原始的融资渠道。自筹资金包括两种：一种是创业者自身的存款，一些大学生创业者会在求学期间通过打工的方式积攒一些存款，但资金相对有限；另一种是亲友融资，一般情况下大学生创业者在创业过程中拿到的第一笔资金都是来自亲友，所以我们常说，亲友才是创业者身边真正的“天使”。虽然，亲友融资具有速度快、成本低的优点，但数额通常不会很高，对于企业的发展和壮大起不到实质性的帮助，也不能作为长期融资的方式。此外，跟亲友借钱不可避免地会使创业者背负沉重的心理负担，在经营企业的过程中会出现犹豫、迟疑等情况，影响决策的果断性。

政府扶植基金

近几年，政府为了鼓励大学生创业，拓展创业融资渠道，为创业者提供了名目众多的创业扶植专项基金，如中小企业创新基金配套资金、中关村留学人员创业资助、中关村企业专利引擎计划、瞪羚计划、软件企业优惠政策、专利实施资金等。创业者只要通过政府相关部门的条件审核，就可以拿到数额不等的创业扶植专项基金。不过，目前政府提供的创业扶植专项基金存在金额过小、申请难度大的问题，缺少科技含量的项目很难通过审核。

合作融资

这是目前很多大学生创业者解决资金难题的一种方式。合作融资就是合伙人按照“共同投资，共同经营，共担风险，共享利润”的原则，直接吸收单位或者个人投资合作创业的一种融资渠道。合作融资的优势是可以充分利用创业团队的力量整合资源、分担风险。但合作融资也存在一些隐患，例如由于前期股权分配不合理而导致后期的团队矛盾，甚至分裂。因此，利用合伙人获取资金的前提是设置合理的股权结构，并尽量将权责清晰化。

银行贷款

国家要求国有商业银行、股份制银行、城市商业银行和有条件的城市信用社为自主创业的毕业生提供贷款服务，并简化程序，提供开户和结算便利。银行贷款包括四种形式，分别是抵押贷款、信用贷款、担保贷款和贴现贷款。抵押贷款指的是创业者向银行提供一定的财产作为抵押进行贷款。信用贷款是在无抵押物的情况下，银行通过对创业者的信用程度进行评级，并根据评级结果进行贷款。担保贷款是创业者提供担保人，银行通过担保人的信用等级发放贷款。贴现贷款是创业者以未到期的票据向银行申请贴现以缓解资金难题的一种贷款方式。目前，大学生创业者所选择的银行贷款方式主要为抵押贷款、信用贷款和担保贷款。近几年，担保贷款的比重不断增加。

风险融资

风险融资是指通过风险投资的方式获取资金的融资方式，是一种比较专业的融资方式。风险投资有一整套的投资体系，其中包含出资人、资金池、投资公司和创业公司四项内容。出资人是风险投资体系的上游，通常由资金雄厚的财团或个人组成，投资公司会游说出资人为资金池注资，并承诺在 4～6 年之内给出 20 倍以上的回报，获得资金的投资公司会仔细挑选具有巨大潜力的中小企业，并随着企业的成长分批分期地将资金注入企业以增加企业的价值，等企业成功上市，它们就可以拿着丰厚的回报光荣退出[①]。了解了风险投资体系的运作过程之后，我们会发现，风险投资公司的投资目标是具有一定经营历史的企业，投资的目的非常单纯，就是获取数十倍甚至上百倍的经济回报，因此对于创业企业，它们不是特别感兴趣。但是，进入成长期的企业还是可以借助风险投资获得发展资源的。

天使投资

这是面向小型初创企业进行一次性前期投资的投资形式。与风险投资不同，天使投资的投资目标不是进入成长期和成熟期的企业，而是初创期的企业。天使投资也不是一种传统的投资组织，它更应该被称为一种非组织化的投资形式。在选择投资目标时，天使投资更注重的是创业团队与创业项目的匹配性，创业项目本身的发展潜力和创业企业对社会的贡献。当然，天使投资也看重投资回报率，但与风险投资相比要“温和”许多。由于天使投资的这些特性使得它更适合于大学生创业者。大学生创业者可以通过地区创新创业孵化基地或各种高质量的创业竞赛、创业节目接触到天使投资人，他们不仅会为有潜力的创业项目提供资金的支持，还会为创业者提供很多宝贵的商业资源。

众筹融资

这是在“大众创业，万众创新”的大背景之下诞生的一种独特的融资方式。创业者通

---

① 风险投资公司的退出机制包括销售企业、IPO（首次公开募股）、企业兼并和破产清算。针对不同质量的企业，风险投资公司会选用不同的退出方式。对风险投资公司而言，最成功的方式是 IPO。

过一些特定的平台将自己的产品原型或创意发布出去，发起募集资金的活动。有意者给出指定数额的投资，在项目完成之后可按照一定比例获取回报。著名的 3W 咖啡就是通过资金众筹的方式创办的，后期也有很多创业者开始效仿这种资金众筹的模式。

除了上述几种融资方式之外，大学生创业者还可以借助典当融资，即以实物作为抵押获取临时性贷款，后期可以将抵押物赎回；或者采用租赁融资，向实力雄厚、资信度较好的公司筹借设备、物料等物资，之后以租金的方式分期偿还，是一种先借物再还钱的融资方式。

Q5：筹钱时你需要知道些什么？

要不要？要多少？怎么要？

有些创业者抱怨“万事俱备，就差钱”，好像只要有投资人愿意出钱，他们的项目就能成功。其实，这是一种非常幼稚的想法，在我们决定向投资人伸手要钱时一定要弄清楚以下几个问题。

一定要拿“天使”的钱吗？

创业准备期，大学生创业者要筹集足够的运营资金，除了自筹资金之外，还可以向政府、高校、银行“求助”，这时要不要向天使投资人伸手？其实，天使投资人能够给创业者的不仅仅是资金上的帮助，更重要的是天使投资人背后的资源。很多创业者去找投资人时并不缺钱，企业也可以正常运营，他们要的是投资人背后的人才资源、渠道资源、平台资源和商场经验。所以，正确的发展节奏是，先利用自己能够筹集到的所有资金将团队组建起来，将产品设计出来，并努力做出销售曲线，这些都是证明你的项目具有可行性和发展潜力的证据。之后再去找天使投资人，不是跟他谈借钱，而是谈合作，你甚至可以很直白地表达你看重的不仅是他的投资，更是他拥有的资源与项目的匹配度。

“天使”一般占多少股份？

虽然天使投资人能够在企业初创期给创业者很大的帮助，但这并不等于创业者就可以将股权贱卖给投资人。创业者在与天使投资人进行谈判时，一定要将出让的股权控制在20%以内，无论天使投资人如何“诱惑”你，都不可以突破这条底线。因为，企业后期的发展还会经历风险投资和私募股权投资，如果创业者在天使轮已经出让了超过 20%的股权，基本就不会再有投资人接盘。其实，专业的天使投资人也不会拿到创业者 25%以上的股权，那相当于宣判了企业的“死刑”，也违反了天使投资的初衷。例如天使湾创投的投资区间就设定在8%～25%，其他的创投公司基本也是这个范围。

怎样拿到天使投资？

大学生创业者可以通过创投空间和创业竞赛接触到天使投资人，那么该怎样与他们沟通才能留下深刻印象，甚至拿到投资呢？首先，创业者自身硬件一定要过关，高质量的团队是天使投资人非常关注的指标，成型的产品也是必备条件，不要跟投资人谈理想，你对理想是否坚定从你的团队和产品中就能体现出来。其次，面对投资人时要以平常心对待，不自负、不恭维、不恐惧，不要想着在投资人面前伪装自己，因为你一年也就能见到几位投资人，但投资人一年可能见到几百个创业者，在他们面前你根本隐藏不了，不真诚反而会给对方留下不好的印象。想拿到投资人的钱，先要学会换位思考，想想如果你是投资人，你会把钱交给一个什么样的创业者。你要先达到自己的标准，再通过反复路演积累经验，总有一天会有“天使”向你微笑。

学习总结——请用最简练的语言写下你的答案。

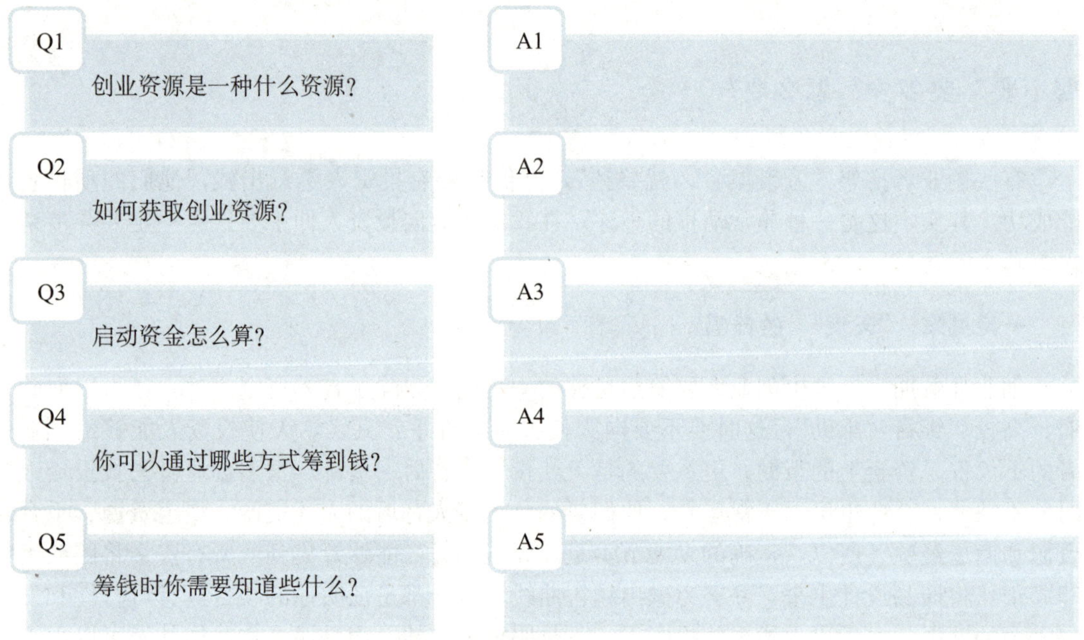

创业者档案

姓　　名： 陈欧
国　　籍： 中国
籍　　贯： 四川德阳
毕业院校： 新加坡南洋理工大学、美国斯坦福大学
主要成就： 创办聚美优品

陈欧，1983 年出生于四川德阳，16 岁留学新加坡，就读于南洋理工大学，大学期间

曾成功创办在线游戏平台 GG-Game。26 岁获得美国斯坦福大学 MBA 学位，2009 年回国创业。

陈欧发现中国的广大女性消费者对于线上购买化妆品的信心不足，并针对这一“痛点”进行了深入分析，最后决定要做线上化妆品市场的领头羊企业。2010 年 3 月 31 日，团美网作为中国首家专业女性团购网站上线，以正品平价形象口碑相传，在短时间内取得飞速发展。2010 年 9 月 9 日，团美网正式启用顶级域名，更名为聚美优品，并获取天使投资人徐小平的 100 万元投资，成为国内领先的女性时尚限时折扣购物平台。2011 年 3 月，公司总销售额突破 1.5 亿元，同时也获得了来自红杉资本千万美元级别的投资。5 月，聚美优品转型为化妆品 B2C 网站。2012 年、2013 年，陈欧两次荣登《福布斯》中文版评出的“中国 30 位 30 岁以下创业者名单”，并荣获“2014 年中国互联网十大风云人物”称号。2014 年 4 月 12 日，聚美优品向美国证券交易委员会递交了 IPO 申请，5 月 16 日在纽交所正式挂牌交易。陈欧也成为美国纽交所史上最年轻的中国 CEO。

主题6

创业风险

Q1：创业风险到底是什么？
Q2：创业过程中常见的风险有哪些？
Q3：如何应对创业风险？
Q4：大学生创业者会面对哪些风险？

Q1：创业风险到底是什么？

创业风险

创业风险是由于创业环境的不确定性，创业机会与新企业的复杂性，创业者、创业团队与创业投资者能力的有限性，而导致创业活动偏离预期目标的可能性及其后果。

创业道路上的各种“坑”

创业是一场“九死一生”的旅程，要想坚持到后天的清晨[①]，就必须战胜当下的黑暗。而在迎接后天的阳光的过程中，创业者必须面对创业路上的各种风险。

风险是在一定失控条件下，由于各种因素复杂性和变动性的影响，使实际结果与预测发生背离而导致利益损失的可能性。对于创业风险，目前学术界并没有形成相对成熟的定义，但普遍认为，创业风险是由环境的不确定性、新企业的复杂性和创业团队的变化性等造成的。

创业风险是客观存在的，它并不以人的意志为转移，创业者无法回避风险，面对创业风险，他们唯一能做的就是学会准确识别和积极防范。每一位创业者在创业道路上面对的风险都是不尽相同的，这是因为创业风险具有决策相关性的特点，创业者面临的风险与其创业行为及决策是紧密相连的，同一风险事件对不同的创业者会产生不同的风险，同一创业者由于

① 马云曾经说过：“创业的路上，今天很残酷，明天更残酷，后天很美好，大部分人死在明天晚上，看不见后天的太阳。”

其决策或采取的策略不同，会面临不同的风险结果。面对创业风险，创业者也不必过分恐惧，因为创业风险还具有损益双重性的特点，风险是与机遇并存的，企业在面临某一种风险时，如果可以及时调整战略、战术，完全可以将风险转化为商机。2001 年，由于“9·11”事件的发生，全球保险业都遭受了重创，几乎所有的再保险公司[①]都不再提供由于遭受恐怖袭击造成损失的再保险，保险市场一片混乱。而就在此时，美国国际集团（AIG）却开创了反恐怖保险市场，尽管同行表示并不看好，AIG 却认为风险是会带来机遇的，对于风险的这种认定也影响了 AIG 在后期的很多重大决策，帮助其开创了很多空白市场。

创业风险来源有很多，例如宏观环境的不确定性，创业者自身管理能力的缺失，资金、信息、技术等创业资源的缺口等。创业风险的种类很多，按照不同的标准可分为不同的类型，如按照创业风险产生的原因，可以将创业风险分为客观风险和主观风险；按照创业风险产生的内容，可以将创业风险分为技术风险、市场风险、政治风险、管理风险、生产风险等；按照创业风险对资金的影响，可以将创业风险分为安全性风险、收益性风险、流动性风险。

Q2：创业过程中常见的风险有哪些？

所有必需的都是必防的

在“创业教育之父”杰弗里·蒂蒙斯的创业要素模式中，创业的关键要素包括创业团队、创业机会和创业资源，这三者既是创业的必需元素，又是创业过程中风险的来源。创业风险可以有很多种划分，本书主要是从风险归属的维度将其划分为人的风险、项目的风险、管理的风险、环境的风险、技术的风险、资金的风险。

人的风险

“人”是创业过程中最关键也最复杂的要素，创业者本身的性格特点和能力水平在很大程度上会影响创业项目的走势。通常情况下，我们会认为，优秀的创业者都具有强烈的人格魅力，他们的人生阅历沉淀出了深邃的商业智慧，豁达包容的性格又让他们可以很快地搭建出稳固的社会关系网络，两者交相呼应形成了与众不同的人格魅力。但在商场中真正拥有魅力的创业者只是凤毛麟角，绝大多数的创业者都存在性格或能力上的短板。创业者能力的缺失可以通过团队的互补或社会资源的整合进行弥补。但创业者性格上的不足或不匹配[②]却往往会成为制约企业发展的重要因素。例如性格阴暗、自负、多疑的创业者即使拥有很强的能力，也很难得到合伙人的肯定，更不会讨得投资人的喜爱，这样的人擅长

---

① 再保险公司也被称为分保或“保险的保险”，指保险人将自己所承担的保险责任，部分地转嫁给其他保险人承保的业务。

② 有一些学者认为，创业者的性格是否与其选择的创业项目相匹配也是影响创业成功与否的重要因素。

单打独斗，却带不了团队，项目也很难做大；听不进别人建议的人、抓着股权不放的人、过分提防同伴的人，最后多是闹个散伙的下场。

如果说创业者的性格和能力会影响创业项目的成败，那么创业团队的稳固性和灵动性则更能左右创业的结局。在创投领域有一句话——“成也团队，败也团队”，足见创业团队的重要性。创业团队应该是有共同信仰的，相对稳定的、互补的、精简的、灵动的组织，且团队里的每一个人都应该是资源的提供者。但事实情况是，这样理想的团队是很难打造的，且就算暂时构建出了貌似满意的团队，也会随着时间的流动而发生变化。

在商场中，有太多一开始激情飞扬，最终分崩离析的例子。例如，某餐饮管理有限公司创立于 1994 年，创立者蔡某和潘某是好友。公司初始的股权结构非常简单，潘某占股 50%，蔡某占股 25%，潘某峰（潘某的姐姐，也是蔡某的妻子）占股 25%，这是在当时非常常见的家族式企业股权结构，表面上看起来和睦，却暗藏危机。2006 年 9 月，蔡某和潘某峰协议离婚，潘某峰用她在公司 25%的股权换取了子女的抚养权。这时，蔡某和潘某的股权比例变为 50∶50，这绝对是一个危险比例。2007 年，公司为了获取更大的发展，先后引入两家风险投资机构，共注入资金 3 亿元，公司的股权结构变为潘某和蔡某各占股 47%，两家风投机构各占股 3%。虽然引入了两家风险投资机构，股权结构却仍然呈现平分的姿态。随后，蔡某与潘某两人在企业管理模式上产生了巨大分歧，蔡某主张打造现代化企业，在公司内推行“去家族化”变革，用其他知名餐饮企业中的中高级管理人员替换公司原有家族管理人员。蔡某在推行企业变革的过程中与潘某产生激烈的矛盾，企业的众多决策也在争执中难以推行。2011 年，蔡某被举报挪用企业资金、职务侵占，被公安机关批准逮捕。2015 年，根据法院判决，蔡某构成职务侵占罪和挪用资金罪，被判处有期徒刑 14 年。就这样，该公司在一场内战中元气大伤，错过了黄金发展时机，而当年的一对好哥们儿也成了彼此的仇敌。

这种案例在我国绝非偶然，有太多企业在最初组建时会习惯性地将亲戚、好友、同学拉进来，然后平分股权，看似一团和气，实则危机四伏。这类团队本身就是一个巨大的风险，或者说在众多创业的影响因素中，最复杂多变、难以捉摸的就是“人”这个元素。

项目的风险

有时候创业者引以为傲的创业项目本身就存在风险。例如，项目在运作过程中存在违反公序良俗的情况，就像现在非常火爆的网络直播，有些网络主播为了博取眼球和观众的打赏，会在直播中加入庸俗或暴力的内容，这种低俗的营利行为本身就是在挑战社会道德底线。更有一些涉毒、涉黄、涉黑、非法集资、破坏生态等与国家法律法规相违背的项目，企图在黑色地带运行，这些违法行为都必将受到法律的严惩。

除了项目本身存在违法、违反公序良俗的情况之外，很多项目的存在基础并不牢固。我们知道，一个创业项目成立的前提是它找到并解决了一个“痛点”，也就是说项目存在的基础是存在有价值的“痛点”。但现在很多创业者提出的所谓“痛点”是自己臆想出的市场需求或空白。创业者对项目预测期的市场销量过分乐观，最终导致产品盲目上市和大量滞销。其实，某种产品在预测期内有销量并不代表就有市场，以电子产品为例，如果在一个月的预测期内产品的销量为 10 000 台以上，那说明此种产品的市场需求是真实存在的，但如果一个月内产品的销量只有 1 000 台，那大概率是被竞争对手买走做拆分研究去了，这个数据并不能成为论证项目价值的依据。在调查我国近几年中小企业破产原因时，发现有接近半数的企业是因为产品没有销量而出现资金流断裂，最终破产。

产品同质化严重也是创业项目本身可能存在的风险。如果创业项目本身并不存在独创性或独特性，也没有任何技术上的壁垒，那么这种项目基本可以界定为同质化项目。例如主题酒店，无论创业者将酒店的主题确定为什么，是地中海风格也好，是迪士尼风格也罢，其实质都是一样，都是轻奢的经济型酒店。同质化产品最大的问题就是缺乏核心竞争力，很难做到与众不同。如果不能做到与众不同，那就意味着可复制性强，项目做好了会有大量的人进来模仿，市场就会快速被变成一片红海。所以，同质化项目考验的往往是创业者开拓市场的速度和获取资本的能力。在这种游戏规则之下，实力较弱的创业者只有被吞并或破产的下场。

即便创业者的项目选择是很聪明的，也可能在项目的商业模式设计上埋下隐患。在项目的商业模式上存在的风险主要表现在四个方面：一是价值主张不明确。由于创业者没有很准确地把握目标市场的需求特性，在设置价值主张的过程中出现了与目标顾客实际需求的偏离，而价值主张的偏差直接会影响商业模式中的营销环节、业务环节和收益环节的设计，"一点"失误满盘皆输。二是营销环节有漏洞。很多创业者在设计渠道通路或客户关系时不喜欢动脑子，习惯性地借鉴一些同类企业相对成熟的经验，但这种借鉴有时会导致产品信息没有办法精准地传递到目标顾客的身边，而带来资源的浪费。三是战略联盟不匹配。虽然几乎所有的创业者都知道现在已经不再是单打独斗的年代，要想快速攻占市场，必须构建强大的战略联盟，但不少项目联盟并不具有实际价值，更无法支撑项目的价值主张。四是收益预测太盲目。收益环节是创业者和投资人都非常关注的环节，也是决定项目的商业模式是否可行的关键，但不少创业者在设计商业模式的收入来源时会因为收入认知的错误导致过分乐观的预测。

管理的风险

创业者在经营企业的过程中，不可避免地要与企业内部的员工、股东，企业外部的供应商、零售商、竞争者、金融机构、政府部门等组织或个人发生联系。这种与内部和外部建立起来的关系，对于企业的持续性成长及品牌的建设均有重要的作用。但如果企业不能很好地管理和协调内外部的关系和利益，也可能会让自己面对尴尬、质疑。企业面对的管理的风险主要来自如下四个方面：

一是员工的管理。如果企业不能很好地处理与员工之间的关系，那么必然会面对由于员工管理不当而出现的企业形象受损的风险。在企业中所有的管理，归根到底都是人的管理，企业应很好地了解和满足员工的需求，而不能只是一味地压榨和索取。例如某公司在半年的时间内多次出现了年轻员工跳楼轻生的情况，这在当时引起了社会的广泛关注。调查发现，该公司在人员管理上存在问题，错位的人性假设、缺失的企业文化、被忽视的职业生涯规划等各种因素构建了一个绝望的工作环境，长期的压抑与无助使这些年轻员工选择轻生。而该公司也因此被推上了风口浪尖，之后相当长的一段时间里，公司的股价都处于低迷状态。这说明，如果企业忽视了员工的价值，没有用科学、合理的方式对员工进行管理，必然会自食恶果。

二是股东的管理。创业者务必要处理好与公司股东的关系。股东和投资人一样都是非常现实的，如果长期看不到企业的收益和成长，那么他们选择的绝对不是陪创业者度过艰难期，而是处理掉手上的股票。而当企业的股东大量抛售手中的股票时，企业的股价自然下降，为了稳住股东的情绪，重获股东的信任，有些企业就会铤而走险在财务上造假，虚增收入，而出现这种问题的企业都是被勒令退市的下场。

三是供应商的管理。如果创业者的项目涉及比较专业或稀缺的原材料，那一定要和上游供应商保持良好的关系。在产业链中，上游的供应商往往会根据中游企业的实力来决定原材料派放的顺序，初创企业在物料的争夺战中一般不占优势，稍有不慎就会空手而归。

四是分销商的管理。初创企业如果没有自己的销售团队，就要借助分销商进行销售，那就必然要面对返利的问题。不是每个创业公司都能承受得了这份压力的，而且有时即使创业者已经让利于分销商，也不见得能够得到分销商的帮助，分销商还是更愿意销售有一定品牌知名度的产品。一旦下游的分销环节不给力，产品无法很好地进入市场，品牌知名度建设不起来，分销商就可能直接让产品"下架"。

此外，企业如果无法处理好与行业竞争者之间的关系，也可能会面对恶意竞争或同行的挤对等问题。企业的管理不只局限于企业内部，它涉及与企业发生联系的各种组织，创业者务必权衡好企业内部与外部的各种利益关系，在繁杂的环境中为自身找到最佳的平衡点。

环境的风险

任何一家企业都不是孤立存在的，都处于纷繁复杂的竞争环境之中。一般情况下，企业所处的环境包括两个维度，分别是宏观环境和微观环境。宏观环境指的是对企业所属行业能够造成明显影响的国家或地区的经济环境、政策环境、法律环境、人文社会环境、科技环境和教育环境等。微观环境也被称为产业环境，产业环境只对处于某一特定产业内的企业以及与该产业存在业务关系的企业发生影响。我们知道，任何一家企业都时刻处于动态的环境之中，而环境的变化不仅会为创业者带来机遇，也会让其面对各种挑战。

宏观环境的变化往往会为创业者带来无法抵抗的风险，当地区的经济环境处于萧条状态时，市场的整体购买量自然会下降，那么无论企业如何进行产品营销都很难提升产品的销售量。国家各类政策的出台也会影响企业的走向。例如，共享单车企业最初的盈利模式主要是获得社会资金后进行商业化投资，而2017年上半年，国家出台相关政策规定共享单车企业开设用户押金、预付资金专用账户，实施专款专用，接受监督，完善退还制度。这一下子打乱了共享单车企业的发展规划，各家企业不得不重新设计盈利模式。同样，国家货币政策收紧也会影响企业的经营，当国家采用紧缩性货币政策时，市场上货币供应量减少，就增加了企业获取建设资金的难度，限制了企业的发展。宏观环境中的任何一个维度的变化都会对企业的发展造成巨大的影响，所以创业者务必时时关注国家在经济、政治、人文、科技、法律等各个方面的变化，以提升自身识别并化解风险的能力。

如果说，宏观环境的变化会对企业的发展带来间接影响，那么，产业环境的变化对企业的影响是直接的。产业链中的供应商、生产商、分销商等各个环节的变化都可能会让企业面对经营风险。

技术的风险

技术是创业项目最有效的壁垒，不过在技术这个维度也暗藏着很多风险，其中最让创业者头疼的就是知识产权的问题。翻看商界新闻不难发现，几乎每一家科技型企业都会面对侵犯专利或被侵犯专利的问题。

在商界几乎每天都在上演诸如此类的专利纠纷，无论是原告方还是被告方，对这种问题处理不好，都会给企业带来很大的麻烦。

企业为了保证项目的独特性和自身的竞争优势，往往会选择在项目中注入科技元素，这时就涉及专利的研发、使用和授权等问题。我国的专利共分为三种，分别是发明专利、实用新型专利和外观设计专利。发明专利的有效期为 20 年，实用新型专利和外观设计专利的有效期均为 10 年。随着企业产品技术含量的提升，企业在开发专利、实施专利、利用专利、保护专利方面常会面临侵犯他人专利权或被他人侵犯专利权的风险，常见的有以下几种：

第一种是直接侵犯专利权，具体包括制造发明、实用新型、外观设计专利产品的行为；使用发明、实用新型专利产品的行为；许诺销售发明、实用新型专利产品的行为；销售发明、实用新型或外观设计专利产品的行为；进口发明、实用新型、外观设计专利产品的行为；使用专利方法以及使用、许诺销售、销售、进口依照该专利方法直接获得的产品的行为；假冒他人专利的行为。换句话说，就是未经授权而用了别人的专利。

第二种是间接侵犯专利权，这种侵权行为是指行为人实施的行为并不构成直接侵犯他人专利权，但却诱导、怂恿、教唆、帮助别人实施他人专利，发生直接的侵权行为，在主观上有诱导或唆使别人侵犯他人专利权的故意，客观上为别人直接侵权行为的发生提供了必要条件。说简单点，就是教唆他人侵权。

第三种是侵犯专利标记权，指的是未经专利权人许可，在产品包装、产品本身、产品广告、宣传材料、合同中使用专利权人的专利号。其实，就是未经允许在自身产品的包装与宣传上面使用了别人的专利号，用别人的专利给自己做宣传。

我国法律对于侵犯专利权的行为有四种行政处罚方法，分别是责令停止侵权、责令改正并予以公告、没收违法所得和罚款。创业者千万不可小瞧了这四种处罚，无论哪一种加在初创企业的身上都是毁灭性的打击。

除了知识产权的问题之外，技术本身的更新迭代对于某些企业而言也是一种风险。以柯达公司为例，柯达公司是影像产品及相关服务的生产和供应商，由乔治·伊士曼创立于 1880 年，总部位于美国纽约州罗切斯特市。几年后，伊士曼发明了胶卷，为摄影行业带来了革命性的变化。1900 年，柯达的销售网络已经遍布众多欧洲国家，也迎来了胶卷的全盛时代。掌握着丰富的影像产品专利技术的柯达公司，在之后的一百年里在世界各地开设了诸多子公司，产品销往全球 150 多个国家，成为胶卷时代的“霸主”。在这期间，柯达发明了一项全新的专利技术，即数码技术，也由此研发出后来风靡全球的数码相机。但在 20 世纪末，柯达的高管们并没有意识到数码技术将对摄影行业带来巨大变化，而是认为这项技术和相关的产品会削弱公司的化学产品业务和胶卷业务，认为推出数码相机就意味着迫使公司卷入自己与自己的竞争当中，因此他们雪藏了这项技术。但日本的富士公司和佳能公司却看到了一个全新的摄影时代，相继向市场推出了各自研发的数码相机。随后，柯尼卡、美能达、尼康、理光、康太克斯、索尼、东芝、JVC、三洋等近 20 家公司先后参与了数码相机的研发与生产，并推出了各自品牌的数码相机，数码时代就这样到来了。当柯达公司意识到这一巨大变化时，市场已经被富士、佳能等数家公司夺走了。就这样，曾经无比辉煌的柯达公司一落千丈，在2011年正式申请破产。柯达公司的发展历史告诫创业者们，无论何时都要把握技术的变化，切勿沉浸于所谓成熟的技术之中。

融资的风险

钱是创业者在创业过程中最关注，也最头痛的问题。在创业初期，创业者头疼的往往不是怎样赚到钱，而是怎样筹到钱。表面上看创业者有很多融资的渠道，例如银行贷款、政府扶植专项基金、亲友筹借、众筹、风险投资等。但对于能力相对弱小的大学生创业者而言，这些融资渠道又存在各种各样的问题，比如银行贷款的难度大、政府专项的门槛高、亲友借款的数额小、众筹的风险大等，在这种客观情况之下，很多创业者就会将筹资的希望转向风险投资机构或天使投资人，期望通过与他们的合作获得创业资金及社会资源方面的帮助。这当然是一种合理选择，但当创业者伸手向风险投资人或天使投资人要钱时，就要做好面对以下风险的心理准备：

第一是**"抢班夺权"**。这是最惨的，也是很多创业者最怕的一点。其实，绝大多数的投资人对公司的控制权不感兴趣，他们更希望找到一个"靠谱"的创业者、一个不错的项目，给创业公司投资，拿到一定的股权，然后再给创业者"打一针鸡血"，让创业者拼命把公司做大，等公司差不多具备上市条件之后，投资人再出来推一把，把IPO[①]做实，投资人就可以拿着数十倍的投资回报光荣退出。目前，国内99%的投资机构走的都是这个套路。

但是在投资人的队伍中还有少数的"野心家"，比起风险投资，他们更想做的是战略投资，一旦找到优秀的创业者和高价值的创业项目，他们会主动与创业者沟通，并以诱人的投资数额拿到创业者20%左右的股权。面对投资人的盛情邀约，很多稚嫩的创业者都会受宠若惊，即使对股权占比有顾虑，最终也多是会同意的。因为经验老到的投资人总能在第一时间看穿创业者的心事，当创业者表现迟疑时，投资人会马上强调之所以要拿到20%的股权，是为了让自己更有参与感，更能全心全意地帮助创业者做大企业，有一些投资人还会信誓旦旦地保证绝不干涉企业的管理与决策。面对如此"坦诚"的投资人，创业者当然只有点头的份儿了。

不过，接下来的剧情会日益复杂，在"尽职调查"[②] 之后，投资人通常会为创业者推荐更为优秀的财务总监。表面上是推荐，其实创业者并没有选择的余地，公司必须撤换现有财务总监，原因很简单，投资人必须准确把握公司的财务数据，了解公司的真实发展情况。撤换财务总监是最基本的，有些投资人会直接为公司指派新的行政总监，创业者只是以股东的身份担任技术总监或市场总监。当公司慢慢做出规模，投资人的控制欲也会更加强烈。创业者也许会认为，投资人承诺过不干涉公司的管理和决策，而且20%的股权在董事会中的席位也很少，应该不会影响到创业者的决策。确实，在董事会中投资人的席位是少的，但投资人的手上有一把"尚方宝剑"，即否定权。这就好比是创业者在开车，投资人虽然只是坐车，但却可以在关键的时刻踩刹车。而且，投资人要比创业者老练得多，他们对项目发展趋势的判断远比创业者要准确，当投资人意识到项目将朝着好的方向发展

---

① IPO（initial public offerings），即首次公开募股，是指一家企业或公司（股份有限公司）第一次将它的股份向公众出售。

② 投资人与创业者正式签订投资协议之前，投资公司要对创业者的公司进行一次全面的调查，确定创业者没有谎报公司信息，这个过程就叫"尽职调查"。

时，他们会鼓励创业者引入新的投资，自己也会追加投资以保证自身的股权比例不被稀释，在一轮又一轮的融资中稀释的只有创业者的股权。在公司经历了A轮、B轮、C轮的融资之后，企业的价值越来越大，但创业者的话语权却越来越小，有一些创业者甚至会在游戏的最后被直接踢出局。

第二是**"苛刻条款"**。创业者向投资人融资一般会经历九个环节，具体的顺序和内容如下：

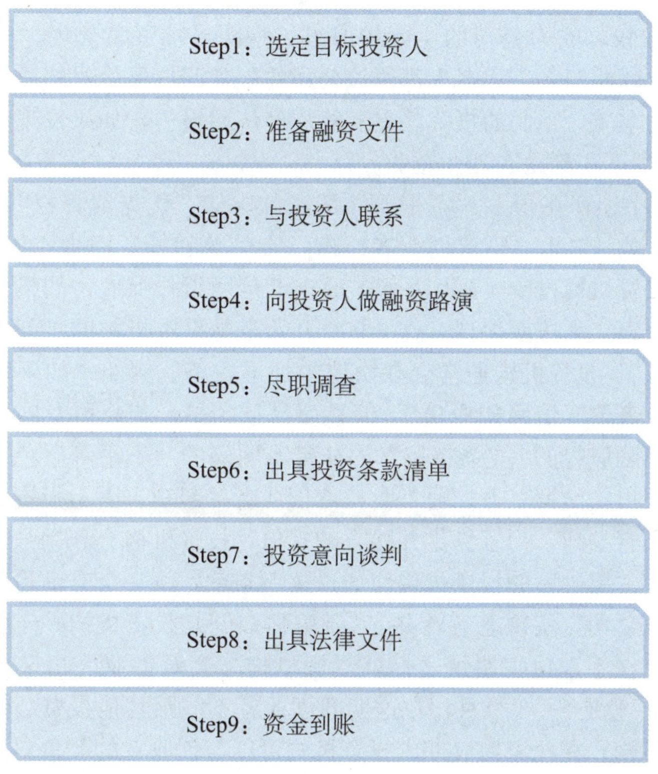

面对这样的一个流程，99.9%的创业者会将关注的重点放在前面四项，认为只要他们勾起了投资人的兴趣，后面的工作就应该是投资人的事儿了，而这种认识却将无数创业者逼入了绝境。以出具投资条款清单（term sheet of equity investment，简称TS）[①] 环节为例，投资人出具的TS里面有非常多的条款和术语，如优先清算权、反稀释条款、对赌条款、回购权、共售权、分红权、员工期权、创始人股份兑现等，别说是年轻创业者，就连财务专业的高才生看着都晕。而且在TS里的每一个条款的背后，都有投资人精心设计的自我保护和风险规避措施，这些东西有半数的创业者是看不懂的。如果以后公司发展顺利，创业者是没什么感觉的，一旦公司的经营出现问题，达不到投资人的预期，投资人就会通过这些条款把创业者"收拾"得狼狈不堪。

某乳品饮料公司及其创始人李某的失败就是一个活生生的例子。公司成立于1996年，

① 投资条款清单就是投资公司与创业企业就未来的投资交易所达成的原则性约定。投资条款清单中除约定投资者对创业企业的估值和计划投资金额外，还包括创业企业应负的主要义务和投资者要求得到的主要权利，以及投资交易达成的前提条件等内容。

2002—2004 年大举扩张，市场占有率一度超过 70%。2007 年，公司引入了英联、摩根士丹利、高盛等国际级风险投资机构，共融资 7 300 万美元，并与三大巨头签署了一份对赌协议：公司向三大投行承诺 50%的净利润年增长率，如果净利润年增长率低于 50%，则增发优先股，增加三大投行的持股比例，反之则增发普通股于原股东，摊薄三大投行的持股比例；同时，公司必须在 3 年内上市。2008 年，由于高速扩张导致公司资金链断裂，盈利下滑，加之接踵而来的“三鹿事件”和金融危机，公司上市梦碎。2008 年底，三大投行要求公司提前履约，公司当然没有达到协议要求，三大投行假意承诺注资，从李某手中要来了 61.6%的股权，成为公司的实际控股方，意图寻求下家套现。李某“净身出户”，曾经的乳业巨头也就此倒下。很多人都说该公司的噩梦源自那份对赌协议，但我们必须知道这是投资机构的本质，它们的投资就是要获取经济回报的，如果发现势头不对，就会在“及时止损”的原则下立刻抛弃创业企业。

此外，在 TS 中还存在很多“不平等”的条款。如“优先清算权”，有些投资机构给出的 TS 中会有这样一句话“要求创业者给出一定倍数的投资回报作保底”，这句话是什么意思呢？比如投资机构投资 1 000 万元，要求 3 倍回报作保底，如果公司经营不善，最终以 2 000 万元出售，那按照协议，这 2 000 万元全是投资机构的，创业者一分钱也拿不到。再如“回购权”，投资机构通常会在协议中加上一条，例如“如果公司在 4 年之内没有实现上市，创业者要 5 倍回购股份”。但显而易见的是，若公司发展不顺利，创业者基本上是没有能力回购股权的。“强售权”同样带有明显的“不平等”色彩，投资机构如果想要将自己的股权出售给第三方，通常会拉着创业者一起卖，因为投资机构的股份一般比较少，并购方不会有兴趣，为了满足并购方的胃口，投资机构会利用强售权强迫创业者出售股权。更有一些“黑心”的投资机构会通过这一条款，将一个有前途的公司低价卖给自己控制的另外一家公司，实现恶意吞并。“独家协议”是投资机构一定会要求创业者签署的条款，而且只有在签订独家协议之后，投资机构才会对创业公司进行尽职调查并出具 TS，独家协议期一般是 1～3 个月，在这期间创业者不能跟其他投资公司接触，但独家协议并不约束投资机构，在独家协议期内投资机构可以与创业者的竞争对手们进行沟通，如果投资机构发现了更好的投资对象，便会毫不犹豫地抛弃这家公司。

基本上，TS 里面的每一个条款都是比较倾向于保护投资人的利益的，即使创业者看得懂也是无力反抗。因为，即便是再有经验的创业者，在其创业生涯中，可能最多会有 10 次向投资机构融资的经验，而一个普通的投资人一年就会接触到至少 10 个项目，在创业者与投资人的投资谈判中，投资人是有压倒性优势的。

第三是**“空头支票”**。在创业者与投资人的投资意向谈判中，为了诱导创业者在协议上签字，投资人往往会提出“帮助企业进行市场拓展”“帮助企业提升品牌知名度”“为企业物色更高级的管理团队”“帮助企业规范财务管理体系”等承诺，但除非是战略投资人，普通的投资人在企业的经营过程中基本什么都不会做，他们只会在公司做得非常好或非常糟的时候出来参与一下，其他的时间都在寻找更高价值的投资项目，根本没空理创业者。

第四是**“窃取商业机密”**。很多创业者会担心自己的商业机密被泄露，所以会在商业计划书上列出保密条款，或要求投资人签署保密协议，但这种东西投资人是绝对不会签的，他们会标榜自己是守信用、有品行的人，不会泄露创业者的任何秘密。创业者对此不应轻信。因为，对于投资人而言，最好的投资其实是资源的整合，优秀的创业者不见得会拿到好项目，发现了高价值创业项目的创业者不见得有成为优秀企业家的素质。所以，要想提高投资成功率，投资人就要进行资源的整合。投资机构中有一种合伙人，叫作创业合伙人（EIR），他们具备企业家的素质，但苦于没有遇到好项目，他们在投资机构中主要负责项目评估，一旦发现了好项目或公司，他们便会游说投资人进行投资并将自己指派入公司参与管理。如果 EIR 看到的是一个好的创意或商业模式，就会挽起袖子自己干。就算创业者起诉投资机构泄露商业机密，得到的也是微不足道的补偿，更何况很多创业者根本没有时间和证据去起诉投资机构。

第五是**“被迫让利”**。我们在前文中提到过，投资体系中包括出资人、资金池、投资公司和创业公司。投资公司的投资负责人在选择项目时，有时会直接和创业者要好处，比如投资公司在协议中标注着向创业公司投资 500 万元，占 10%的股权。但私底下，投资公司的投资负责人还会向创业者要 1%～2%的股权或是投资额的 10%左右的返利，感觉就像是中介收提成。有时，一些创业公司在发展几年之后仍然看不到上市的希望，在这种情况之下，投资公司不会陪着创业者一直耗下去，因为投资基金到期是需要清算的，投资公司还必须向出资人交代。这时，投资公司就会利用“对赌协议”等条款将创业公司“置于死地”。也许你会很疑惑：为什么投资公司一定要“弄死”创业公司呢？低价处理或是让创业者回购股权不是也可以吗？事实上，投资公司不会给创业者这个机会，它们必须让创业公司彻底失败。因为，在投资界失败的案例是允许的，投资公司可以解释说“市场环境不好，但投资决策没有错”。但如果投资公司退出之后，创业公司反而发展得好了，那就是投资公司的责任，要么是当初估值太高，要么是创业者素质不行，都说明了投资公司决策失误，这对投资公司的名声不好，它们以后还怎么找到优质的出资人呢？所以，投资公司宁愿让创业公司成为失败案例，也不会让创业公司有翻身的机会。

资金链的风险

当创业者通过风险投资人或天使投资人成功获得运营资金之后，他们面对的下一个风险就是企业运营过程中资金链的风险。资金链断裂是所有的企业在运营过程中都需要面对的风险。导致企业资金链断裂的原因主要有以下七种：

第一种是**筹资不足**。绝大多数的创业者对自己的团队和项目都充满自信，相信团队无坚不摧，相信项目会有丰厚的市场回报。这份自信是对的，但必须要通过市场的验证。有很多创业者没有做充分、彻底的市场评估，就乐观地预测产品的销售可能，并基于盲目预测设计销售成本计划、现金流量计划，计算项目的盈亏平衡点，估算外部融资需求。而现实往往是带有挑战性的，当创业者发现市场的表现远没有想象中的乐观，资金并没有如预期回流时，手上的资金已经见底了。早期筹资不足导致资金链断裂是绝大多数初次创业者在经营中会出现的问题。

第二种是**存货积压**。无论什么类型的企业，可用资金都是有限的。如果将大量的资金用于产品的生产和库存，可用的流动资金自然会减少，如果此时企业产品的销售情况不理想，很容易出现资金链断裂。目前，国内的一些电商平台上已经出现了产品预售，商家在接到客户订单之后，再通知上游工厂生产产品，其目的就是尽量减少库存积压。

第三种是**应收款占比过大**。企业将一批产品销售出去之后，不见得会马上拿到现金形式的货款，绝大多数情况下，企业拿回的是应收款单，这就是企业在运营中最普遍的赊销行为。应收款虽然也是企业的销售收入，但不是现金，因此在账期之内无法记入现金流。企业必须严格控制应收款的占比和账期，否则很有可能会面对明明有钱，但现金流却断裂了的尴尬。

第四种是**盲目扩张和多元化**。盲目扩张和过度多元化是很多冒进企业会犯的错误。盲目扩张很好理解，就是节奏过快地扩大企业规模，在这种快速膨胀的过程中，企业只要出现一点儿差错，就会出现资金链断裂的风险。

多元化发展是一种扩张性战略发展模式，指的是企业同时进入多个领域或不同的行业进行发展。比如海尔集团的主营业务是家电，当拥有了一定的资源积累之后，又进入金融和房地产两个领域，将资源分配到了三个行业，此时就实现了多领域发展和风险分散。但多元化发展特别强调“度”的问题，如果企业在短时间内过度多元化，企业的人才和管理能力跟不上多元化的发展节奏，就很容易陷入资金困境，最后只能无奈地进行业务收缩，导致错过黄金发展时期。

第五种是**资本结构不合理**。资本结构是企业所有资金来源的比例关系，简单理解就是自有资金和借入资金的比例。一般情况下，企业负债比例越高，偿债风险越大，特别是当企业存在大量民间借贷时，企业现金流的稳定性会非常弱。

第六种是**承担过多的担保责任**。很多公司会同时为多家公司承担担保责任，但担保方本身是要承担风险的，如果被担保方违约，责任就会落在担保方身上。有不少公司就是因为承担了过多的担保责任，而给企业带来不必要的损失。

第七种是**外部环境的突然变化**。企业生存环境处于不断变化之中，而外部经济环境、政策环境、社会环境等的骤变也会直接影响企业经营和现金流情况。

练习：针对之前选择的创业项目，分析你将面对怎样的创业风险。

Q3：如何应对创业风险？

"心有猛虎，细嗅蔷薇"

追踪梦想的过程不会是一帆风顺的，面对创业路上的各种艰险，创业者该如何识别并防范呢？

首先，创业者要学会识别各种创业风险，强化自身风险识别意识。要认识到创业风险是客观存在的，它并不以人的意志为转移，对于伴随创业整个过程的各种风险，创业者必须强化未雨绸缪的意识，对各类风险进行识别和评估，制订出风险防范和管理计划。其次，对于不同类型的创业风险，创业者要事先设计出针对性的应对方案。针对 Q2 中的各类风险，本书建议创业者可以通过以下方式进行防范和管理。

如何应对人带来的风险？

人是创业过程中最复杂多变的元素，创业者本身的性格和能力会成为影响创业结局的因素。一个人的性格是很难改变的，但创业者需要做的是更细致地认识自己，并有针对性地进行自我性格完善。当然剖析自己的过程是痛苦而艰难的，而且性格的完善也需要很大的时间成本，那么，当性格难以改变时，创业者就要通过团队的力量来进行自我性格和能力的弥补。

创业者该如何选择团队成员并防范创业团队可能带来的风险呢？在主题 2 中我们已经学习了创业团队的组建和管理技巧，了解到创业团队的组建必须基于互补性的原则，团队成员的选择要考虑的不能是个人情感或亲密关系，而应该是成员在资源和能力上的贡献。此外，创业者在挑选团队成员时也可以通过观察其面对挫折时的态度，来更深入地识别成员的品质。观察其面对挫折与失败时，表现出的是一种积极乐观的正面情绪，还是充满抱怨和指责的负面情绪。创业者在创业道路上遭受的失败远比成功多得多，而身边的人如果相对积极，不断地释放正能量，对于创业者而言是一种无形的支持。

对于创业团队的稳固和管理，创业者也不能一味依靠情感，需要设置科学合理的股权结构。创业团队的初始股权绝对不能选用成员均分或一家独大的形式，成员均分是一种看似稳定实则最不稳定的股权结构，一家独大的结构既不公平也会影响成员的积极性。企业股权的分配一定要与项目的特性挂钩，如果项目的科技含量较高，技术总监（CTO）的股权自然要大，如果项目是以内容为核心，首席内容官（CCO）的股权自然要高，这也是对优势资源的尊重。

如何应对项目带来的风险？

对于项目中隐藏的风险，创业者能够做的就是细致调查与大胆创新。

项目是否存在违法嫌疑，是否存在违反当地公序良俗的情况，创业者只能通过实地调查来确定。同样，验证项目价值主张是否成立的方法也是客观、细致地调查与走访。创业者可以通过实地观察、个别询问等方式了解同类项目的市场表现，借助试销的方式测试项目的市场需求。在验证项目实际价值的过程中还必须与目标顾客、同行竞争者、原料供应商、渠道分销商等行业相关角色进行积极沟通，以尽量多地了解行业的竞争情况。

在项目商业模式设计方面，创业者需要做到大胆创新，尝试通过差异化的定位创造新的类别，并成为全新类别中的第一。在决定如何推动一个项目之前，创业者必须要明确自身项目的定位和企业的定位，而且这个定位应该是差异化的。有不少创业者习惯性地扮演行业追随者的角色，喜欢跟在行业“大咖”身后，“大咖”做什么，他就做什么，这种追随者的定位不是不行，但有一个残酷的现实是，追随者无论如何努力也不可能成为领导者。可能有些人认为：“只要我拼命努力把产品做好，总有一天会超越别人，成为领导者的。”但事实是，在绝大多数消费者眼中，市场“老大”就是最好的，如果你不是市场的领导者，就算你的产品质量确实很好，也很难获得消费者的普遍认可。

对于大学生创业者来说，如果不能在现有的某一行业成为第一，那就争取创造出一个类别，并成为该类别的第一。例如，姜宜良推出的“遇·岛”，就开辟了国内海岛旅游服务这一全新领域，也毫无疑问成为该领域的第一。而在项目商业模式的整体设计方面，创业者务必要在充分了解各类商业模式运行特点的基础之上大胆融合、开拓创新。创业者要记住，创新的基础是积累，当脑中积累了足够多的商业模式之后，自然会产生灵感和获得启发。

如何应对管理带来的风险?

创业者在企业经营过程中不可避免要与内部员工，外部供应商、分销商、同行竞争者等产生这样或那样的联系，如何处理与各个利益群体之间的关系，合理地对企业进行管理，也是决定企业能否获得持续性发展的关键。

面对企业内部的管理问题带来的风险和隐患，创业者可以通过打造积极的企业文化、设置科学的管理制度等方式进行防范和避免。

对于外部相关利益群体可能会带来的风险，企业则可以通过积极的公关，打造高品质的企业形象。创业企业公关的方法有很多，例如，2012 年陈欧为聚美优品拍摄的“我为自己代言”系列广告就起到了很好的效果，在社会中掀起了“陈欧体”风潮。公益性公关也是比较有利于打造企业形象的一种方式，大学生创业者也许没有足够的资金推行大规模的慈善活动，但将力所能及的公益与慈善融入企业的各项活动之中，也能够为企业起到很好的加分效果。

面对产业链上下游的“牵制”，创业者可以尝试在经营前期通过让利等方式吸纳更多供应商和分销商进入企业的战略联盟体系，经营后期就可以通过一体化发展战略[①]来弱化产业链各个环节的压制。

如何应对环境带来的风险?

创业者必须正视创业环境的动态变化性，在平时工作和生活中养成时时关注各界新闻的习惯，要不断更新关于社会新闻、商界资讯、政府政策、科技发展等各个领域的信息，让自己时刻处于时代的“浪尖”。对于信息的获取，创业者不仅可以借助移动网络平台，更可以借助“圈

---

① 一体化发展战略是指企业充分利用自己在产品、技术、市场上的优势，根据物资流动的方向，使企业不断向深度和广度发展的一种战略。

子”的力量，要有意识地编织自己的社会关系网络，并维系好与网络中各个节点的关系。

对于行业中可能出现的恶意竞争，创业者可以尝试加入行业联盟，利用联盟的力量化解一些矛盾。抵御行业竞争，特别是某些恶意竞争的最佳方法，不见得是一味退让或直接冲突，在商场中圆滑练达也是一种必要的才能。

如何应对技术带来的风险?

本书反复强调，技术是提升项目壁垒的最有效因素。面对技术可能会为创业者带来的风险，可以通过以下四种方式来进行防范和管理：

第一种是在企业中建立专利信息管理制度。如果企业的产品或服务涉及比较前沿的科学技术，那么就有必要在企业中设置专门人员或部门，对企业发展过程中涉及的相关技术进行搜索和跟踪，及时了解各项技术的发展情况，既有利于自身产品的完善，也可以避免出现侵犯他人专利的情况。

第二种是组建技术研发小组或联盟。目前，很多创业企业都是通过授权的方式获得专利技术的使用权，但在技术的储备方面完全依靠授权存在一定风险。创业者在有能力的情况下还是要组建自己的研发小组，或是通过联盟的方式获取技术力量，以“自研”与“授权”相结合的方式，弱化技术垄断的风险。

第三种是聘用有经验的专业技术人员或法律顾问。如果创业者手上的项目涉及一些专利授权的问题，还是建议聘用有经验的专业技术人员或法律顾问来处理法律方面的事务，不要为企业留下法律隐患。

第四种是在特殊时期启动“专利权无效宣告程序”。如果创业者在经营过程中已经被控告侵权，可以通过启动“专利权无效宣告程序”的方式为自己争取一点机会。专利权是国家知识产权局依据法定程序审批产生的，而在审批过程中，对于实用新型专利与外观设计型专利，采用的是初步审查制度，同时还有一些主、客观原因，使得已经批准的专利权中有存在不符合我国专利法规定的可能。这种情况下，为了确保社会公众的利益，各国专利法都规定了补救措施，即“专利权无效宣告程序”。如果企业认为目前的这项专利不具有新颖性或属于公知技术（设计），根据《专利法》规定，可以向专利复审委员会提出专利无效宣告申请。而在复审期间，法院是不可以对企业做出裁决的。

由于知识产权问题相对比较复杂，创业者在创业过程中如果涉及专利权问题，一定要做到四步：第一步是确定专利归属；第二步是明确专利的价值与期限；第三步是与专利权人谈判，并签订专利许可合同；第四步是跟踪专利的转让及专利权放弃的情况。

如何应对资金带来的风险?

创业者在资金方面的风险主要表现在融资和现金流两个方面。面对融资过程中的众多陷阱，创业者可以通过以下三件事来弱化风险：

第一件事是搞清楚自己是否需要投资机构的钱。绝大多数创业者在创业初期都是缺钱的，但创业者要想清楚这笔钱是否一定要找投资人要。如果创业者只是想跟投资人要钱，却说不清楚要多少钱、要来干什么，那就最好别向投资人伸手。因为投资人不是慈善家，他们是要讲究投资回报的。其实，在投资界有很少投资人在看到不错的创业项目时会和创业者说：“你的项目不错，你们现在也做得很好，我觉得你没有必要用投资人的钱。”听到这话，很多创业者会认为这是投资人委婉地拒绝，但其实这恰恰是投资人善意的提醒。当然，如果创业者看中的不是投资人的钱，而是投资人背后的资源，那就另当别论了。

第二件事是与专业天使投资人建立联系。天使投资人与风险投资人不同，风险投资人背后是一整套风险投资体系，体系中包括上游的出资人、中游的投资公司和下游的创业企业，投资人不仅要向出资人交代，更要为投资公司赚得充足的投资回报，所以他们会“压榨”创业公司。而天使投资人的投资通常用的是“闲钱”，数额一般在几十万元到几百万元之间，与风险投资人相比，天使投资人更愿意关注有想法的初创公司或有创意的小项目。如果创业者无论如何都是缺钱的，而且也无法通过银行贷款、亲友筹借等方式得以满足，那就可以尝试与天使投资人联系。不过，创业者必须记住，只要是投资人都是趋利的，天使投资人可能在“死亡谷”拉你一把，但不代表你就可以“以命相许”，天使投资人的选择和合作方式同样有讲究。创业者一定要选择有丰富经验的天使投资人，特别是创业经验，只有这样的人才会知道你在创业的不同阶段最需要哪种帮助。此外，在与天使投资人谈合作的过程中，出让的股权一定控制在20%以内，如果创业者在天使轮出让的股权过多，几乎是不可能走到风险投资阶段的。因为，风险投资人都比天使投资人苛刻，即使创业者的项目很对投资人的胃口，一旦他们知道创业者在之前已经出让了大量的股权，是绝对不会接盘的。因为，那意味着在占有相同股权的前提下，他们要投入更多的资金①。

第三件事是尝试选择可转债式融资。面对企业的融资难题，创业者也可以通过可转债式融资的方式弥补资金缺口。可转债式融资是一种介于债务融资和股权融资之间的融资方式。顾名思义，可转债式融资首先是“债”，可转债投资人是以债务协议的形式将钱借给公司，“可转”就是投资人有权将“债”转换为公司股权，但转换之前，投资人是公司的债权人而非股东。一般情况下，可转债投资人会在公司第一轮正式融资时将可转债的本金和利息转换为公司的优先股。相较于传统意义上的投资，可转债式融资能够在很大程度上保护创业者。首先，避免了过早地给公司估值。对于初创公司，由于里程碑事件②相对有限，在估值时自然不占优势，企业价值会估得较低，如果直接进行股权形式的融资，对创业者股份的稀释会非常严重。但当通过可转债式融资获得资金后，企业可以通过新业务的发展获得一些实质性的成绩，自然可以提高企业的估值。其次，可转债式融资的手续比较简单，协议的内容更好理解。一般情况下，可转债式融资的融资条款相对明确，最终的交易法律文件也不会太过复杂，整个流程都比较简单。最后，通过可转债式融资，创业者可以更好地掌握公司的控制权，在转债融资之后，公司的董事会席位并不会发生变化，仍然由创业者控制，因为可转债投资人是不需要董事会席位的，他们只是公司的债权人，只要公司能够盈利，他们并不在乎公司能否上市，这一点与投资人完全不同。对于投资人，特别是风险投资人来说，衡量一项投资是否成功的标准只有IPO和M&A（并购）。从这个角度上看，可转债投资人给了创业者更大的空间。

其实，不仅是创业者，对于投资人而言，采用可转债式融资的方式投资一家公司同样是有好处的。首先，可转债式融资可以帮助投资人规避创业公司的知识产权的问题、金融

① 企业的每一轮融资都会涉及估值的问题，天使轮的企业估值一般偏低，而到了风险投资的阶段企业估值就会越来越高。

② 里程碑事件是指对于企业估值有着重要意义的事件，如新产品的开发、产品的上架、新业务的推广和品牌的市场认可等。

环境的变化等阶段性法律风险。其次，可转债投资人拥有“资产处置优先权”，如果公司在股权融资之前破产，可转债投资人可以在公司股东之前处置公司资产。最后，可转债式融资比较节省时间、人工等，投资人还可以获得转股的价格折扣。所以，投资人并不排除以这种方式投资企业，只要创业者拥有一定的谈判技巧，完全可以将天使投资人或风险投资人转变为可转债式投资人。

关于创业者在企业经营过程中面对的现金流断裂的风险，创业者可以针对导致现金流断裂的各种原因，设计针对性的应对方案。方案的具体内容取决于企业的客观经营情况，但整体上要保证四点：第一点是筹资金额要算准；第二点是现金规划要细致，企业每个月的现金收入与支出情况要非常细致，不能出现大额的“其他”；第三点是资本结构要合理，资本负债率控制在40%～60%；第四点是扩张节奏要合理，不要出现盲目扩张的情况。

练习：请结合Q2练习中提出的创业风险，给出针对性的应对策略。

Q4：大学生创业者会面对哪些风险？

幼稚的心灵PK宏伟的梦想

大学生作为青年群体中的优秀代表，有相对丰富的知识储备和火热的激情，面对充满挑战的创业道路自然会表现出无比憧憬。但创业对于大学生而言，是一种巨大的挑战，在这个逐梦的过程中，大学生创业者要面对更多的风险。

风险一：缺乏创业技能

创业技能是一种综合性的能力，包括识别及捕捉商机能力、运筹决策能力、沟通交际能力、实际执行能力、组织领导能力、战略规划能力等多个方面，这种能力无法仅通过传统的学校学习而获得，而是通过多年的社会历练沉淀下来。大学生创业者具有很高的创业热情，但往往存在眼高手低的情况，当创业计划转化为实际操作时，才发现自己存在多方面能力的欠缺。有一部分大学生创业者面对现实的挫折时选择理智地接受并调整心态，接受创业道路上的各种挑战，利用挑战锻炼自己。而有的大学生创业者在面对挫折时选择放弃，曾经的创业梦想变成了纸上谈兵。目前，创业技能的缺乏是制约大学生创业成功的重要因素，也形成了一种独特的创业风险。

风险二：盲目选择项目

大学生创业者在选择创业项目时存在一定的盲目性，这就出现了“项目”这一维度的创业风险。很多大学生创业者往往仅凭自己的兴趣和想象就确定创业的方向和具体的项目，有一些项目只是来自课堂讨论或一时的突发奇想，或者是来自学校的某些科研项目。对于大学生创业者而言，选择这样的项目并非不可，但后期必须要经过充分的市场验证。问题是，很多大学生创业者在推算项目的商业价值时往往缺乏必要的市场调研和论证，单靠一腔热情便带着幼稚的创业项目走上创业道路。这样的项目选择本身就预示着风险和失败。大学生创业者在确立创业项目之前，必须扩大自己的信息储备量，了解各个领域的发展前沿，并在三度交际法则的基础之上进行项目的挑选。

风险三：融资渠道单一

相较于拥有一定社会经验的创业者而言，大学生创业者在创业道路上还面对着融资渠道单一的问题，融资风险更大。在众多融资渠道之中，大学生创业者可以借助的却非常有限，绝大多数的大学生创业者在创业起步期都是通过自筹和亲友筹借的方式获取资金，能够拿到银行贷款或天使投资的屈指可数。即使能够获得天使投资，社会经验浅薄的大学生创业者也不知道该如何与投资人进行博弈，基本上都是被动受控的状态，资金上的短缺往往会导致最终企业控制权的丧失。所以，融资渠道狭窄也迫使大学生创业者不得不面对更为严峻的创业融资风险。

风险四：社会资源匮乏

社会资源匮乏也是大学生创业者在创业过程中面对的一个较为突出的问题。大学生的社会关系网相对单薄，社交圈主要集中在亲人、同学、朋友之中，而企业创建、市场开拓、产品推介、企业筹资等工作都需要创业者调动大量的社会资源，大学生创业者在这方面是比较吃力的，如果盲目寻找合伙人又很容易陷入商业诈骗等创业风险之中。缺乏社会资源的大学生在正式走上创业道路之前应该做好充分的前期准备，不见得大学毕业就马上开创企业，可以先到自身比较感兴趣的行业之中，以打工者的身份进行历练，并积极积攒人才、信息、技术等社会资源，当时机成熟再放手一搏，这样不仅能在创业资源上有所保障，在创业能力上也能有所提升。

风险五：管理能力薄弱

在正式走入社会之前，大学生创业者的生活圈子都比较单纯，主要时间都是在学校学习，而且学习内容也比较单一，即使在大学中会接触更多知识，也是集中在某一个专业或某一项技术上面，绝大多数大学生对于该如何管理真实的企业、如何培养员工、如何打造企业文化、如何管理财务工作等都是一头雾水。缺乏基本的企业管理能力，也是导致很多大学生创业企业夭折的重要原因。管理能力的提升并非一朝一夕可成之事，创业者不仅要掌握一定的管理知识，更要在实际磨炼中深化自己的管理认知，提升管理能力。

风险六：存在认知误区

与其他类型的创业者相比，大学生创业者存在一个最为严重的问题，那就是对于创业这件事存在认知上的错误，这种认知上的错误主要表现在以下九个方面：

一是总想找到最赚钱的项目。很多大学生创业者向企业家咨询的第一个问题就是“什么项目最赚钱”，这本身就暗示着一种认知上的错误，项目的收益是与风险及创业者的付出相匹配的，收益高的项目通常风险也大，需要的资源也多，大学生单薄的社会资源难以承受，而且创业者在寻找创业项目时不能只看项目的收益而忽视项目与自己的匹配性。

二是所有的事情都自己干。有很多大学生创业者缺少组建团队的意识，在创业的过程中大大小小的事情都自己干，擅长的事情自己干，不擅长的事情也是自己干。这种做法不仅会耗尽创业者自身的精力，也不见得能把事情做好。

三是过于理想化，不切实际。有不少大学生创业者在寻找创业项目时抓到一个方向，就规划着要做全业务的创业项目。例如，创业方向选定在宠物服务行业，就将自己的创业方案设定为五年之内发展为覆盖宠物繁殖、宠物销售、宠物医疗、宠物美容、宠物殡葬、宠物训练及相关产品销售的全产业链企业，这种创业规划看似展示出强烈的野心，实则是好高骛远、不切实际的。

四是急功近利。大学生创业者社会阅历较浅，对于创业有时想象得过于简单，总认为创业就一定会赚到钱，眼睛里只看到马云、俞敏洪这些成功的企业家，耳朵里听到的也都是哪位大学生创业者的项目成功了、哪个大学生创业公司上市了的好消息，对于创业的结果总有一种理想化的认定。而当自己的项目没有如预期发展时，就很快展现出一种焦躁情绪，处理问题时考虑不周全，也无法对面前的风险进行准确评估，结果就可想而知了。

五是认为拥有技术优势就等于创业的成功。其实，相较于其他类型的创业者，大学生创业者确实比较容易接触先进技术，但掌握了某项技术专利并不意味着创业的成功，那只是一个非常基础的条件。因为技术能否转化为产品是需要时间验证的，即使技术能够转化为产品，这项产品能否转化为具有商业价值的商品也是需要时间验证的。所以，拥有了某项专利技术只是创建一家科技型企业的基础，它并不能决定企业会成功。

六是认为复制成熟的商业模式就一定能成功。有些大学生创业者自认为已经了解了足够多的商业信息，也接触了不少新颖的商业模式，就跃跃欲试将在某个国家或某个行业运行成功的商业模式原封不动地复制过来，天真地以为可以收获同样的财富。但所有的项目和商业模式都只是适用于特定的环境，简单地照搬照抄只会换来失败的结局。陈欧在回国后的第一次创业是搭建了一个名为 Reemake 的游戏广告平台，当时他就是简单复制了在美国已经比较成熟的商业模式，但这套模式进入中国之后却出现严重的水土不服，八个月的时间就宣告失败。所以，喜欢简单的模仿和复制，认为别人运行成功的商业模式自己一定也能运行成功，这也是大学生创业者面对创业存在的一个典型的认知错误。

七是认为创业大赛的成功就代表着创业的成功。现在很多大学生都热衷于参与各级各类的创新创业竞赛。毫无疑问，竞赛确实是一个可以提升大学生创业能力的途径，但竞赛的成绩并不代表着创业的成绩。有些大学生创业者在创业大赛中拿到了很好的成绩，就自信满满地认为自己可以获得创业的成功。大学生创业者在参加各类竞赛的过程中面对的是评委，但进入社会之后面对的是客户，这是两种不同的群体。大学生创业者的创业策划书再完美，仍然是纸上谈兵，真正拿到市场上进行验证时要经历很多无法预见的困难。所以，简单地将创业竞赛成绩等同于创业成绩，也是一种幼稚的认识。

八是认为好朋友就能组建好团队。大学生创业者在组建创业团队时很容易受到情感的影响，会习惯性地将同学和朋友拉入团队之中，但无数的案例告诉我们，亲朋好友组建的创业团队最终多是分崩离析的下场。

九是认为拿到了投资就意味着成功。很多大学生创业者总是认为在创业道路上最难的一关是拿到融资，而当他们拿到第一笔投资之后，就欢欣雀跃地认为创业已经成功了大半。而实际上，获得投资只是意味着创业者的项目和团队得到了投资人的认可，它只是一个开始，而且创业者会发现，随着项目的推进，投资人的钱很快就花完了，这件事并不能证明创业的成功或失败。

以上九种认知上的错误是普遍存在于大学生创业群体之中的，这种认知上的错误会形成一种隐形的风险，随时威胁着创业事业。

大学生创业者是一个既有优势又有劣势的创业群体。面对摆在面前的各种创业风险，大学生创业者可以通过“奇、轻、快、变”四字真诀来应对。“奇”指的是定位要奇，集中优势资源服务细分市场；“轻”指的是学会利用外包等方式减轻企业负担，分散风险；“快”指的是快速行动，抢占先机；“变”强调的是要时时了解环境的变化，并及时做出反应。

学习总结——请用最简练的语言写下你的答案。

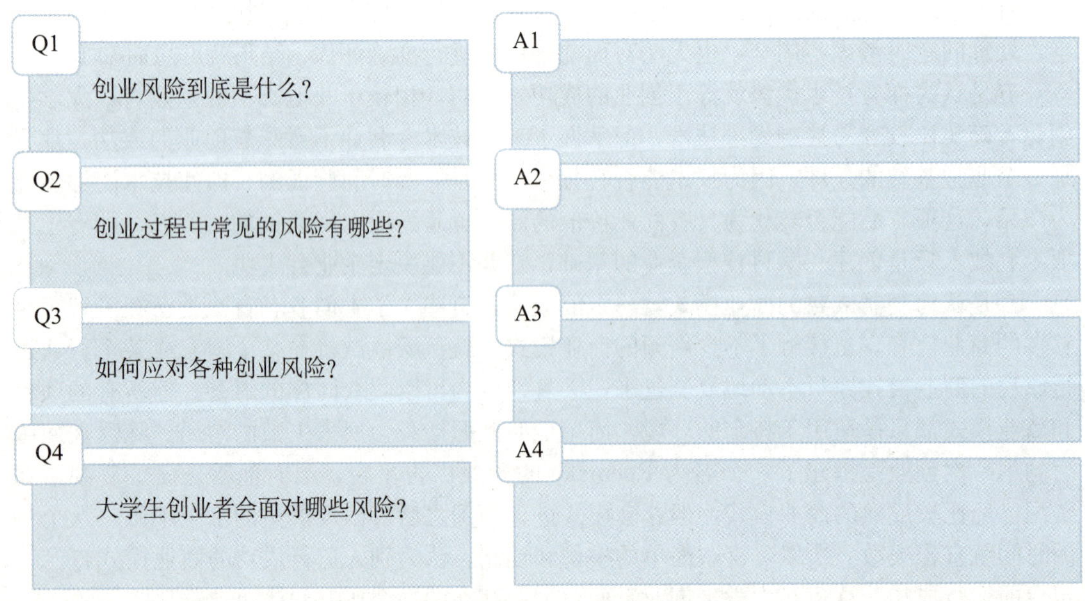

创业者档案

姓　　名： 俞敏洪
国　　籍： 中国
籍　　贯： 江苏江阴
毕业院校： 北京大学
主要成就： 创办新东方教育科技集团

俞敏洪，新东方教育集团创始人，英语教学与管理专家，担任新东方教育集团董事长、洪泰基金联合创始人、中国青年企业家协会副会长、中华全国青年联合会委员等职。

经过两次高考落榜后，1980 年俞敏洪考入北京大学西语系，大学毕业后留校任教。1988 年，俞敏洪计划出国留学，但由于美国开始对中国紧缩留学政策，其留学计划搁浅。无奈之下，为了赚钱，俞敏洪约王强等同学在校外办培训班赚课时费。1990 年，北京大学对俞敏洪私自办学的行为给予了处分。1991 年，俞敏洪从北大辞职，在培训学校打工，并逐渐萌发自立门户的念头。1993 年，俞敏洪正式创办北京新东方学校。1995 年，新东方的学生已经达一万五千人。随后，王强和同为北大教师的徐小平加盟新东方，三人号称新东方的“三驾马车”。2003 年，新东方教育集团正式成立，俞敏洪身兼董事长和总裁职务。2006 年 9 月 7 日，新东方在美国纽约股票交易所正式挂牌上市。

2009 年，俞敏洪获得 CCTV 年度经济人物，颁奖词中这样形容他：“一个曾经的留级生，让无数学子的人生升级；他从未留过洋，却组建了一支跨国的船队。他用 26 个字母拉近了此岸和彼岸的距离。胸怀世界，志在东方。”

2014 年 11 月 26 日，俞敏洪携手华泰联合证券前董事长盛希泰共同创立洪泰基金，通过这支天使基金的资本力量，支持互联网教育创新，扶持更多年轻人走上创业道路。

2018 年 10 月，俞敏洪入选中央统战部、全国工商联《改革开放 40 年百名杰出民营企业家名单》。2019 年 11 月，他被评为杰出社会企业家。2020 年 3 月，他以 200 亿元人民币财富名列《2020 胡润百学·全球教育企业家榜》第 6 位。

主题7

创业策划

Q1：创业策划书是一本什么“书”？
Q2：创业策划书里都有什么？
Q3：怎样设计出“有趣”的创业策划书？
Q4：如何展示你的创业策划？
Q5：设计创业策划书时要注意哪些问题？

Q1：创业策划书是一本什么“书”？

是创业想法的说明书

当创业者确定了自己的创业项目，也明确了项目的发展模式之后，就需要将整体创业想法以白纸黑字的方式展现出来，一本好的策划书可以像“饵”一样为创业者“钓”来高价值的投资人与合作者。

创业策划书是创业者为了展现项目价值及企业发展潜力而撰写的书面文件。策划书中一般会包括执行概要、企业介绍、市场分析、产品介绍、商业模式、营销设计、财务分析、风险分析、组织结构等内容。通常情况下，创业策划书的篇幅不宜过长，要保证重点突出、详略得当，并针对投资者的侧重点给出倾向性的表述。①

创业策划书的设计与撰写，对于创业者而言是一项非常重要的工作，它能够起到以下四个方面的作用：

首先，帮助创业者厘清创业思路。绝大多数创业者在撰写创业策划书时会参照一些模板，而模板一般都会包含产品介绍、市场分析、营销设计、财务分析、风险分析等内容。创业者在做“命题作文”时，不得不就产品的市场价值、潜在风险、竞争强度等问题进行深入调查，而这就是一个再次验证创业想法、厘清创业思路的过程。

其次，更细致地展现创业想法。在完成创业策划书之前，创业者的很多想法，例如产

① 创业策划书的主要作用在于社会资源的获取，主要的阅读者是各种类型的投资人，所以创业者在设计策划书时要针对投资人比较关注的股份分配、盈亏平衡点、风险分析等内容给出重点解答。

品特色、商业模式、营销设计、发展规划等都只停留在自己的脑中，无法具体地、清晰地向团队成员及投资人展示，而一本细致的创业策划书则可以让更多人了解有关创业项目的更多信息。

再次，成为各个阶段具体行动的指导。创业策划书不仅可以帮助创业者厘清思路，帮助团队成员统一认识，帮助投资人了解项目，更可以成为创业团队后期各项工作的指导。创业策划书中的“发展规划”环节，就包含了企业创立5年，甚至10年的发展重点和目标，可以为创业团队各个阶段的行动指明方向。

最后，为创业团队吸引高价值的投资人与合作者。创业策划书最主要的阅读者就是投资人，一份“合适”的创业策划书可以成为创业者自我推销的工具，为企业创造向投资人、供应商、商业伙伴、技术人才展示自身的机会。

Q2：创业策划书里都有什么？

项目的价值和企业的未来

创业策划书有很多种形式，例如研究报告式、图片解答式、漫画推演式、视频解说式等。无论哪种形式的创业策划书都是要解答类似的问题，如企业的产品是什么、行业的竞争情况如何、能否实现盈利、存在哪些风险……

一份专业的创业策划书通常包含十二项内容，分别为执行概要、企业介绍、管理团队、产品（服务）介绍、行业分析、营销策划、生产计划、财务分析、融资计划、组织结构、风险分析和附录（或备查资料）。

执行概要

执行概要也称执行总结，是创业策划书整体内容的提炼。执行概要是创业策划书中非常重要的一个环节，绝大多数的投资人在拿到创业者的策划书后都会首先翻看策划书中的执行概要，以迅速了解项目的基本情况。所以，创业者必须认真对待策划书中的这一部分。执行概要有两种常见的格式，分别为提纲性执行概要和描述性执行概要。

提纲性执行概要结构简单、开门见山，让人一目了然，让投资者能够立即了解到项目的主要内容。提纲性执行概要的每一段基本上就是商业策划书中每一部分的概括，各个部分在执行概要中所占比例基本相等。

与提纲性执行概要相比，描述性执行概要对撰写者文字功底的要求很高，创业者要在概要中为投资人讲述一个“动人的故事”。描述性执行概要既要传达所有必要的信息，激发投资者的兴趣，又不能夸张，要写得恰到好处。描述性执行概要特别适用于需要语言描述的新产品、新市场、新技术等。描述性执行概要的重点是调动投资者对企业的情绪，激发投资者对企业和项目的投资热情。

企业介绍

创业策划书中的这个部分是对创业企业的基本情况进行介绍，主要包括企业简介、企业文化、产品特色、发展规划等内容，有时也会涉及组织结构及管理模式等。

一般情况下，企业简介中会包括企业名称、组织形式、主营业务、经营目标、竞争优势等内容。企业文化[①]中则需包括企业理念、宗旨、商标、口号等。此外，企业的产品特色和未来的发展规划也可以在这个部分有所突显，以帮助读者更快了解企业的独特性与发展潜力。

处于不同阶段的创业企业撰写企业介绍的侧重点是不同的。例如，处于种子期或初创期的企业，如果目前只拥有一个商业创意，则应重点介绍创业者的社会经验、创业追求以及创意的来源等。如果企业处于成长期，并且拥有了比较成型的产品和稳定的市场，那么就要对企业的历史情况、现在的经营状态和未来的发展规划进行介绍，在经营企业的过程中创业者形成的各种经验和认识，都可以在这个环节进行体现。

企业介绍这个环节其实就是在回答五个问题：企业是做什么的？计划（已经）怎么做？想做成什么样？之前做得怎么样？是否具有一些代表性的成绩？如果能够用简明扼要的语言回答这些问题，创业者就可以在战略合伙人或风险投资人那里得到一个不错的印象分。

管理团队

管理团队是投资人非常看重的要素。有些创业者在撰写创业策划书时会将管理团队的介绍放到比较靠前的位置，也有一些创业者会在策划书的最后给出管理团队的介绍，对于它在策划书中的位置并没有严格的规定。创业者在介绍管理团队时，一定要展现管理团队结构、管理能力、职业道德与素质。

如果创业者在撰写创业策划书时没有为组织结构[②]设置独立的描述模块，则可以在管理团队这个环节引入组织结构的介绍，给出清晰明了的组织结构图，各部门的功能和职责，各部门的负责人和主要成员，公司的薪酬体系等。以企业的组织结构引出管理团队的结构。如果企业具有一定规模，还必须对企业的董事、高级职员、管理人员的职权分配及薪金情况进行介绍。此外，还要着重介绍管理团队中核心成员的工作经历、社会阅历、商业资源等内容，以增强投资人对于团队竞争能力的信心。

无论是投资人还是战略合伙人都非常看重创业管理团队的质量，他们不仅要考虑管理团队中各个成员的社会经验和资源筹集能力，更要评价成员之间能力、性格、资源等方面的互补性。所以创业者在对管理团队进行描述时，要在客观、真实的前提下，强调团队的竞争性、互补性和持续性。

---

① 企业文化也称为组织文化（corporate culture/organizational culture），是一个组织由其价值观、信念、仪式、符号、处事方式等组成的其特有的文化形象。

② 组织结构是组织的全体成员为实现组织目标，在管理工作中进行分工协作，在职务范围、责任、权利方面所形成的结构体系，是组织在职、责、权方面的动态结构体系，其本质是为实现组织战略目标而采取的一种分工协作体系。

产品介绍

在进行投资项目评估时，投资人最关注的问题之一就是企业产品的特色与质量。企业产品是一个相对广泛的定义，它既包含实体化的商业产品，也包括虚拟化的服务。例如，我们可以说手机开发运营商提供的手机是一种产品，也可以说金融投资机构向客户提供的金融理财服务是一种产品。衡量一项产品的实际商业价值的基础是“它在多大程度上解决了现实生活中的问题”。

专业的创业策划书关于产品介绍的笔墨是相对较重的。产品介绍中通常包含产品的名称、产品的功能、涉及的专利技术、产品的特性、目标客户群体和市场前景预测等。如果是服务类的产品则应该对服务的基本功能、运营模式、核心特点、目标客户群体、可行性分析等内容进行描述。对于涉及专利技术的产品（服务），则有必要对技术的发展阶段、成熟度、专利权归属、发展前景等内容进行介绍。而且要使用通俗易懂、简明扼要的语句，切忌用过于专业和晦涩的词句来描述产品特性及技术。在产品介绍环节，创业者可以加入一些直观的图片、数据、链接等元素，以更好地展示产品的结构、功能、用户体验等内容。

合格的产品介绍应该明确回答四个问题：第一，这个产品是什么？第二，这个产品有什么用？第三，这个产品的特点（卖点）是什么？第四，这个产品是否是现实的？产品介绍能否回答上述四个问题，直接影响投资者对项目的判断。

行业分析

与产品介绍一样，行业分析也是创业策划书中分量较重的一个环节。完整的行业分析应该包括三个层面，分别是宏观层面、中观层面和微观层面。

宏观层面的分析主要是围绕国家政治、经济、法律、人文、科技、生态等宏观环境，分析工具一般采用 PEST 模型。由于宏观环境涉及的信息庞大而繁杂，创业者在策划书中没有必要面面俱到地进行介绍，只要将与项目密切相关的信息提炼出来即可。在表述语言的设计上，同样要简练、通俗。

中观层面的分析则是进入到行业领域，创业者要对企业所属的行业进行全面分析，分析工具可以选择使用波特五因素模型，从行业现有竞争强度、行业潜在进入者的威胁、替代品的威胁、供应商的议价能力、消费者的议价能力五个方面分析行业未来的盈利潜力和竞争态势。

微观层面的分析主要是针对与自身企业实力相当的竞争对手，重点研究竞争对手的产品特性、竞争优势、技术储备、资源供给、服务特点、管理模式、发展战略等内容，在对比中明确自身的竞争优势与劣势。

行业分析是一个比较“烧脑”的部分，很多创业者会选择在三个层面的分析结束之后，再为投资者奉上一段自身竞争实力的展示，在对比分析中特别强调自己在现有行业中的竞争优势，以强化投资人对于企业的信心。

营销策划

营销策划通常是创业策划书中最具巧思的环节，而且这部分内容分量也是很重的。一般包括市场定位、营销战略、产品特色、定价策略、渠道选择、促销方案等。相对完整的营销策划包括两大块：第一块是目标市场的分析与确定，第二块是整体营销方案的设计。

创业者在目标市场的分析与确定环节可以采用 STP 模型，先以年龄、职业背景、经济条件、消费特性等标准对现有市场进行划分。再对各个细分市场的开发潜力进行分析，而后结合自身资源优势选择目标市场。确定目标市场之后，针对消费者的消费倾向与喜好开发产品（服务）的特性与创新点。

在整体营销方案的设计方面，创业者则可以依据 4P 理论，从产品特性的挖掘、产品定价策略的设定、销售渠道的选择、促销方案的设计四个方面切入介绍。营销方案的设计要遵循创新、具体、实际、灵活四项原则。方案整体的各个环节都要体现出与众不同的风格，切忌照搬照抄同类产品的营销模式，一定要在行业现有营销手段的基础之上实现创新，要更多地引入微博、微信、直播等新媒体营销形式，在营销方案中展现互联网的元素。此外，创业者在设计营销方案时也不可为了追求创新而一味地给出天马行空的假想，要注意各个环节的实际落地性，要保证营销方案在创新性与可行性之间实现完美统一。同时，这部分的语言要尽量具体，不要只简单地说"要依靠微信进行产品宣传"，要详细介绍"如何利用微信进行宣传"。

生产计划

如果创业者即将开办的企业中包含生产环节，则需要对生产环节的整体设计进行详细介绍。创业策划书中的生产制造计划是要让投资者了解产品的生产经营状况。在这个部分要尽可能将产品的生产制造及经营过程展示给投资者，可以利用生产流程图或数据表，展示形式越直观越好。

创业者在撰写这部分内容时，至少要包含五个方面问题及答案。

问题一：公司对于厂房和生产设备的需求是怎样的？已经在多大程度上满足了硬件方面的要求？

问题二：公司现有的生产技术能力水平如何？是否已经具备了相应的技术人员？

问题三：公司是否具备生产质量控制与管理的能力？是否打算设置专门的产品质量管理部门？

问题四：公司在未来一段时间的生产计划是怎样的？软硬件方面的需求是否存在短板？

问题五：对于生产计划，公司是否已经设置了对应的物资供给计划？在多大程度上建立了原材料供应关系网？

如果公司在产品的生产环节选用的是外包模式，则必须将具体的外包企业名称及选择的依据告知投资人，以增强投资人的投资信心。

财务分析

财务分析是对创业策划书中所有定性描述进行量化的过程，它的质量直接影响投资人对项目价值的评估，进而明确投资意向。在创业策划书中，创业者有必要给出企业在未来3～5年的财务规划，具体内容包括经营条件假设、财务预算、融资计划三个部分。

经营条件假设指的是创业者在创办企业的过程中对人才、财力、物资等各方面资源的需求。其中，人才资源包括管理人员、技术人员、基层工作人员等。财力资源包括现金、贷款、股本等。物资资源主要表现为企业的有形资产，按照流动性可以划分为流动资产和非流动资产，流动资产是在一年或一年以上的一个营业周期中可以变现的资产，如原材料、库存商品等；流动资产以外的有形资产或无形资产均属于非流动资产，如机器设备、办公桌椅、商标权、专利权等。

财务预算指的是创业者在对企业未来的发展做出合理预测的基础之上进行的财务测算，主要包括资金需求、融资额度、预期收支等。这部分内容通过编制预计的资产负债表、损益表、现金流量表等来展现。资产负债表将“资产”、“负债”和“股东权益”三大交易科目合并为“资产”和“负债及股东权益”两大区块，帮助创业者更直观地了解企业的财务状况。损益表反映的是企业未来的盈利状况，包括销售收入、毛利、管理费用、营业利润、财务费用和净利润等内容。现金流量表反映的是企业未来的现金流动，能够帮助创业者更清晰地掌握企业运营各个阶段的现金流动情况。

制定财务预算时务必遵循以下原则：

第一，财务预算要立足于真实的市场调研，不可凭空瞎想，产品是否能够得到市场的认可，决定了企业资金回流的可能与速度，所以，创业者在编写财务预算之前必须亲自走入市场，了解消费者对于产品的真实态度和评价。

第二，财务预算要奉行“长粗短细”原则，即长期财务预算可以简略一些，但近期预算要尽量精准、详细。这主要是因为企业所处的环境会不断变化，这时制定详细的长期预算就是一件没有实际意义的事情，而近期的预算必须详细，以作为创业者生产运营的指导。

第三，财务预算要建立在对企业生产、营销、人员管理等环节的透彻理解之上，制定财务预算之前，必须明确企业产品的产量、预计销量、产能扩张期、单位产品生产成本、单位产品定价、渠道维护费用、人工成本等数据，切忌盲目制定预算。

有一些创业者会将融资计划放到财务分析环节中，融资方案是根据创业计划、创业项目、产品的特点，依据创业团队的优势，结合财务风险分析和财务风险控制的计划所编写的，一般而言包括整体融资额、融资时间、融资对象、融资方式、融资用途等内容，下文会进行专题介绍。

综上所述，财务分析是创业策划书的重要组成部分，它表明企业所需的潜在投资承诺，展现创业计划在经济上的可行性，是银行类金融机构比较看重的环节。

融资计划

有很多创业者将融资计划设为单独一章，重点介绍企业的资金需求、融资方式、投资者权益等内容，主要是为了让投资者更快速地了解企业的资金需求与规划。融资计划主要是根据企业的经营计划提出企业的资金需求数量、融资方式及工具、投资者的权益、财务收益及其资金安全保证、投资退出方式等，它是资金供求双方共同合作前景的计划分析。融资计划要回答以下八类问题：

第一，企业整体的融资数额是多少？已经获得哪些投资？

第二，企业未来的资本结构是怎样的？债务情况如何？

第三，企业融资提供哪些抵押？由谁做担保人？

第四，企业的投资收益及未来再投资的安排是怎样的？

第五，如果以股权形式投资，双方对企业股权、控制权、所有权的安排是怎样的？

第六，投资人进入企业后，企业的经营管理体制是怎样的？

第七，投资资金的运作方式是怎样的？投资的预期回报如何？

第八，如果吸引的是风险投资，风险投资的退出途径如何？

这部分是融资协议的主要内容，企业既要对融资需求和用途给出令人信服的理由，又要给出令人心动的投资回报和条件。

组织结构

投资人在阅读创业策划书时，往往查看了执行概要之后，就会先翻看创业团队和组织结构设计这两个环节，通过评估创业者的整体实力来预测企业的发展前景。

组织结构一般包含三方面内容：组织架构、职责分工和人力资源规划。

组织架构是对企业基本业务部门、职能机构、运作流程等做出的界定和规划，反映组织构成要素之间的关系，多用图例的形式进行展现。组织架构包括职能结构、层次结构、部门结构、职权结构四种类型。初创企业一般采用职能式组织结构，根据工作类别进行结构设计。

当创业者设计出清晰的组织架构之后，就要进行职责分工，即对每个层次、每个职能部门、每个岗位的职责进行界定和描述，这个环节也被称为工作分析。划分岗位职责时不要出现工作内容的缺失或溢出①。

人力资源规划又称人力资源计划，其目的是确保企业各类工作岗位在适当的时机，获得适当的人员，实现人力资源与其他资源的最佳配置，包括人员需求计划、招聘培训计划、激励机制等。

风险分析

在创业策划书中还有一项非常重要的内容，即创业风险分析。理智的创业者必须学会正视风险，风险是创业过程中必然存在的一个要素，创业者在撰写策划书时不仅不能回避，反而要根据项目的特点和企业的发展规划对创业过程中可能面对的各种风险进行预测，并给出各类风险的防范措施。

本书主题 6 中给出了创业者可能遭遇的几类风险，如团队风险、技术风险、融资风险、管理风险等，创业者可以根据自身项目的具体特点进行针对性风险分析。在分析创业风险的过程中，切忌“闭门造车”式的假想，要通过与同类企业的沟通或产业链上下游合作单位之间的交流来了解实际情况，并且在分析各类创业风险时要尽量具体，不可只给出空泛的表述。创业者撰写项目风险分析也是对项目和企业运营规划进行再分析的过程，所以要尽量保证详细。

创业者还必须在各类风险之后附上风险防范措施或应对策略。同样，应对策略的设计也要符合实际，保证实际操作性和可行性。对于企业可能面临的各种风险，创业者必须采

---

① 工作内容的缺失指的是在设置工作岗位时没有涵盖到企业中的所有工作，出现了工作岗位的缺失。工作内容的溢出指的是在设置工作岗位时出现了岗位重叠，出现了岗位浪费的情况。

用实事求是的态度，不能因为某一风险产生的可能性小而选择主观上对其忽略不计，也不能为了增大获得投资的机会而故意缩小、隐瞒风险因素，应该对企业所面临的各种风险都认真加以分析，并针对每一种可能发生的风险给出相应的防范措施，这样才能取得投资者的信任，也有利于引入投资后双方的合作。

附件、备查资料

附件是策划书中所有论点的“证据”。附件主要是对创业策划书中涉及的一些问题的细节和相关的证书、图表进行描述或证明，如企业的营业执照、公司章程、验资审计报告、高新技术企业（项目）证书、专利证书、鉴定报告、市场调查数据、主要供货商及经销商名单、主要客户名单、场地租用证明、公司及其产品的介绍与宣传资料、工艺流程图、各种财务报表及财务预估表、专业术语说明等。这部分内容应与创业策划书的主体部分一同装订成册。

备查资料只需列出清单，待资金供给方有投资意向时查询。

当创业者完成创业策划书的设计与撰写之后，需回过头来再仔细审查一遍整本策划书，看看是否符合 6C 原则。6C 原则指的是：

Concept（概念）：对产品的阐述清晰，不存在歧义。

Customers（顾客）：目标顾客的选择细致，分析彻底。

Competitors（竞争者）：对竞争对手的调查客观、深入。

Capabilities（能力）：自己有充足的能力运作整个项目。

Capital（资本）：清楚资金的使用量和具体用途。

Continuation（持续经营）：展现出企业的宏伟蓝图，让人对企业充满信心。

Q3：怎样设计出“有趣”的创业策划书？

学会站在投资人的角度思考

很多创业者抱怨自己精心设计的创业策划书在投资人眼前只展示了几秒钟就被丢到一边。其实，这并不能怪投资人“没礼貌”，而是创业者没有抓住投资人的兴趣点。那么，创业者该如何设计并撰写出对于投资人而言真正有吸引力的创业策划书呢？答案是：有指向、有细节、有新意、有诚意。

有指向

无论是创业导师、竞赛评委、天使投资人或政府工作人员，面对创业者提交上来的创业策划书都不可能做到逐字阅读，通常读者对于一本创业策划书的关注时间在 5 分钟以内，如果在这段时间内没有为读者呈现亮点，创业策划书撰写得再详细也是无用的。

创业者在设计创业策划书时需要有一个明确的认知，即并不存在所谓“完美”的创业策划书。即使创业者在撰写创业策划书时投入了大量的精力，在每一个环节上都做到了全面而细致，也并不代表这本沉甸甸的创业策划书会得到所有读者的青睐。因为，不同身份的读者在阅读同一份创业策划书时，关注的焦点是不同的。政府工作人员要看的是策划书的完整性和专业性，因为那代表着创业者的态度与决心；天使投资人看的是创业项目的特性和发展潜力，因为那决定了投资的收益；竞赛评委关注的是策划书中是否具有采分点，例如商业模式是否形成了闭环、财务分析是否专业、市场调研方法是否具有针对性等；风险投资人关注的则是企业前期融资情况和经营期间的盈利表现。正因为不同读者关注的焦点不同，创业者在设计创业策划书时才要学会站在读者的角度，以读者的视角去明确创业策划书的重点，并进行关键问题的解答与“包装”，这样才能迎合读者的胃口，在有限的关注时间内抓住读者的眼球，传递项目信息。

有细节

有价值的创业策划书一定是为读者呈现细节的，这些细节包括与企业发展相关的数据，支持企业成长的合作伙伴和有品位、有调性的整体设计等。

虽然很多人会说，创业策划书只是一个计划类的东西，不必设计得太过详细，但是该有的数据还是必须为读者呈现的，例如市场预测数据、行业数据、财务数据等，没有数据的创业策划书可以被认定为一种“诈骗”。创业者在创业策划书中必须给出的数据包括市场容量、月度或上年营业收入、利润数据、渠道资源、收入来源与预测、成本数额、融资数额、出让股份等。创业者在给出上述数据时必须以实际的调研与企业情况为基础，切忌夸大收入或隐瞒亏损。因为，投资人在后期还会对创业者的项目进行更详细的调查，如果发现创业者在创业策划书中出现造假行为，会直接停止合作，甚至将创业者拉入“黑名单”。

创业策划书中的另一个细节就是对于“人”的介绍，包括对目标消费者的分析和对合作伙伴的介绍。在对目标消费者进行分析时，不仅要明确说出企业的目标顾客是哪样一群人，还要对这群人的消费特点进行分析，这样可以体现出创业者对于目标市场的重视。此外，如果创业者有稳定的合作伙伴，如原材料供应商、分销商等，也可以用“点名”的方式展现出来，不要用“我公司拥有稳定的供货渠道”这样空泛的语言，要给出更加具体的信息，强化读者的认知和印象。

创业策划书的形式设计也要强调细节，不要因为排版、文字、图片、表格方面的低级错误而让读者对创业者产生做事不谨慎的感觉。创业策划书的排版要干净、整齐，文字要简洁、明确，语句要流畅、通顺，图片要清晰、有针对性，表格中的数据要准确，如果是行业调查数据要标明数据来源。

创业者必须明确，创业策划书强调细节并不代表要面面俱到、唠唠叨叨，读者最喜欢的还是简练、明确的表现形式。能用一句话说明白的事情就不要用两句话，不要浪费读者和自己的时间。

有新意

一位资深的投资人一年接触的创业策划书数以千计，创业者想要抓住投资人的眼球，就必须在创业策划书的设计中展现与众不同的新意。创业者不仅要是在语言表达方式上做到活泼、新颖，在排版方面也要结合项目特色展现不同之处。在以往，人们对于创业策划书的认定多是像研究报告一样，认为创业策划书要有完整的体系，每章内容要尽量多、尽量详细，认为创业策划书越厚越能展现出创业者的态度。其实，又啰唆又死板的创业策划书早就不流行了，现在的创业策划书正朝着更直观、更简洁的方向发展。很多头脑灵活的创业者将创业策划书中的很多重要内容提炼成了具体问题，以问答的方式呈现信息与重点，这样的设计更符合人们的阅读习惯，也更容易获得投资人的好感。此外，创业策划书的展示形式应该大胆创新，可以选择动画、视频等展示形式，不必拘泥于传统模式，要在每一个环节展示出自己独特的个性。

有诚意

创业者在设计和撰写创业策划书时不仅要展现出独特的个性，更要表现出企业的诚意。如何表现诚意呢？最基本的要求就是不遮盖、不隐瞒、不欺骗。创业者在创业的过程中不可能一帆风顺，不同性质的创业项目也不可避免地面对各种风险。创业者在撰写创业策划书时，应该坦然地将自己在运营企业或推进项目的过程中遇到的各种困难展现给读者，特别是投资人。创业者没有必要在投资人面前隐藏企业的困难，因为这样做只会给投资人留下不诚实的印象。此外，对于项目在推进过程中可能面对的各种风险，创业者也要在创业策划书中大大方方地展现出来，因为即使你不说，投资人也会知道，老老实实地“招了”反倒会给投资人留下朴实的好印象。对于企业的各种财务数据更是不能造假或隐瞒，那是一种得不偿失的行为。

Q4：如何展示你的创业策划？

这是你人生中的精彩一刻

近几年，创业者倾向于通过路演的方式将自己的创业想法和项目展示给投资人或潜在的合作伙伴。那么，该如何抓住“观众”的眼球，让大家听懂你的想法，并喜欢上你的项目呢？创业者要知道，一次创业路演就是一场“大秀”，包括前期的准备、中期的表演和后期的跟踪，而每一个阶段都有很多可以让你出彩的技巧。

准备阶段

千万不要轻视创业路演的前期工作，创业者如果想要在项目展示中“hold 住”全场，就必须做足前期所有准备工作，包括了解场地、挖掘投资人关键信息、设计展示脚本、设计道具、准备服装等。

事先要“踩点”。创业者在争取到项目展示的机会之后，要以积极的态度对待，了解到展示的具体地点之后，一定要想办法提前到展示室进行“地形侦查”。把展示过程中可能遇到的一些意外，如电脑和投影仪的连接、网络连接、图像或视频展示等各类技术问题事先解决，如果有可能最好进行一次预演，千万不要让技术故障耽误了你与投资人及合作人交流的时间。

了解你的投资人或合伙人。创业者需要事先对推介对象，如银行、投资人、潜在合伙人等进行必要的了解。了解的内容不能只局限在年龄、学历背景、婚姻状况、工作经历等这些基本信息层面，要尽量挖掘更深入的资料，例如对推介对象产生过重要影响的事件，这样才有利于创业者把握对方心态和控制现场。

设计展示脚本。投资人通常不会给创业者很长时间进行项目展示，有时，创业者费尽心力争取来的展示时间只有 5 分钟。那么，如何在有限的时间里绽放出最夺目的光彩，这取决于创业者“编写剧本”的能力。创业者必须为自己的创业策划设计出不同时间长短的脚本，不论是展示 3 分钟还是 5 分钟，都能将项目的关键信息精彩呈现出来。在投资人面前展示的每一分钟背后都应该有几个小时的打磨。

道具要齐备。既然展示过程本身就是一场表演，那么该准备的道具当然要齐全。印刷精美的创业策划书自然不用多说，与项目相关的产品和材料也应该尽量丰富。如果创业者的企业尚处筹备阶段，那么就要展示支撑你想法的技术专利。如果创业者的企业已经开办起来，产品已经上线，那么明星产品必须“露面”。如果创业者说服了行业“牛人”支持自己的项目，那么最好能带来一段“牛人”为该项目录制的视频。创业者千万不要小看道具的作用，每个细节都会向投资人传递一种信息，即“你很重视他”。

服装要讲究。站在投资人面前的创业者不见得非要西装革履，但在装束上一定要讲究。你的穿着要尽量与自己的创业项目相一致，表现出团队的专业性。此外，在发型、妆容、饰品的选择上也要尽量考究。男性创业者的发型不要过于夸张，尽量露出额头，不要佩戴夸张的饰品。女性创业者不要穿着过于暴露，不要化浓妆，最好给人清晰淡雅的感觉，过于艳俗或幼稚的形象都不合适。创业者在展示中的整体形象能够反映出他的生活方式和对于项目的重视程度，所以不要忽视着装中的任何一个细节。

表演阶段

当你走进会议室，开始你的展示，一场“大战”随即拉开了帷幕。短短的几分钟可能就决定了你的创业项目的命运，所以，任何一个创业者都不应轻视在投资人面前的这几分钟。

精神要饱满。创业者站在投资人或潜在合作伙伴面前，开腔说第一句话，就要投入全部热情，声音清晰、洪亮，要将饱满的情绪注入你所说的每一句话、每一个字之中。也许有人会质疑，不就是把项目说明白吗，干吗搞得跟舞台剧一样？其实，我们可以换位思考，如果你是坐在台下的投资人或合作者，你希望面前这个创业者是一种什么样的状态？是充满自信、侃侃而谈？还是唯唯诺诺、平铺直叙？说白了，坐在台下的投资人也是在欣赏一场表演，那么就别让他们失望，用你饱满的情绪“hold 住”全场！

语言要简练。创业者一定要掌握讲话的艺术，会说话的人能让听者投入其中，甚至遗忘了时间。创业者一定要训练自己的语言表达能力，用流畅而简练的语言介绍团队、项目和发展规划等。切忌唠唠叨叨、不知所云，说话唠叨的创业者会让投资人觉得他的逻辑性不强，而逻辑性不强的人很难成为创业主导者。所以，请记住在路演中能用一句话说明白的事，绝对不用两句。

表述要有序。创业者在展示自己的创业项目时，每个内容的“出场顺序”是非常重要的。近几年，在路演展示中比较流行“过去—现在—未来”模式，首先介绍过去某个行业存在的问题，其次介绍现在我们用什么样的方案解决这一问题，最后介绍未来我们会为这个行业做出怎样的贡献。这种模式相对比较清晰，值得大学生创业者借鉴。无论你选择用怎样的表述展示自己的项目，一定要注意每句话之间的衔接性，尽量用数据说话，杜绝“我觉得”“我认为”这种过于主观的字眼。

后续跟踪

项目展示像是一场“大战”，“大战”结束后，有的创业者会长舒一口气，认为能做的都做了，开始被动地等待消息。其实，仅是被动等待是不够的，创业者在创业策划展示的整个过程中都要表现出积极性，要想尽办法获得更多相关人士的联系方式，“死皮赖脸”地与更多的人建立联系，这份主动和不放弃有时也能为创业者争取到一丝机会。

Q5：设计创业策划书时要注意哪些问题？

创业策划书是给自己看的

创业者撰写创业策划书的目的是将创业想法清晰化、具体化，虽然创业策划书的主要读者是银行、投资人或潜在合作伙伴，但从创业策划书中获益最大者还是创业者本人。在构思、设计、撰写创业策划书的过程中，创业者要重视以下几方面问题。

切忌迷恋技术

不要过分迷恋自己的技术。有不少创业者在撰写创业策划书时，开篇就是技术专利的介绍，使用大量笔墨解释技术原理，推导技术路线，展示实验数据。这种类型的创业策划书只有对特定的技术领域很熟悉的人才看得懂，绝大多数的投资人是看不懂的，但即使看不懂，投资人也明白，不少技术上很“牛”的项目，商业价值不见得会高。所以，不要在创业策划书中过多地堆砌技术内容，重点还是要放在对现有问题的挖掘和解决方案的阐述上。

不要迷信专利的储备量。具有科技色彩的企业通常需要一定量的专利储备来凸显自身的竞争实力。这时，有些“聪明”的创业者就会申请很多实用新型专利、外观设计型专利来增加自己的专利储备，或者通过各种途径签下一些专利的授权，而不考虑专利与创业项目的相关性，这样的“包装”很难逃过投资人的“法眼”。

切忌自以为是

不要过分吹嘘自己的团队。一些创业者会在创业策划书中将自己的团队描述成一个经验丰富、团结友爱、能力互补、无坚不摧的完美群体。但投资人不会被团队成员的高级文凭、大公司的工作经历等所蒙蔽，他们更关注的是某个行业面临的主要挑战，以及你的团队是否有经验和能力应付这样的挑战。所以，展示团队的前提是他们的特质与项目发展的需求相一致。

不要盲目推算你的市场。创业策划书中项目商业价值的推算和预测应该建立在真实的市场调研的基础之上。有不少创业者借助在网络上找到的二手数据推测产品的市场容量和发展走势，虽然策划书中写了满满一堆数据，却没有真正从客户那里得来的一手数据。这样的创业策划书会给投资人一种暗示，即创业者并没有真正走进市场，甚至不愿意与客户进行沟通。所以，对于项目商业价值的计算应该建立在真实的市场调查的基础上。

切忌弄虚作假

不要隐瞒产品的开发情况。投资人非常重视项目的投资回报周期，所以如果创业者拥有一个合理的产品系列就比较容易获得投资人的肯定。但是，不要为了争取好感而虚报产品的开发情况，因为投资人会在与创业者签订投资意向书之前对创业企业进行尽职调查，一旦发现产品开发情况与创业策划书不符，创业者失去的不仅是一位投资者，还有整个企业的信誉。

不要谎报企业的收益数据。一些初创企业为了获得更高额的投资，有时会冒险对企业的收益数据进行“优化”。但是，每个行业都有平均利润和发展特点，数据的真伪很容易鉴别。所以，面对投资人，最聪明的做法是不要自作聪明，实事求是地给出企业在经营期间的收益情况更容易获得投资人的好感。

切忌闭门造车

不要坐在办公室里幻想市场价值。创业从头到尾都是一场实践，所以在创业策划书中推算项目市场价值的环节，一定不要“拍脑袋”，要走进市场中，通过与客户进行深入的交流，来了解产品的市场价值和潜力。

不要待在头脑风暴室里优化项目。目前，很多企业会通过头脑风暴的方式来激发新的想法或创意，甚至会在企业中设置专门的头脑风暴室。毫无疑问，头脑风暴确实是一种产生创意的好方法。但从创意到项目的转化过程必须要得到市场的验证，如果创业者不肯走出头脑风暴室，坚持闭门造车式的项目“优化”，那么催生出的也只能是不切实际的臆想。

不要在书本中寻找商业模式。目前，世界上有数百种不同类型的商业模式，每一种模式都诞生于不同的时代和不同的行业背景之下，也就是说，现有的商业模式对创业者来说只能是参考。简单地照搬照抄某一种成型的商业模式，不仅不会引起投资人的兴趣，更不具有实际的指导作用。

切忌回避问题

不要掩盖过去失败的经历。有些创业者在撰写创业策划书时，会有意地隐藏曾经失败的创业经历，或者为自己曾经的错误决策寻找很多理由。这是大可不必的，所有投资人都非常清楚地知道，创业是一场九死一生的冒险，曾经的失败只是为了更好地成长，只要创业者不是反复在同一类问题上犯错，投资人是都可以接受的。所以，创业者没有必要隐藏自己曾经的失败经历。

不要回避现在的经营困难。有些创业者在创业策划书中把自己的企业和项目描绘得完美无瑕，产品有市场、团队很稳固、技术很扎实、伙伴很给力，对于企业在运营中遇到的问题只字不提，仿佛只要投资人选择了他就可以坐等数钱。但是，这种创业策划书是不坦诚的，不仅投资人不会相信，也不利于创业者自己进行项目的深层思考。

不要回避未来的发展风险。所有的项目在推进过程中都会遇到各种各样的风险。有些创业者很忌讳在创业策划书中提及风险，所以在风险预测及防范的部分选择一带而过。这是大错特错的做法。前文已经提到，创业策划书不仅是写给投资人看的，更是写给创业者自己看的，创业者在构思、撰写创业策划书的过程是对创业想法、创业项目、创业企业的再一次论证，所以要用正确的态度去对待企业未来可能会遇到的各种风险，尽量预测出企业可能会遇到的各种问题，并给出防范措施和应急预案。实事求是的态度是投资人最喜欢的状态。

练习：请针对你的创业项目设计创业策划书提纲。

封面

- 企业/项目名称
- 企业/团队图标
- 企业/团队地址
- 企业/团队联系方式

执行概要

- 项目计划
- 产品（服务）介绍
- 市场机遇
- 竞争优势
- 重要使命
- 关键成果

企业介绍

- 企业简介
- 企业文化
- 产品特色
- 发展规划

管理团队

- 团队结构
- 管理能力
- 职业道德与素质

产品（服务）介绍

- 产品（服务）名称
- 产品（服务）功能
- 专利技术
- 产品（服务）特性
- 目标客户群体
- 市场前景预测

行业分析

- 宏观层面
- 中观层面
- 微观层面

营销策划

- 市场定位
- 营销战略
- 产品特色
- 定价策略
- 渠道选择
- 促销方案

生产计划

- 硬件条件
- 生产技术及人才
- 质量管理
- 生产规划
- 物料供应

财务分析

- 经营条件假设
- 财务预算
- 融资计划

组织结构

- 组织架构
- 职责分工
- 人力资源规划

风险分析

- 风险类型
- 防范措施

附件、备查资料

- 营业执照
- 专利证书（授权）
- 公司章程
- 验资审计报告
- 高新技术企业（项目）证书
- 鉴定报告
- 市场调查数据
- 场地租用证明
- 企业宣传册
- 工艺流程图
- 物料供应商名单
- 主要客户名单

学习总结——请用最简练的语言写下你的答案。

Q1 创业策划书是一本什么“书”？	A1
Q2 创业策划书里都有什么？	A2
Q3 怎样设计出“有趣”的创业策划书？	A3
Q4 如何展示你的创业策划？	A4
Q5 设计创业策划书时要注意哪些问题？	A5

创业者档案

姓　　名： 刘强东
国　　籍： 中国
籍　　贯： 江苏宿迁
毕业院校： 中国人民大学
主要成就： 创办京东集团

1998 年 6 月 18 日，刘强东在中关村创办京东公司，代理销售光磁产品，并担任总经

理。2004 年，刘强东涉足电子商务领域，创办“京东多媒体网”（京东商城的前身），担任 CEO。2014 年 5 月，京东在美国纳斯达克成功上市。目前，京东商城已成为中国最大的自营式电商企业，京东集团的业务也从电子商务扩展至金融、技术领域，拥有近 12 万名员工。

在中国商业联合会、中华全国商业信息中心发布的 2018 年度中国零售百强名单中，京东排名第 2 位。2019 年，京东进入年度中国民营企业 500 强前十名，在福布斯全球数字经济 100 强榜单中排第 44 位。2020 年 4 月 6 日，刘强东以 950 亿元人民币财富名列《胡润全球百强企业家》第 89 位。

主题8 新企业的开办

Q1：企业的组织形式有哪些?
Q2：如何选择企业的组织形式?
Q3：新企业的注册流程是怎样的?
Q4：注册新企业时要准备什么?
Q5：与新企业开办相关的法规有哪些?

Q1：企业的组织形式有哪些?

独资、合伙、公司制企业

企业的组织形式是指企业存在的形态和类型，主要有个人独资企业、合伙企业和公司制企业三种形式。无论企业采用何种组织形式，都应具有两种基本的经济权利，即所有权和经营权，它们是企业从事经济运作和财务运作的基础。企业采用何种组织形式，对企业理财工作有重大的影响。

个人独资企业

我国《个人独资企业法》规定，个人独资企业是指由一个自然人投资，财产为投资人个人所有，投资人以其个人财产对企业债务承担无限责任的经营实体。

个人独资企业的设立条件主要包括五个方面：第一，投资人为一个自然人；第二，有合法的企业名称；第三，有投资人申报的出资；第四，有固定的生产经营场所和必要的生产经营条件；第五，有必要的从业人员。

申请设立个人独资企业，应当由投资人或其委托的代理人向个人独资企业所在地的登记机关提交设立申请书、投资人身份证明、生产经营场所使用证明等文件。委托代理人申请设立登记时，需要出具投资人的委托书和代理人的合法证明。

申请设立个人独资企业，设立申请书应当载明四项内容：第一，企业的名称和住所，企业的名称应与其责任形式及从事的业务相符合；第二，投资人的姓名和居所；第三，投资人的出资额和出资方式；第四，经营范围。

登记机关自收到设立申请文件之日起 15 日内，对符合规定条件的，予以登记并发给营业执照，营业执照的签发日期为个人独资企业成立日期。

个人独资企业的优势有四个方面：第一，企业的设立、转让和解散等行为手续简便，仅需向登记机关登记即可；第二，企业主独自经营，制约因素少，灵活性强，能迅速应对市场变化；第三，利润归企业主所有，无须与他人分享；第四，在技术和经营方面易于保密。

个人独资企业的劣势有三个方面：第一，当个人独资企业财产不足以清偿债务时，投资人以其个人的其他财产予以清偿，因而具有相当大的风险；第二，个人独资企业不易从外部获得信用资金，如果企业主资本有限，企业的规模难以扩大；第三，当所有者生病或失去工作能力，或决定退休，此时若没有家庭成员、亲朋好友愿意并且有能力经营企业，这个企业就将终结。

对于希望企业长大并获取财务成功的创业者来说，个人独资企业通常不是合适的选择。

合伙企业

我国《合伙企业法》规定，合伙企业是指由合伙人订立合伙协议，共同出资、合伙经营、共享收益、共担风险，并对合伙企业债务承担无限连带责任的营利性组织。

合伙企业的主要特征包括四个方面：第一，由各合伙人组成。一个合伙企业至少由两个合伙人组成。第二，以合伙协议为法律基础。合伙协议是合伙人建立合伙关系，确定合伙人各自权利和义务，是合伙企业得以设立的前提，也是合伙企业的基础，没有合伙协议，合伙企业便不能成立。第三，内部关系属于合伙关系。所谓合伙关系，就是共同出资、合伙经营、共享收益、共担风险的关系。第四，合伙人对合伙企业的债务承担无限连带责任。

设立合伙企业必须具备五项条件：第一，有两个以上合伙人，并且都是依法承担无限连带责任者，合伙人必须具有完全民事行为能力。第二，有书面合伙协议。合伙协议是由全体合伙人通过协商，共同决定相互间的权利和义务，具有法律约束力的文件。第三，有各合伙人实际缴付的出资。合伙协议生效后，合伙人应当按照合伙协议约定的出资方式、数额和期限履行出资义务，合伙人必须用自己的合法财产及财产权利出资，可以用货币、实物、知识产权、土地使用权或者其他财产权利出资。经全体合伙人协商一致，合伙人也可以用劳务出资。对货币以外的出资需要进行评估作价的，可以由全体合伙人协商确定，也可以由全体合伙人委托法定评估机构进行评估，其评估方法由全体合伙人协商确定。各合伙人按照合伙协议实际缴付的出资，为对合伙企业的出资。第四，有合伙企业的名称。合伙企业的名称中不得使用“有限”或“有限责任”字样。第五，有经营场所和从事合伙经营的必要条件。

设立合伙企业，应当由全体合伙人指定的代表或者共同委托的代理人向企业登记机关提交登记申请书、合伙协议、合伙人身份证明等文件（法律、行政法规规定须报经有关部门审批的，应当在申请设立登记时提交批准文件）。合伙企业确定执行合伙企业事务的合伙人或者设立分支机构的，登记事项还应当包括执行合伙企业事务的合伙人或者分支机构的情况。合伙企业设立分支机构的，应当向分支机构所在地的企业登记机关申请登记，领取营业执照。营业执照的签发日期为合伙企业成立日期。合伙企业领取营业执照前，合伙人不得以合伙企业的名义从事合伙业务。

合伙企业的优势主要有四点：第一，建立合伙企业比较容易且费用低，由于出资的增加，扩大了资本来源，提升了企业信用能力；第二，合伙企业具有高度灵活性，由于合伙人具有不同的专长和经验，能够各尽所能，发挥团队优势；第三，合伙人能够以他们选择的任何方式决定利润和责任的划分；第四，由于资本实力和管理能力的提高，企业的经营规模可能扩大。

合伙企业的劣势主要有三点：第一，在合伙企业存续期间，如果某一合伙人有意向合伙人以外的人转让其在合伙企业中的全部或部分财产份额时，必须征得其他合伙人的一致同意；第二，当合伙企业以其财产清偿合伙企业债务时，其不足部分由各合伙人以个人财产承担无限连带责任；第三，合伙企业的融资能力有限。

公司制企业

公司制企业是基于所有权和管理权的分离，出资者按出资额对公司承担有限责任而创办的企业。主要包括有限责任公司和股份有限公司两种。

有限责任公司

我国《公司法》规定，有限责任公司是指由 50 人以下的股东共同出资，每个股东以其所认缴的出资额为限对公司承担责任，公司以其全部资产对其债务承担责任的企业法人。有限责任公司是一种比较普遍的企业组织形式。

有限责任公司的特征主要有三点：第一，股东责任的有限性。有限责任公司的股东对公司所负责任仅以认缴的出资额为限，对公司的债务不负直接责任。如果公司的财产不足以清偿全部债务，股东不需要以超过自己出资以外的个人财产为公司清偿债务。第二，股东人数的限制性。有限责任公司的股东人数为 50 人以下。第三，有限责任公司是企业法人。个体工商户不是企业，不具备法人资格；个人独资企业和合伙企业虽然属于企业，但也不具备法人资格，不是企业法人；而有限责任公司具备企业法人资格。

《公司法》规定，设立有限责任公司应当具备下列条件：第一，股东符合法定人数，即由 50 人以下股东共同出资设立，股东可以是自然人，也可以是法人，一个自然人或法人也可以设立一人有限责任公司。第二，有限责任公司的注册资本为在公司登记机关登记的全体股东认缴的出资额。法律、行政法规以及国务院决定对有限责任公司注册资本实缴、注册资本最低限额另有规定的，从其规定。股东的出资方式可以是货币，也可以是实物、工业产权、非专利技术、土地使用权。股东对以实物、工业产权、非专利技术或者土地使用权出资的，必须进行评估作价，核实财产，不得高估或者低估作价。有限责任公司成立后发现作为出资的实物、工业产权、非专利技术、土地使用权的实际价额明显低于公司章程所定价额的，应当由交付该出资的股东补交其差额，公司设立时的其他股东对其承担连带责任。第三，股东共同制定公司章程。有限责任公司章程由股东共同制定，所有股东在章程上签名、盖章。第四，有公司名称，建立符合有限责任公司要求的组织机构（公司名称须向市场监督管理机关申请预先登记）。有限责任公司在设定自己的名称时，必须在公司名称中标明“有限责任公司”或者“有限公司”字样。有限责任公司的组织机构由股东会、董事会（执行董事）、监事会（监事）组成。公司法定代表人依照公司章程的规定，由董事会、执行董事或者经理担任，并依法登记。公司法定代表人变更，应当办理变更登记。第五，有公司住所、固定的生产经营场所和必要的生产经营条件。

公司设立时，股东需要在公司章程中载明下列事项：公司名称和住所；公司经营范围；公司注册资本；股东的姓名或者名称；股东的出资方式、出资额和出资时间；公司的机构及其产生办法、职权、议事规则；公司法定代表人；股东会会议认为需要规定的其他事项。

有限责任公司中还有一种特殊的形式，即一人有限责任公司。一人有限责任公司的特别规定包括三项：第一，一人有限责任公司是指只有一个自然人股东或者一个法人股东的有限责任公司。一人有限责任公司应当在公司登记中注明自然人独资或者法人独资，并在公司营业执照中载明。一人有限责任公司的公司章程由股东制定，一人有限责任公司不设股东会。第二，一个自然人只能投资设立一个一人有限责任公司，该一人有限责任公司不能投资设立新的一人有限责任公司。第三，一人有限责任公司的股东不能证明公司财产独立于股东自己的财产的，应当对公司债务承担连带责任。

有限责任公司的优势有四点：第一，有限责任公司的风险较小。股东只以其出资额对公司承担有限责任，与个人的其他财产无关，因而如果公司破产，股东无须以个人财产作为债权的补偿。第二，企业具有永续性。有限责任公司具有独立的续存时间，除非因破产或注销，否则不会因个别股东的意外而消失。第三，经营管理规范。与个人独资企业和合伙企业相比，公司的所有权与经营权分离，可以聘任经理人员管理公司，能更好地适应市场竞争。第四，企业信用较高。有限责任公司拥有独立的一定数额的注册资本，其信誉和地位比个人独资企业和合伙企业要高。有限责任公司由于具有合伙企业的优点和公司所具有的法律保护，近年来越来越受到创业者的欢迎，是一种非常有前途的企业组织形式。

有限责任公司的劣势有两点：第一，设立程序比较复杂，注册时要提供比较详细的资料，要有公司章程。第二，为了规范公司治理结构，政府对公司的限制较多，法律法规的要求也较为严格。例如，有限责任公司必须按照公司法的有关规定设立组织机构，依照法律、行政法规和公司章程的规定行使职权。

股份有限公司

股份有限公司以其全部资本为等额股份，股东以其所持股份为限对公司承担责任，公司以其全部资产对公司的债务承担责任。

股份有限公司的设立条件与有限责任公司的不同之处有以下几点：第一，发起人符合法定人数。设立股份有限公司应当有 2～200 人作为发起人，其中须有过半数的发起人在中国境内有住所。第二，股份有限公司采取发起设立方式设立的，注册资本为在公司登记机关登记的全体发起人认购的股本总额，在发起人认购的股份缴足前，不得向他人募集股份；采取募集方式设立的，注册资本为在公司登记机关登记的实收股本总额。法律、行政法规及国务院决定对股份有限公司注册资本实缴、注册资本最低限额另有规定的，从其规定。发起人的出资方式可以是货币，也可以用实物、工业产权、非专利技术、土地使用权作价出资，对作为出资的实物、工业产权、非专利技术或者土地使用权，必须进行评估作价，核实财产，并折合为股份，不得高估或者低估作价。第三，股份发行、筹办事项符合法律规定。第四，由发起人制定公司章程。例如，公司采用募集方式设立的，公司章程须经创立大会通过。第五，有公司名称，建立符合公司要求的组织机构。第六，有固定的生产经营场所和必要的生产经营条件。除上述条件外，设立股份有限公司的其他条件与有限责任公司基本一致。

在设立股份有限公司过程中，发起人承担公司的筹办事务。发起人应当签订发起人协议，明确各自在公司设立过程中的权利和义务，并在发起设立和募集设立两种方式中选择一种。发起设立是指由发起人认购公司应发行的全部股份而设立公司。发起人应当书面认足公司章程规定其认购的股份。以非货币财产出资的，应依法办理其财产权的转移手续。

募集设立是指由发起人认购公司应发行股份的一部分，其余股份向社会公开募集或者向特定对象募集而设立公司。发起人认购的股份不得少于公司股份总数的 35%，法律、行政法规另有规定的，从其规定。

股份有限公司的优点主要有三个方面：第一，可迅速聚集大量资本。股份有限公司是筹集大规模资本的有效组织形式，可广泛聚集社会闲散资金形成资本，为广大公众提供简便、灵活的投资渠道，也为企业提供筹资渠道，有利于公司的成长。第二，有利于分散投资者的风险。股份有限公司的股东以其所持股份为限对公司承担责任，与个人的其他财产无关，投资者可以投资多个公司，因而有利于分散风险。第三，有利于接受社会监督。股份有限公司有利于资本产权的社会化和公众化，为了确保股东权益，需要把公司的经营置于社会的监督之下，定期披露公司信息，因而有利于接受社会监督。

股份有限公司的缺点主要有四个方面：第一，公司开设和歇业的法定程序严格、复杂；第二，公司抗风险能力较差，大多数股东缺乏责任感；第三，公司的所有权与控制权的分离程度更高，经理人员往往不是股东，因此产生了出资者与经理人员之间复杂的委托-代理关系，且大股东持有较多股权，不利于小股东的利益；第四，公司财务与经营情况必须向公众披露，容易暴露商业秘密。

知识拓展——有限责任公司与股份有限公司的比较

项目	有限责任公司	股份有限公司
设立方式	只能发起设立	可发起设立，也可募集设立
股东人数	50 个以下股东出资设立，允许设立一人有限责任公司	2～200 人为发起人，其中须有半数以上的发起人在中国境内有住所
公司章程	由全体股东制定，并由全体股东签名、盖章	由发起人制定，采用募集方式设立的，经创立大会通过
股权形式	股东的股权证明是出资证明书，出资证明书不是有价证券，不能流通转让	股东的股权证明是股票，股票是一种有价证券，可以自由流通转让
股权转让	股权可以在股东之间自由转让，若转让给股东以外的第三人，需要取得其他股东半数以上同意	股份的转让既可以通过协议转让，又可以在公开证券市场转让，且转让不受限制
公司治理结构	可以不设立董事会和监事会，由执行董事或监事代替即可；若设董事会，则由 3～13 人组成	必须设立董事会，且由 5～19 人组成；股东大会、董事会、监事会为必设机构
所有权和经营权分离程度	所有权和经营权的分离程度较低，股东会的权限较大，股东往往出任经营职务，直接参与公司经营管理	所有权和经营权的分离程度较高，由于股东人多且分散，召开股东会比较困难，股东会的权限有所限制，董事会的权限较大
财务状况公开程度	财务会计报表可以不经过注册会计师的审计，也可以不公告，只需按照规定期限送交各股东	会计报表必须经过注册会计师的审计并出具报告，还要存档以便股东查阅，以募集设立方式成立的股份有限公司必须依法披露、公开其财务和经营状况

Q2：如何选择企业的组织形式？

投资主体、资金来源、出资流转

企业最常见的组织形式包括个人独资企业、合伙企业、有限责任公司、股份有限公司等。每种企业组织形式都有自身的优点和缺点，创业者必须甄选出最合适的企业组织形式。

决定采用何种企业组织形式，实质上是创业者综合评估自身的过程，评估因素包括投资主体、资金来源、出资流转等。

投资主体

从投资主体来讲，如果创业者自己单独出资，那只能选择个人独资企业或者一人有限责任公司。如果欲召集有限人数（少于 50 人）出资，那么可以设立有限责任公司和合伙企业。如果欲吸纳大众资金，那么可以设立股份有限公司。但股份有限公司的控制难度较大，不太适合初入社会的大学生创业者。

资金来源

从资金来源来讲，个人独资企业是由投资人一人出资，全部资金来源于一个人。合伙企业则是由合伙人共同出资来经营，资金可能来源于全部合伙人，也可能来源于部分合伙人，因为《合伙企业法》规定合伙人可以用货币、实物、知识产权、土地使用权或者其他财产权利出资，也可以用劳务出资。因此合伙企业的资金来源大于个人独资企业。有限责任公司具有“人资两合性”，资金一部分来源于纯资金投入，另一部分来源于投资人彼此间的信任纽带关系。有限责任公司出资人数最多可以达到 50 人，因此资金来源大于合伙企业。股份有限公司是“资合”公司，是众多股东资金的集合体，其资金来源最广。

出资流转

从出资流转考虑，个人独资企业可以随意转让出资，不受他人限制。合伙企业的合伙人如果对外转让出资需要经过其他合伙人的一致同意（需经全部合伙人同意，跟各个合伙人的投资比例无关）。有限责任公司对外转让出资需要全体股东过半数（是人数而不是股权）同意。股份有限公司对外转让出资没有限制，可以自由转让。

创业者可以根据自身创业项目的性质及创业资金的数额来综合考虑企业的组织形式。文后给出了各种类型企业组织形式特点的对比，可以为创业者提供参考。

知识拓展——不同企业组织形式的特点对比

项目	个人独资企业	合伙企业	有限责任公司		股份有限公司
			一人独资	一般	
创建者人数	1 个自然人	2 个以上合伙人	1 个自然人或法人	50 个以下自然人或法人	2～200 个发起人
筹资方式	个人自行筹集	合伙人自行筹集	个人自行筹集	发起人筹集	发起人筹集，或公开募集
出资方式	不限	合伙人一致认可的出资方式，可以劳务方式出资	货币、实物、产权等	货币、实物、产权等	货币、实物、产权等
验资要求	投资者决定	可协商确定或评估	委托评估机构验资	委托评估机构验资	委托评估机构验资
企业财产性质	个人所有	合伙人共有	法人独立的财产	法人独立的财产	法人独立的财产
企业责任	无限责任	无限连带责任	以全部资产为限的有限责任	以全部资产为限的有限责任	以全部资产为限的有限责任
创办者责任	无限责任	无限连带责任或有限责任	以出资额为限的有限责任	以出资额为限的有限责任	以出资额为限的有限责任
盈亏分担	投资者个人	按约定，未约定则均分	投资者个人	按出资额比例	按股份
权力机构	投资者个人	全体合伙人共同表决一致或遵从约定	投资者个人	股东会	股东大会
执行机构	投资者或委托人	合伙人权利同等，可约定分工或委托第三人	执行董事	董事会或执行董事	董事会
所得税	个人所得税	个人所得税	企业所得税	企业所得税	企业所得税
企业信用	个人资信	所有合伙人资信	看注册资本数额	看注册资本数额	看注册资本数额
永续性	受投资者影响	受合伙人死亡、退伙等影响	永续经营	永续经营	永续经营
注销后的义务	创办者 5 年内有责任	创办者 5 年内有责任	无	无	无

资料来源：杨安，兰欣，刘玉．创业管理——成功创建新企业［M］．北京：清华大学出版社，2009：185.

Q3：新企业的注册流程是怎样的？

九个环节

创业者进入商场的一个标志性事件就是企业的注册，随着网络的发展，企业登记注册流程已经变得越来越简单，目前新创企业注册登记的一般流程如下。

第 1 步：网络注册用户

经办人使用电子证书在市场监督管理局网站注册用户。

第 2 步：名称预先核准

到市场监督管理局网站申请名称预先核准，取得名称预先核准通知书。具体操作是在个人账户注册好后，点击：我是申请人—我要开办企业—选择登记注册名称—填写公司基本信息，全部完成填写后，选择递交申请，这样名称申请工作就完成了。一般在 1～3 个工作日就会公布名称审核结果。等企业名称审核通过后，就可以开展下一步工作。

第 3 步：填写各类信息

名称预先核准通过后，即可在市场监督管理局网站进入公司设立流程（全部流程均可在网上进行）。填写公司章程、股东会决议、经理任命以及“四证合一”（税务登记证、组织机构代码证、刻章许可证）等申请信息。

第 4 步：完成实名认证

公司名称、经营范围、注册资金、注册年限、注册地址、法人、监事、股东、财务负责人、企业纳税人信息等全部信息审核通过后，系统会自动生成注册材料信息，登录市场监督管理局网站将相关带水印材料打印出来，签章完成后，可到登记注册窗口现场递交材料，审核相关人员信息。目前我国部分区域可以线上审核，在登记注册身份验证 App 中完成人员实名制的认证工作。

第 5 步：获取电子营业执照

申请人在网上注册系统查看手续办理结果。登记机关准予登记的，申请人可在网上注册系统获取电子营业执照。

第 6 步：领取纸质营业执照

电子营业执照获批后，申请人如需纸质营业执照，需自行前往注册大厅领取。

第 7 步：完成刻章备案

申请人领取营业执照以后，需前往公安局备案定制地点刻章，包括公司章、法人章、财务章、发票章。

第 8 步：开立银行基本账户

法人持身份证件原件前往银行开立对公基本账户。现已取消开户许可证，取而代之的是银行基本账户信息。目前一般当场就可以拿到账户信息。开户一般需要提前预约。各银行开户的收费标准不一样，创业者可以选择一家自己熟悉的、服务质量好的银行开户。

第 9 步：开通税务账户

企业、银行、税务局需签署三方协议书，目前通常是在电子税务局上进行网签，无须到实地签订。三方协议签订以后，税务局专管员要依据企业类型核定税种。按照企业的经营特点和经营范围，分为一般纳税人企业、小规模纳税人企业。企业应纳税种主要有增值税、企业所得税、个人所得税、城市建设税、教育附加税、印花税。只有经过核定税种，企业才能正常申报缴税，才能正常开票经营。购买领取税控盘以后，到税务局大厅填写单子领取发票。千万不要忘记税种核定成功后，第二个月就要在网上进行纳税申报，否则会被税务机构以逃税而作出处罚。企业成立以后，一定要进行记账报税，每年在 6 月 30 日之前要做年报。

到这里，企业就注册完成了。

Q4：注册新企业时要准备什么？

未雨绸缪，有备无患

不同类型的企业在注册环节的手续和所需费用是不同的，个人独资企业与合伙企业最为简单，公司制企业则相对复杂一些。

个人独资企业

申请设立个人独资企业，需要由创业者或其委托的代理人向个人独资企业所在地的登记机关提交设立申请书、创业者身份证明、生产经营场所使用证明等文件。委托代理人申请设立登记时，需要出具创业者的委托书和代理人的合法证明。个人独资企业是不具备法人资格的经营实体，注册过程中基本不涉及任何费用。此外，法律中没有明确规定个人独资企业注册资本的最低限额，也可以理解为个人独资企业不需要注册资本。

合伙企业

申请设立合伙企业，创业者应当向企业登记机关提交以下文件：第一，全体合伙人签署的设立登记申请书；第二，全体合伙人的身份证明；第三，全体合伙人指定的代表或者共同委托的代理人的委托书；第四，合伙人的书面协议；第五，出资权属证明；第六，经营场所证明；第七，市场监督管理部门规定提交的其他有关文件。

合伙企业注册费用主要包括四项：第一，市场监督管理部门规定收取的费用。第二，行业许可审批费用，企业经营范围如涉及特殊行业需要前置审批的，在办理注册登记之前须先办理行业审批许可证。例如，食品贸易公司要办理“食品流通许可证”。第三，刻录公章费用。第四，银行开户费用。

公司制企业

公司制企业的注册流程涉及的环节相对复杂，费用自然也多一些，主要注册环节中涉及的材料和费用如下。

环节 1：名称预先核准

目前，核名环节是免费的，一般核名都能够在第二天拿到核准通知书。核名的时候需要准备 3～5 个公司名称，按照规定，同行业中有重名、驰名商标不予核准。

环节 2：公司设立登记

该环节需要准备的资料有：核名通知书、所有股东身份证复印件、公司章程、股东会决议、产权复印件、租房协议。按照注册资金收取费用：注册资金为 1 000 万元以内的，收取万分之八；注册资金为 1 000 万～1 亿元，收取万分之四；注册资金为 1 亿元以上，不收取注册费。

环节 3：刻章备案

刻章需提供营业执照副本的复印件和法人身份证复印件。企业刻章时，需要去公安局备案，这项工作可由刻章公司代办，资料齐全的情况下，第二天就能够拿到印章。印章是三枚，分别是公章、法人章、财务章，三枚章都有上网编号且不一样。各地区刻章的费用不尽相同，一般在 300～600 元不等（仅供参考）。

环节 4：办理银行基本账户

开设基本账户需要的资料是：营业执照正本复印件、法人身份证及复印件、三枚上网章，此外，所有股东要到场签字。银行在资料收集齐全后，会派人去企业所在地照相，核实地址，上传系统审核。审核通过后通知去银行开户。银行开户后，还需申请网银和支票，购买密码支付器。银行开设基本账户一般需要 2～4 个星期。不同银行开设基本账户的费用不同，从 400 元到 2 000 元不等（仅供参考）。

至此，公司注册的所有流程就办完了。接下来，创业者需要跟银行签订一个代扣税协议，以后每个月的税收直接从公司的基本账户扣除。创业者每个月需要按时申报纳税。

Q5：与新企业开办相关的法规有哪些？

永远不要触碰法律红线！

创业者在创建和经营企业的过程中，必须了解和遵守有关法律法规，以确保自身和他人的利益不受侵害。与创业有关的法律主要包括专利法、商标法、著作权法、反不正当竞争法、劳动法等。

专利法

“专利”一词一般理解为专利权，国家颁发专利证书授予专利权的专利权人，在法律规定的期限内，对制造、使用、销售（有些国家还包括进口该项专利发明或设计）享有专有权（又称垄断权或独占权）。其他人必须经过专利权人同意才能从事上述行为，否则即为侵权。专利期限届满后，专利权即行消灭，任何人皆可无偿使用该项发明或设计。

专利法是确认发明人（或其权利继受人）对其发明享有专有权，规定专利权人的权利和义务的法律规范的总称。1984 年 3 月，全国人大通过并颁布了《中华人民共和国专利法》，2001 年 6 月 15 日国务院颁布《中华人民共和国专利法实施细则》，2008 年 12 月 27 日第十一届人大第六次会议通过关于修改《中华人民共和国专利法》的决定，自 2009 年 10 月 1 日起施行。

商标法

商标是商品的生产者、经营者在其生产、制造、加工、拣选或者经销的商品上或者服务的提供者在其提供的服务上采用的，用于区别商品或服务来源的，包括文字、图形、字母、数字、三维标志、颜色组合和声音等，以及上述要素的组合，具有显著特征的标志，是现代经济的产物。

商标法是确认商标专用权，规定商标注册、使用、转让、保护和管理的法律规范的总称。它的作用主要是加强商标管理，保护商标专用权，促进商品生产者和经营者保证商品和服务质量，维护商标的信誉，以保障消费者的利益，促进社会主义市场经济的发展。

商标是企业在价值上可以量化的重要的无形资产，可以为企业带来巨大收益。商标只有经过注册才会受到法律保护，才能取得商标专用权，否则企业的这部分无形资产就会大量流失或者严重缩水。商标不仅是消费者选择产品或者服务的依据，而且是企业参与市场竞争的主要载体。好的企业不仅需要好的产品和服务，更需要好的商标。

1982 年 8 月 23 日，我国颁布了《中华人民共和国商标法》，并先后于 1993 年 2 月、2001 年 10 月、2013 年 8 月、2019 年 4 月进行了四次修正。

著作权法

著作权也称版权。著作权包括下列人身权和财产权：发表权、署名权、修改权、保护作品完整权、复制权、发行权、出租权、展览权、表演权、放映权、广播权、信息网络传播权、摄制权、改编权、翻译权、汇编权及应当由著作权人享有的其他权利。

著作权法是指保护文学、艺术和科学作品作者的著作权以及与著作权有关的权益。按照法律规定，中国公民、法人或者其他组织的作品，不论是否发表，均享有著作权。具体包括以下形式创作的文学、艺术和自然科学、社会科学、工程技术等作品：文字作品；口述作品；音乐、戏剧、曲艺、舞蹈、杂技艺术作品；美术、建筑作品；摄影作品；电影作品和以类似摄制电影的方法创作的作品；工程设计图、产品设计图、地图、示意图等图形作品和模型作品；计算机软件；法律、行政法规规定的其他作品。

我国实行对作品自动保护原则和自愿登记原则，即作品一旦产生，作者便享有著作权，不论登记与否都受法律保护，自愿登记后可起到证据作用。署名权、修改权、保护作品完整权的保护期不受限制，发表权保护期为作者终生及其死亡后 50 年。使用他人作品应当同著作权人订立许可使用合同或转让合同。

1990 年 9 月 7 日，七届全国人大第十五次会议颁布了《中华人民共和国著作权法》，并先后于 2001 年 10 月、2010 年 2 月、2020 年 11 月进行了第三次修正。

反不正当竞争法

反不正当竞争法是调整在制止不正当竞争过程中发生的社会关系的法律规范的总称。1993 年 9 月 2 日八届人大第三次会议通过了《中华人民共和国反不正当竞争法》，2017 年 11 月 4 日第十二届全国人民代表大会常务委员会第三十次会议修订，2019 年 4 月 23 日第十三届全国人民代表大会常务委员会第十次会议修正。立法目的是保障社会主义市场经济健康发展，鼓励和保护正当竞争，制止不正当竞争，保护经营者和消费者的合法权益。创业者除了力戒不正当竞争行为外，更应当在创业过程中注重应用本法维护企业的合法权益。

反不正当竞争法的基本原则有六点：第一，自愿原则，当事人按自己的意愿设立、变更或终止商业关系，不得强买强卖；第二，平等原则，参加交易的主体法律地位平等；第三，公平原则，参加市场竞争主体按规则行事，不得非法获取竞争优势；第四，诚实信用原则，善意、诚实、恪守信用、不得欺诈；第五，遵守公认的商业道德原则；第六，不滥用竞争权利原则。

不正当竞争是指经营者违反反不正当竞争法规定，损害其他经营者的合法权益，扰乱社会经济秩序的行为。就企业而言，法律规定以下七类行为属于不正当竞争：第一，实施混淆行为，引人误认为是他人商品或者与他人存在特定联系；第二，采用财物或者其他手段贿赂交易相关单位或者个人，以谋取交易机会或者竞争优势；第三，对其商品的性能、功能、质量、销售状况、用户评价、曾获荣誉等作虚假或者引人误解的商业宣传，欺骗、误导消费者；第四，侵犯商业秘密；第五，带有欺骗性质的有奖销售行为；第六，编造、传播虚假信息或者误导性信息，损害竞争对手的商业信誉、商品声誉；第七，利用技术手段，通过影响用户选择或者其他方式，实施妨碍、破坏其他经营者合法提供的网络产品或者服务正常运行的行为。

经营者违反法律规定，给被侵害的经营者造成损害的，应当承担损害赔偿责任，被侵害的经营者的损失难以计算的，赔偿额为侵权人在侵权期间因侵权所获得的利润；并承担被侵害的经营者因调查该经营者侵害其合法权益的不正当竞争行为所支付的合理费用。被侵害的经营者的合法权益受到不正当竞争行为损害的，可以向人民法院提起诉讼。

劳动法

劳动法是调整劳动关系以及与劳动关系有密切联系的其他社会关系的法律规范的总称。各国劳动法的表现形式不同，但大都包括劳动就业法、劳动合同法、工作时间和休息时间制度、劳动报酬、劳动安全卫生、女工与未成年工的特殊保护制度、劳动纪律与奖惩制度、社会保险与劳动保险制度、职工培训制度、工会和职工参加民主管理制度、劳动争议处理程序以及对执行劳动法的监督和检查制度等内容。

1994 年 7 月 5 日，第八届全国人民代表大会通过了《中华人民共和国劳动法》，1995 年 1 月 1 日起正式施行。根据 2009 年 8 月 27 日第十一届全国人民代表大会常务委员会第十次会议《关于修改部分法律的决定》第一次修正。根据 2018 年 12 月 29 日第十三届全国人民代表大会常务委员会第七次会议《关于修改〈中华人民共和国劳动法〉等七部法律的决定》第二次修正。

新修订的《劳动法》包括总则、促进就业、劳动合同和集体合同、工作时间和休息休假、工资、劳动安全卫生、女职工和未成年工特殊保护、职业培训、社会保险和福利、劳动争议、监督检查、法律责任等共计十三章内容。

《劳动法》是国家为了保护劳动者的合法权益，调整劳动关系，建立和维护适应社会主义市场经济的劳动制度，促进经济发展和社会进步，根据宪法而制定颁布的法律。《劳动法》维护的是劳动者与用人单位双方的权利。劳动者享有平等就业和选择职业的权利、取得劳动薪酬的权利、获得劳动安全卫生保护的权利、休息休假的权利、享受社会保险和福利的权利、接受职业技能培训的权利、提请劳动争议处理的权利，以及法律规定的其他劳动权利。用人单位享有依法建立和完善规章制度的权利、根据实际情况制定合理劳动定额的权利、对劳动者进行职业技能考核的权利、制定劳动安全操作规程的权利、制定合法作息时间的权利、制定劳动纪律和职业道德标准的权利，以及法律规定的其他权利。

知识拓展——有限责任公司章程样本

有限责任公司章程主要包括总则、经营范围、注册资本、股东权利与义务等内容，创业者可参考如下样本。

第一章　总　则

第一条　为规范公司的行为，保障公司股东的合法权益，根据《中华人民共和国公司法》，结合公司的实际情况，制定本章程。

第二条　公司名称：____________

第三条　公司住所：____________

第四条　公司由____________共同投资组建。

第五条　公司依法在________登记注册，取得法人资格，公司经营期限为________年。

第六条　公司为有限责任公司，实行独立核算，自主经营，自负盈亏。股东以其出资额为限对公司承担责任，公司以其全部资产对公司的债务承担责任。

第七条　公司坚决遵守国家法律、法规及本章程规定，维护国家利益和社会公共利益，接受政府有关部门的监督。

第八条　公司宗旨：____

第九条　本公司章程对公司、股东、执行董事、监事、经理均具有约束力。

第十条　本章程经全体股东讨论通过，在公司注册后生效。

第二章　公司经营范围

第十一条　本公司经营范围：________________________________

（以公司登记机关核定的经营范围为准）

第三章　公司注册资本

第十二条　本公司注册资本为________万元人民币。

第四章　股东的姓名

第十三条　股东姓名　股东甲：________

股东乙：________

第五章　股东的权利和义务

第十四条　股东享有的权利：

1. 根据其出资份额享有表决权；
2. 有选举和被选举执行董事、监事权；
3. 查阅股东会议记录和财务会计报告权；
4. 依照法律、法规和公司章程规定分取红利；
5. 依法转让出资，优先购买公司其他股东转让的出资；
6. 优先认购公司新增的注册资本；
7. 公司终止后，依法取得公司的剩余财产。

第十五条　股东负有的义务：

1. 缴纳所认缴的出资；
2. 依其所认缴的出资额承担公司的债务；
3. 办理公司注册登记后，不得抽回出资；
4. 遵守公司章程规定。

第六章　股东的出资方式和出资额

第十六条　本公司股东出资情况如下：

股东甲：________，以________出资，出资额为人民币________万元整，占注册资本的________%。

股东乙：________，以________出资，出资额为人民币________万元整，占注册资本的________%。

第七章　股东转让出资的条件

第十七条　股东之间可以自由转让其出资，不需要股东会同意。

第十八条　股东向股东以外的人转让出资：

1. 须有半数以上具有表决权的股东同意；

2. 不同意转让的股东应当购买该转让的出资，若不购买转让的出资，视为同意转让；

3. 在同等条件下，其他股东有优先购买权。

第八章 公司的机构及其产生办法、职权、议事规则

第十九条 公司股东会由全体股东组成，股东会是公司的权力机构，依法行使下列职权：

1. 决定公司的经营方针和投资计划；
2. 选举和更换执行董事，决定有关执行董事的报酬事项；
3. 选举和更换由股东代表出任的监事，决定有关监事的报酬事项；
4. 审议批准执行董事的报告；
5. 审议批准监事的报告；
6. 审议批准公司的年度财务预算方案、决算方案；
7. 审议批准公司的利润分配方案和弥补亏损方案；
8. 对公司增加或者减少注册资本作出决议；
9. 对股东向股东以外的人转让出资作出决议；
10. 对公司兼并、分立、变更公司形式、解散和清算等事宜作出决议；
11. 修改公司章程。

第二十条 股东会议分为定期会议和临时会议，由执行董事召集和主持，执行董事因特殊原因不能履行职务时，由执行董事指定的股东召集和主持。

定期会议应当每年召开一次，当公司出现重大问题时，代表四分之一以上表决权的股东可提议召开临时会议。

第二十一条 召开股东会会议，应当于会议召开 15 日以前通知全体股东。

股东会会议应对所议事项作出决议，决议应由代表二分之一以上表决权的股东表决通过。股东会对公司增加或者减少注册资本、分立、合并、解散或者变更公司形式、修改公司章程作出的决议，应由代表三分之二以上表决权的股东表决通过。股东会应当对所议事项的决定作出会议纪要，出席会议的股东应当在会议纪要上签名。

第二十二条 公司不设董事会，设执行董事一名，由股东会选举产生。

第二十三条 执行董事对股东会负责，行使下列职权：

1. 负责召集股东会，并向股东会报告工作；
2. 执行股东会的决议；
3. 决定公司的经营计划和投资方案；
4. 制定公司的利润分配方案和弥补亏损方案；
5. 制定公司的年度财务预算方案、决算方案；
6. 制定公司增加或者减少注册资本的方案；
7. 拟订公司合并、分立、变更公司形式、解散的方案；
8. 决定公司内部管理机构的设置；
9. 聘任或者解聘公司经理、财务负责人，决定其报酬事项；
10. 制定公司的基本管理制度。

第二十四条 执行董事每届任期三年，任期届满，连选可以连任。

第二十五条　公司设经理，经股东会同意可由执行董事兼任。经理行使下列职权：

1. 主持公司的生产经营管理工作；

2. 组织实施公司年度经营计划和投资方案；

3. 拟订公司内部管理机构设置方案；

4. 拟订公司的基本管理制度；

5. 制定公司的具体规章；

6. 聘任或解聘公司副经理、财务负责人及其他有关负责管理人员。

第二十六条　公司设立监事一名，由股东会选举产生。执行董事、经理及财务负责人不得兼任监事。

第二十七条　监事任期每届三年，监事任期届满，连选可以连任。

第二十八条　监事行使以下职权：

1. 检查公司财务；

2. 对执行董事、经理执行公司职务时违反法律、法规或者公司章程的行为进行监督；

3. 当执行董事、经理的行为损害公司的利益时，要求执行董事和经理予以纠正；

4. 提议召开临时股东会。

第九章　公司的法定代表人

第二十九条　本公司的法定代表人由执行董事担任。

第三十条　本公司的法定代表人允许由非股东担任。

第十章　公司的解散事由与清算方法

第三十一条　公司有下列情况之一的，应予解散：

1. 营业期限届满；

2. 股东会决议解散；

3. 因合并和分立需要解散；

4. 依法被吊销营业执照、责令关闭或者被撤销；

5. 其他法定事由需要解散。

第三十二条　公司依照上条第1、2项规定解散的，应在15日内成立清算组，清算组人选由股东会确定；依照上条第4、5项规定解散的，由有关主管机关组织有关人员成立清算组，进行清算。

第三十三条　清算组在清算期间行使下列职权：

1. 清理公司财产，分别编制资产负债表和财产清单；

2. 通知、公告债权人；

3. 处理与清算有关的公司未了结的业务；

4. 清缴所欠税款以及清算过程中产生的税款；

5. 清理债权、债务；

6. 处理公司清偿债务后的剩余财产；

7. 代理公司参与民事诉讼活动。

第三十四条　清算组应当自成立之日起10日内通知债权人，并于60日内在报纸上公告。债权人应当自接到通知书之日起30日内，未接到通知书的自公告之日起45日内，向清算组申报其债权。

债权人申报债权，应当说明债权的有关事项，并提供证明材料。清算组应当对债权进行登记。

第三十五条　清算组在清理公司财产、编制资产负债表和财产清单后，应当制定清算方案，并报股东会或者人民法院确认。

公司财产能够清偿公司债务的，分别支付清算费用、职工的工资、社会保险费用和法定补偿金，缴纳所欠税款，清偿公司债务后的剩余财产，按照股东的出资比例进行分配。

清算期间，公司不得开展与清算无关的经营活动。公司财产在未按前款的规定清偿前，不得分配给股东。

第三十六条　因公司解散而清算，清算组在清理公司财产、编制资产负债表和财产清单后，发现公司财产不足清偿债务的，应当依法向人民法院申请宣告破产。

公司经人民法院裁定宣告破产后，清算组应当将清算事务移交给人民法院。

第三十七条　公司清算结束后，清算组应当制作清算报告，报股东会或者人民法院确认，并报送公司登记机关，申请注销公司登记，公告公司终止。

第十一章　公司财务会计制度

第三十八条　公司按照法律、行政法规和国务院财政部门的规定建立本公司的财务、会计制度。

第三十九条　公司应当在每一会计年度终了时编制财务会计报告，并依法经会计师事务所审计。财务会计报告包括下列财务会计报表及附属明细表：

1. 资产负债表；
2. 损益表；
3. 现金流量表；
4. 财务情况说明表；
5. 利润分配表。

第四十条　公司分配当年税后利润时，应当提取利润的10%列入公司法定公积金。公司法定公积金累计额为公司注册资本的50%以上的，可不再提取。

第四十一条　公司法定公积金不足以弥补以前年度亏损的，在依照前条规定提取法定公积金之前，应当先用当年利润弥补亏损。

第四十二条　公司弥补亏损和提取公积金后所余利润，按照股东的出资比例分配。

第十二章　附　则

第四十三条　公司提交的申请材料和证明具备真实性、合法性、有效性，如有不实而造成法律后果的，由公司承担责任。

第四十四条　本章程经股东签名、盖章，在公司注册后生效。

知识拓展——股份有限公司章程样本

股份有限公司的组织结构比较复杂，公司章程中涉及的内容也比较多，参考样本如下。

第一章　总　则

第1条　为维护________________股份有限公司（以下简称“公司”）股东和债权

人的合法权益，规范公司的组织和行为，根据《中华人民共和国公司法》（以下简称《公司法》）、《中华人民共和国公司登记管理条例》（以下简称《条例》）和其他有关规定，制定本章程。

第2条　公司系依照《公司法》及其有关规定以发起设立方式（或募集方式）设立的股份有限公司。

第3条　公司经国务院证券监督管理机构批准，可以向境内外社会公众公开发行股票。

第4条　公司注册名称：____________________股份有限公司。

第5条　公司住所为：________市________区________路________号。

第6条　公司注册资本为人民币________万元。（注：采取募集方式设立的，注册资本为在公司登记机关登记的实收股本总额）

第7条　公司为永久存续的股份有限公司。

第8条　____________为公司的法定代表人。（注：董事长或总经理均可担任法定代表人）

第9条　公司由________名自然人和________个法人发起设立（注：或募集设立）。股东以其认购股份为限对公司承担责任，公司以其全部资产对公司的债务承担责任。

第10条　本公司章程自生效之日起，即成为规范公司的组织与行为、公司与股东、股东与股东之间权利义务关系的具有法律约束力的文件。股东可以依据公司章程起诉公司；公司可以依据公司章程起诉股东、董事、监事、高级管理人员；股东可以依据公司章程起诉股东；股东可以依据公司章程起诉公司的董事、监事、高级管理人员。

第11条　本章程所称其他高级管理人员是指公司的董事会秘书、财务负责人。

第二章　经营宗旨和范围

第12条　公司的经营宗旨：依据有关法律、法规，自主开展各项业务，不断提高企业的经营管理水平和核心竞争能力，为广大客户提供优质服务，实现股东权益和公司价值的最大化，创造良好的经济和社会效益，促进文化的繁荣与发展。

第13条　公司经营范围：____
____。

第三章　股　份

第一节　股份发行

第14条　公司的股份采取股票的形式。

第15条　公司发行的所有股份均为普通股。

第16条　公司股份的发行实行公开、公平、公正的原则，同股同权，同股同利。

第17条　公司发行的股票以人民币标明面值，实行等额划分，每股面值人民币一元。

第18条　公司发行的股份由公司统一向股东出具持股证明。

第19条　公司发行的普通股总数为________股，成立时向发起人发行________股，占公司可发行股总数的____________%。（注：募集设立由发起人认缴公司应发行股份________万元，其余股份向社会公开募集________万元或者向特定对象募集________万元）

第20条　发起人的姓名或者名称、认缴股份额、出资方式、出资时间如下：

发起人姓名（名称）	认缴股份额	出资方式	出资时间

注：出资方式为货币、实物、土地使用权、知识产权等。

第二节　股份增减和回购

第21条　公司根据经营和发展的需要，依照法律、法规的规定，经股东大会作出决议，可以采用下列方式增加股本：

1. 向社会公众发行股份；
2. 向所有现有股东配售股份；
3. 向现有股东派送红股；
4. 以公积金转增股本；
5. 法律、行政法规规定以及国务院证券主管部门批准的其他增发新股的方式。

第22条　根据公司章程的规定，公司可以减少注册资本。公司减少注册资本，按照《公司法》以及其他有关规定和公司章程规定的程序办理。

第23条　公司不得收购本公司股份。但是，有下列情形之一的除外：

1. 减少公司注册资本；
2. 与持有本公司股份的其他公司合并；
3. 将股份奖励给本公司职工；
4. 股东因对股东大会作出的公司合并、分立决议持异议，要求公司收购其股份；
5. 将股份用于转换上市公司发行的可转换为股票的公司债券；
6. 上市公司为维护公司价值及股东权益所必需。

公司因上条第1项、第2项的原因收购本公司股份时，应当经股东大会决议。公司依照上条规定收购本公司股份后，属于第1项情形的，应当自收购之日起10日内注销；属于第2项、第4项情形的，应当在6个月内转让或者注销；属于第3项、第5项、第6项情形的，不得超过本公司已发行股份总额的10%，并应在3年内转让或者注销。

第三节　股份转让

第24条　股东持有的股份可以依法转让。

第25条　发起人持有的本公司股份，自公司成立之日起1年内不得转让。公司董事、监事、高级管理人员应当向公司申报所持有的本公司的股份及其变动情况，在任职期间每年转让的股份不得超过其所持有本公司股份总数的25%；所持本公司股份自公司股票上市交易之日起1年内不得转让。上述人员在其离职后6个月内不得转让其所持有的本公司股份。

第四章　股东和股东大会

第一节　股　东

第26条　公司股东为依法持有公司股份的人。股东按其所持有股份享有权利，承担义务。

第27条　股东名册是证明股东持有公司股份的重要依据，公司股东名册应当及时记载公司股东变动情况。股东名册记载下列事项：

1. 股东的姓名或者名称及住所；
2. 各股东所持股份数；
3. 各股东所持股票的编号；
4. 各股东取得股份的日期。

第 28 条　公司股东享有下列权利：

1. 依照其所持有的股份份额获得股利和其他形式的利益分配；
2. 参加或者委派股东代理人参加股东会议；
3. 依照其所持有的股份份额行使表决权；
4. 对公司的经营行为进行监督，提出建议或者质询；
5. 依照法律、行政法规及公司章程的规定转让、赠与或质押其所持有的股份；
6. 依照法律、公司章程的规定获得有关信息；
7. 公司终止或者清算时，按其所持有的股份份额参加公司剩余财产的分配；
8. 法律、行政法规及公司章程所赋予的其他权利。

第 29 条　股东提出查阅前条所述有关信息或者索取资料的，应当向公司提供证明其持有公司股份的种类以及持股数量的书面文件，公司经核实股东身份后应按照股东的要求予以提供。

第 30 条　股东大会、董事会的决议违反法律、行政法规，侵犯股东合法权益的，股东有权向人民法院提起诉讼。

第 31 条　公司股东承担下列义务：

1. 遵守公司章程；
2. 依其所认购的股份和入股方式按时足额缴纳股金；
3. 法律、行政法规及公司章程规定应当承担的其他义务。

第二节　股东大会

第 32 条　股东大会是公司的权力机构，依法行使下列职权：

1. 决定公司经营方针和投资计划；
2. 选举和更换非由职工代表担任的董事，决定有关董事的报酬事项；
3. 选举和更换非由职工代表担任的监事，决定有关监事的报酬事项；
4. 审议批准董事会的报告；
5. 审议批准监事会的报告；
6. 审议批准公司的年度财务预算方案、决算方案；
7. 审议批准公司的利润分配方案和弥补亏损方案；
8. 对公司增加或者减少注册资本作出决议；
9. 对发行公司债券作出决议；
10. 对公司合并、分立、解散和清算等事项作出决议；
11. 修改公司章程；
12. 对公司聘用、解聘会计师事务所作出决议；
13. 审议法律、法规和公司章程规定应当由股东大会决定的其他事项。

第 33 条　股东大会分为股东年会和临时股东大会。股东年会每年召开 1 次，并应于上一个会计年度完结之后的6个月之内举行，临时股东大会每年召开次数不限。

第34条 有下列情形之一的，公司应当在2个月内召开临时股东大会：

1. 董事人数不足《公司法》规定的法定最低人数，或者少于章程所定人数的三分之二时；

2. 公司未弥补的亏损达股本总额的三分之一时；

3. 单独或者合并持有公司10%以上股份的股东书面请求时；

4. 董事会认为必要时；

5. 监事会提议召开时；

6. 公司章程规定的其他情形。

第35条 股东大会会议由董事会依法召集，由董事长主持。董事长因特殊原因不能履行职务或者不履行职务的，由副董事长主持；副董事长不能履行职务或者不履行职务的，由半数以上董事共同推举一名董事主持。

董事会不能履行或者不履行召集股东大会会议职责的，监事会应当及时召集和主持；监事会不召集和主持的，连续90日以上单独或者合计持有公司10%以上股份的股东可以自行召集和主持。

第36条 公司召开股东大会会议，董事会应当在会议召开20日前以电话、公告或书面形式通知公司各股东；临时股东大会应当于会议召开15日前通知公司各股东。

第37条 股东大会会议的通知包括以下内容：

1. 会议的日期、地点和会议期限；

2. 会议审议的事项；

3. 以明显的文字说明：全体股东均有权出席股东大会会议，并可以委托代理人出席会议和参加表决，该股东代理人不必是公司的股东；

4. 有权出席股东大会会议股东的股权登记日；

5. 代理委托书的送达时间和地点；

6. 会务常设联系人姓名、电话号码。

第38条 股东可以亲自出席股东大会，也可以委托代理人代为出席股东大会，代理人应当向公司提交股东授权委托书，并在授权范围内行使表决权。

第39条 股东出具的委托他人出席股东大会会议的授权委托书应当载明下列内容：

1. 代理人的姓名；

2. 是否具有表决权；

3. 分别对列入股东大会议程的每一审议事项投赞成、反对或弃权票的指示；

4. 对可能纳入股东大会议程的临时提案是否有表决权，如果有表决权应行使何种表决权的具体指示；

5. 委托书签发日期和有效期限；

6. 委托人签名（或盖章）。

第40条 出席股东大会会议的签到册由公司负责制作。签到册载明参加会议人员姓名（或单位名称）、身份证号码、住所地址、持有或者代表有表决权的股份数额以及被代理人姓名（或单位名称）等事项。

第41条 监事会或者股东要求召集临时股东大会的，应当按照下列程序办理：

签署一份或者数份同样格式内容的书面要求，提请董事会召集临时股东大会，并阐明会议议题。董事会在收到前述书面要求后，应当尽快发出召集临时股东大会的通知。

第 42 条　股东大会召开通知发出后，除有不可抗力原因，董事会不得变更股东大会召开的时间；因不可抗力确需变更股东大会召开时间的，应根据情况另行通知召开时间，但股权登记日不因此而重新确定。

第三节　股东大会提案

第 43 条　单独持有或者合并持有公司 3%以上股份的股东，可以在股东大会召开 10 日前向公司提出临时提案并书面提交董事会；董事会应当在收到提案后 2 日内通知其他股东，并将该临时提案提交股东大会审议。临时提案的内容应当属于股东大会职权范围，并有明确议题和具体决议事项。

第 44 条　董事会决定不将股东大会提案列入会议议程的，应当在该次股东大会上进行解释和说明。

第四节　股东大会决议

第 45 条　股东以其所持有或者代表的股份额行使表决权，所持每一股份有一表决权。

第 46 条　股东大会做出决议，必须经出席会议的股东所持表决权过半数通过。但是股东大会作出修改公司章程、增加或者减少注册资本的决议，及公司合并、分立、解散或者变更公司形式的决议，必须经出席会议的股东所持表决权的三分之二以上通过。

第 47 条　董事、监事候选人名单由公司董事会决定后提请股东大会决议。

第 48 条　公司董事会成员、监事会成员由股东大会选举产生。

第 49 条　股东大会采取记名方式投票表决。

第 50 条　股东大会应当对所议事项的决定作成会议记录，主持人、出席会议的董事应当在会议记录上签名。会议记录应当与出席股东的签名册及代理出席的委托书一并保存。

第五章　董事会

第 51 条　公司设董事会，董事会成员由________人组成（注：董事会成员由 5～19 人组成）。董事会对股东大会负责，行使以下职权：

1. 负责召集股东会，并向股东会报告工作；
2. 执行股东会的决议，制定实施细则；
3. 决定公司的经营计划和投资方案；
4. 拟订公司年度财务预、决算，制订利润分配、弥补亏损方案；
5. 拟订公司增加和减少注册资本的方案，以及发行公司债券的方案。
6. 拟订公司合并、分立、解散、变更公司形式的方案；
7. 聘任或解聘公司经理并决定其报酬事项；
8. 根据总经理的提名，聘任或者解聘公司副经理、财务负责人，决定其报酬事项；
9. 制定公司的基本管理制度；
10. 决定公司内部机构的设置；
11. 公司章程规定的其他职权。

第 52 条　董事任期为 3 年，连选可以连任。董事会会议应当由二分之一以上的董事出席方可举行。每一董事享有一票表决权。董事会作出决议，必须经全体董事过半数通过。

董事长召集和主持董事会会议，检查董事会决议的实施情况。副董事长协助董事长工作，董事长不能履行职务或不履行职务的，由副董事长履行职务；副董事长不履行职务或不能履行职务的，由半数以上董事共同推举一名董事履行职务。

董事会每年度至少召开2次会议，每次会议应当于会议召开10日前通知全体董事和监事。代表十分之一以上表决权的股东、三分之一以上董事或者监事会，可以提议召开董事会临时会议。董事长应当自接到提议后10日内，召集和主持董事会会议。

第53条　董事长由全体董事的过半数选举产生或罢免。董事长可以由股东董事也可以由非股东董事担任。

第54条　董事长的职权：

1. 支持股东会和召集、主持董事会；
2. 检查董事会决议的实施情况；
3. 法律、法规和公司章程规定的其他权利。

第55条　董事会会议应当由董事本人出席，董事因故不能出席的，可以书面委托其他董事代为出席，委托书中应载明授权范围。

第56条　董事会应当对会议所议事项的决定作成会议记录，出席会议的董事应当在会议记录上签名。

第六章　总经理

第57条　公司设总经理一名，总经理由董事会聘任或解聘。董事可受聘兼任总经理或者其他高级管理人员，但兼任总经理或者其他高级管理人员职务的董事不得超过公司董事总数的二分之一。

第58条　总经理对公司董事会负责，行使以下职权：

1. 主持公司的生产经营管理工作，组织实施董事会决议；
2. 组织实施公司年度经营计划和投资方案；
3. 拟订公司内部管理机构设置的方案；
4. 拟订公司基本管理制度；
5. 制定公司的具体规章；
6. 提请聘任或者解聘公司副经理、财务负责人；
7. 决定聘任或者解聘除应由董事会决定聘任或者解聘以外的负责管理人员；
8. 董事会授予的其他职权。

第七章　监事会

第59条　公司设监事会。监事会由________名监事组成（注：监事会成员不得少于3人，其中职工代表的比例不得低于三分之一），其中股东监事________名，职工监事________名。监事每届任期3年。股东担任的监事由股东大会选举或更换，职工担任的监事由公司工会或职工代表会民主选举产生或更换，监事连选可以连任。本公司的董事、经理、财务负责人不得兼任监事。

监事会设监事会主席一名，监事会主席由全体监事过半数选举产生。监事会主席召集和主持监事会会议。监事会主席不能履行职务或者不履行职务时，由半数以上监事共同推举一名监事召集和主持监事会会议。

第 60 条　监事会行使下列职权：

1. 检查公司的财务；

2. 对董事、高级管理人员执行公司职务的行为进行监督，对违反法律、行政法规、公司章程或者股东会决议的董事、高级管理人员提出罢免的建议；

3. 当董事、高级管理人员的行为损害公司的利益时，要求其予以纠正；

4. 提议召开临时股东会会议，在董事会不履行本公司规定的召集和主持股东会会议职责时召集和主持股东会会议；

5. 向股东会会议提出提案；

6. 公司章程规定的其他职权。

第 61 条　监事可以列席董事会会议，并对董事会决议事项提出质询或者建议。监事发现公司经营情况异常，可以进行调查，必要时可以聘请会计师事务所等专业性机构协助其工作，由此发生的费用由公司承担。

第 62 条　监事会每年度至少召开一次会议。监事可以提议召开临时监事会会议。

第 63 条　监事会的议事方式为：

1. 监事会会议应有三分之二以上监事出席方可举行；

2. 监事在监事会会议上均有表决权，任何一位监事所提议案，监事会均应予以审议。

第 64 条　监事会的表决程序为：

1. 每名监事有一票表决权；

2. 监事会决议需有出席会议的过半数监事表决赞成，方可通过。

第 65 条　监事会应当对所议事项的决定作成会议记录，出席会议的监事应当在会议记录上签名。

第八章　财务会计制度、利润分配和审计

第 66 条　公司依照法律、行政法规和国务院财政部门的规定建立本公司的财务、会计制度。

第 67 条　公司在每一会计年度终了时编制财务会计报告，应当在召开股东大会年会的 20 日前置备于本公司，供股东查阅。财务会计报告包括下列会计报表及附属明细表：资产负债表；损益表；财务状况变动表；财务情况说明书；利润分配表。

第 68 条　公司分配当年税后利润时，应当提取利润的 10%列入公司法定公积金。公司法定公积金累计额为公司注册资本的 50%以上的，可以不再提取。

公司的法定公积金不足以弥补以前年度亏损的，在依照前款规定提取法定公积金之前，应当先用当年利润弥补亏损。

公司从税后利润中提取法定公积金后，经股东会或者股东大会决议，还可以从税后利润中提取任意公积金。

公司弥补亏损和提取公积金后所余税后利润，按照股东持有的股份比例分配。

股东大会或者董事会违反前款规定，在公司弥补亏损和提取法定公积金之前向股东分配利润的，股东必须将违反规定分配的利润退还公司。

第 69 条　股东大会决议将公积金转为股本时，按股东原有股份比例派送新股。但法定公积金转为股本时，所留存的该项公积金不得少于转增前公司注册资本的 25%。

第 70 条　公司股东大会对利润分配方案作出决议后，董事会须在股东大会会议召开

后 2 个月内完成股利（或股份）的派发事项。公司可以采取现金或者股票方式分配股利。

第 71 条　公司除法定的会计账册外，不得另立会计账册。会计账册、报表及各种凭证应按财政部有关规定装订成册归档，作为重要的档案资料妥善保管。

第九章　合并、分立、解散和清算

第 72 条　公司合并或者分立，由公司的股东大会作出决议；按《公司法》的要求签订协议，清算资产、编制资产负债表及财产清单，通知债权人并公告，依法办理有关手续。公司自股东大会作出合并或者分立决议之日起 10 日内通知债权人，并于 30 日内在报纸上公告。债权人自接到通知书之日起 30 日内，未接到通知书的自公告之日起 45 日内，有权要求公司清偿债务或者提供相应的担保。公司不能清偿债务或者提供相应担保的，不进行合并或者分立。

第 73 条　公司合并或者分立各方的资产、债权、债务的处理，通过签订合同加以明确规定。公司合并后，合并各方的债权、债务，由合并后存续的公司或者新设的公司承继。公司分立前的债务按所达成的协议由分立后的公司承担。

第 74 条　公司合并或者分立，登记事项发生变更的，应向公司登记机关办理变更登记；公司解散的，依法办理公司注销登记；设立新公司的，应当依法办理公司设立登记。

第 75 条　公司因不能清偿到期债务，被有关机关依法宣告破产；或因股东大会决定公司解散、合并、分立以及因公司违法被依法责令关闭以及经营期满，经股东大会研究决定不再经营等原因时，应依法成立清算组，清算组由董事或者股东大会确定的人员组成，逾期不成立清算组进行清算的，债权人可以申请人民法院指定有关人员组成清算组进行清算。

1. 公司清算组自成立之日起 10 日内通知债权人，并于 60 日内登报公告。债权人应当自接到通知书之日起 30 日内，未接到通知书的自公告之日起 45 日内，向清算组申报其债权。对公司财务、债权、债务进行全面清查后，编制资产负债表及资产、负债明细清单，并通知债权人及发布公告，制定清算方案提请股东会或有关部门通过后执行。

2. 清算后公司财产能够清偿公司债务的，首先支付清算费用，而后支付职工工资和社会保险费用，缴纳所欠税款后偿还债务，最后剩余财产按股东持有的股份比例进行分配。

3. 清算结束后，清算组应当制作清算报告，报股东大会或者人民法院确认，并报送公司登记机关，申请注销公司登记。

第十章　工　会

第 76 条　公司按照《中华人民共和国工会法》设立工会。工会独立自主地开展工作，公司应支持工会的工作。公司劳动用工制度严格按照《公司法》执行。

第十一章　附　则

第 77 条　本章程的解释权属公司股东大会。

第 78 条　本章程由全体发起人签字盖章生效并报登记注册机关备案。

第 79 条　经股东大会提议公司可以修改章程，修改章程决议须经出席股东大会所持表决权三分之二以上的股东通过，由公司法定代表人签署后报公司登记机关备案。

第 80 条　因本章程产生的或与本章程有关的争议，选择下列第____种方式解决：

1. 提交________仲裁委员会仲裁；

2. 依法向人民法院起诉。

第 81 条　本章程所订条款与国家法律法规有抵触的和未尽事宜按国家法律法规执行。

全体股东签名：

××××年××月××日

小锦囊

公司章程的制定是一项非常复杂的工作，涉及企业运营后的规范化管理，创业者应当聘请专业的法律顾问协助编写。

学习总结——请用最简练的语言写下你的答案。

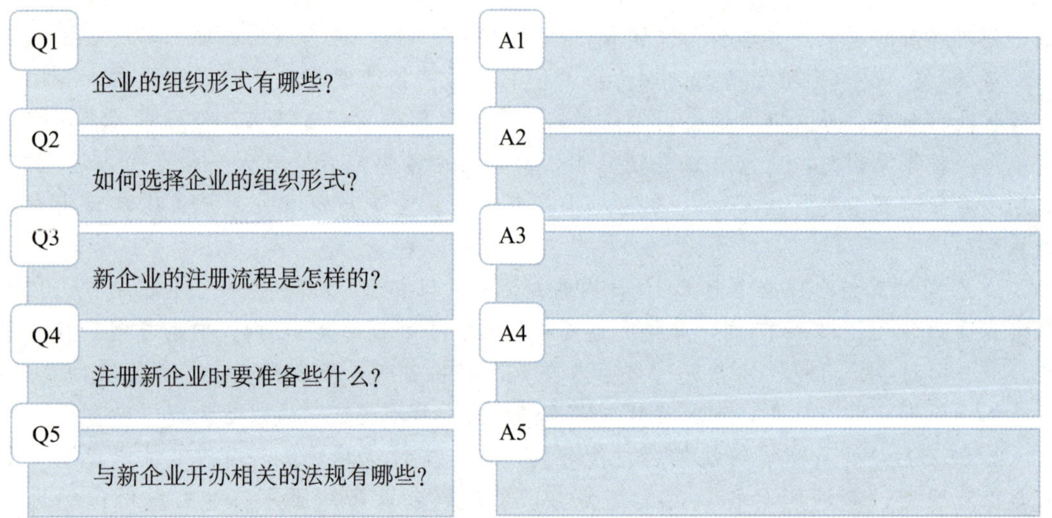

Q	问题	A	答案
Q1	企业的组织形式有哪些？	A1	
Q2	如何选择企业的组织形式？	A2	
Q3	新企业的注册流程是怎样的？	A3	
Q4	注册新企业时要准备些什么？	A4	
Q5	与新企业开办相关的法规有哪些？	A5	

创业者档案

姓　　名： 李想
国　　籍： 中国
籍　　贯： 河北石家庄
毕业院校： 高中肄业
主要成就： 创办泡泡网、汽车之家、车和家

李想，“80 后”企业家代表人物，曾先后创立泡泡网、汽车之家、车和家，现任车和

家CEO。作为新生代创业者的领军人物，李想主要有三次创业经历。

第一次创业——泡泡网

2000年，注册泡泡网。2001年下半年，泡泡网正式开始运营。泡泡网是中文IT垂直网站领跑者之一，后被盛拓传媒收购。

第二次创业——汽车之家

2005年，创立汽车之家，凭借中立客观的内容以及在数据库、实拍图片等方面的创新，用不到一年时间，进入国内汽车网站访问量前五名。2013年12月11日，汽车之家在美国纽约证券交易所成功上市。

第三次创业——车和家

2015年7月，创办车和家，提供智能新能源出行解决方案。2017年3月，宣布完成30亿元人民币B轮融资，累计融资57.55亿元。2018年10月，推出智能电动车品牌理想智造和首款产品理想智造ONE。

主题 9

新企业的管理

Q1：新企业的管理涉及哪些工作？
Q2：新企业可以选择哪种竞争战略？
Q3：新企业应该如何设计营销策略？
Q4：新企业需要掌握哪些人员管理技巧？
Q5：新企业的财务管理工作包括哪些环节？

Q1：新企业的管理涉及哪些工作？

战略指引，战术落实

有人用“没有硝烟的战场”来形容商场，这毫不为过。创业者正式走上创业之路，就要面对商场中数不尽的“战争”。创业者在经营企业的过程中要明确发展愿景，规划竞争战略，协调企业人、财、物等各生产要素之间的关系。具体的管理工作包括以下几个方面。

企业战略管理

任何一家企业想要在竞争激烈的行业中存活下去都需要有一个明确的定位，在进入市场时创业者可以为企业选择一个行业角色，如行业领导者、挑战者、追随者或是补缺者。相应地，企业也要选择不同的市场进入战略，比较经典的战略包括集中化战略、差异化战略、轻型化战略、多元化战略等。在 Q2 中会针对战略选择的内容进行详细介绍。

企业组织结构设计

企业组织结构是企业的全体成员为实现战略目标，在管理工作中进行分工协作，在职务范围、责任、权利方面所形成的结构体系。组织结构一般分为职能结构、层次结构、部门结构、职权结构四个方面。职能结构是指实现组织目标所需的各项业务工作以及比例和关系。层次结构是指管理层次的构成及管理者所管理的人数（纵向结构）。部门结构是指各管理部门的构成（横向结构）。职权结构是指各层次、各部门的权利和责任及相互关系。创业者在设计企业的组织结构时务必明确每个职能部门的分工，并根据管理任务的繁重程度设计层次结构与部门结构，保证企业“人、岗、事”统一。

企业营销规划

一般来说，任何企业都无法为一个广阔市场中的所有顾客服务，新创企业更是如此。企业在制定自身营销规划时，可以借助目标市场营销理论，明确目标顾客及营销重点。STP 模型是创业者可以借鉴的营销规划工具。首先按照不同的细分变量将市场划分为不同的客户群，再从细分后的市场中选择对企业最有利的市场组成部分，最后确定企业产品或服务在目标市场上的竞争地位。

企业生产管理

如果创业者建立的企业涉及生产环节，又不想通过外包方式进行解决，那么在企业经营中就会包含一项名为“企业生产运作管理”的工作。创业者要学会设计生产系统、规划生产战略、选择生产组织形式、编制生产计划，保证产品供应与市场需求相一致。

企业人力资源管理

“人”是企业的核心生产要素，创业者务必要重视人员的管理，在企业创办之初就要对企业人力资源的战略与规划、岗位责任与权利、人员的招聘与配置、员工的培训与开发、薪酬制度、绩效考核机制、劳动关系及员工职业生涯规划等工作进行深入的思考，绝对不可轻视人力资源管理在企业管理中的作用。

企业财务管理

财务管理是企业管理工作中的一项重点内容，难倒了很多大学生创业者。其实，企业的财务管理并没有那么复杂，它主要是通过计划、决策、控制、考核、监督等活动对企业资金运作进行管理，以提高资金效益。创业者需要对企业资金的流转方向和流程进行了解，但关于财务管理方面更专业的内容，如会计信息系统、财经法规等还是要交给专业的财务管理人员来负责。对于企业财务管理的部分，Q5 中会有更详细的介绍。

企业物流管理

企业物流管理是一项相对比较丰富的管理工作，它包含采购物流管理、生产物流管理、销售物流管理及供应链管理等不同环节。大学生创业者创办的企业在规模上通常不会很大，涉及的物流管理工作主要包括物料采购、运输、储存、信息录入等。也许在经营初期还没有办法形成比较成熟的物流管理系统，但创业者一定要拥有专业的物流管理意识，了解物流管理工作对于企业发展的重要性。

企业风险防范

创业者在开办企业的过程中不仅要对企业的战略、营销、生产、人员、财务、物流等环节进行管理，还必须针对企业运营中可能遇到的各种风险进行预测，并制定应对方案及防范措施。企业在运营中面临的风险包括技术风险、市场风险、政治风险、管理风险、生产风险、财务风险等。本书主题 6 针对创业风险进行了详细介绍，在此不再赘述。创业者务必要正视企业运营过程中可能会遭遇的各种风险，并形成风险防范预案。

Q2：新企业可以选择哪种竞争战略？

竞争性战略、扩张性战略、国际化战略

创业者投入“战场”的第一步是明确企业的定位并设计适合企业的竞争战略。创业者必须知道，企业战略并不是一种简单的选择，战略是一个体系，这个体系包括竞争战略、发展战略、技术开发战略、市场营销战略、信息化战略、人才战略，还包括很多其他的职能性战略。新企业需要思考的战略主要包括前期的竞争性战略和中期的发展性战略。

竞争性战略

在明确了企业的行业定位之后，创业者需要思考的第一个问题就是选择怎样的市场进入战略，也就是竞争性战略。目前，有三种比较经典的竞争性战略可供创业者选择，分别是成本领先战略、集中化战略和差异化战略。这三种战略各有特点，也都有各自不同的适用条件。

成本领先战略

成本领先战略是指企业通过降低自己的生产和经营成本，以低于竞争对手的产品价格，获得市场占有率，并获得同行业平均水平以上利润的一种竞争性战略。

成本领先战略主要有五种类型：简化产品型成本领先战略、改进设计型成本领先战略、材料节约型成本领先战略、人工费用降低型成本领先战略、生产创新及自动化型成本领先战略。

目前同行业的企业之间的价格竞争非常激烈，产品基本上是标准化或者同质化的，实现产品差异化的途径很少，多数消费者使用产品的方式相同，消费者的转换成本很低，在此情况下，企业可以尝试使用成本领先战略。

集中化战略

集中化战略又称目标集中战略、目标聚集战略，即主攻某一特殊客户群、某一产品线的细分区段、某一地区市场，具有为某一特殊目标客户群服务的特点。

集中化战略具体有两种形式：一种是成本集中化战略，即在细分市场中寻求低成本优势；另一种是差异集中化战略，即在细分市场中寻求差异化优势。

当行业中具有完全不同的用户群，在相同的目标市场群中，其他竞争对手不打算实行重点集中的战略，企业的资源不允许其追求广泛的细分市场，行业中各细分部分在规模、成长率、获得能力方面存在很大的差异的情况下，创业者可以尝试使用集中化战略。

差异化战略

差异化战略是指为使企业产品或服务、企业形象等与竞争对手有明显的区别，以获得竞争优势而采取的战略。这种战略的重点是创造被全行业和消费者都视为独特的产品和服务。

差异化战略的方法多种多样，如产品差异化、服务差异化和形象差异化等。实现差异化战略，可以培养消费者对品牌的忠诚。因此，差异化战略是使企业获得高于同行业平均利润的一种有效的竞争战略。

当消费者对产品的需求和使用要求是多种多样的，即消费者需求是有差异的，采用类似差异化途径的竞争对手很少，且技术变革很快，市场的竞争主要集中在不断推出新产品特色的情况下，创业者可以尝试选用差异化战略。

扩张性战略

当企业在行业中拥有一定地位之后，就需要考虑采用怎样的方式扩大企业的规模及知名度等。目前，创业者可以选择三种经典的扩张性战略，分别是一体化战略、多元化战略和密集型发展战略。创业者在进行战略选择时务必要充分考虑企业的内外部环境，为企业选择最合适的成长战略。

一体化战略

一体化战略是指企业充分利用自己在产品、技术、市场上的优势，根据物资流动的方向，使企业不断向深度和广度发展的一种战略。

一体化战略主要包括垂直一体化、前向一体化、后向一体化、横向一体化、混合一体化。垂直一体化，也称为纵向一体化，是指生产或经营过程相互衔接、紧密联系的企业之间实现一体化。前向一体化，是指企业获得对分销商的所有权或控制力的战略。后向一体化，是指企业获得对供应商的所有权或控制力的战略。横向一体化，也称为水平一体化，是指与处于相同行业、生产同类产品或工艺相近的企业实现联合，实质是资本在同一产业和部门内的集中，目的是实现扩大规模、降低产品成本、巩固市场地位。混合一体化，是指处于不同产业部门、不同市场且相互之间没有特别的生产技术联系的企业之间的联合。

多元化战略

多元化战略就是企业尽量增加产品大类和品种，跨行业生产经营多种多样的产品或业务，扩大企业的生产经营范围和市场范围，充分发挥企业特长，充分利用企业的各种资源，提高经营效益，保证企业的长期生存与发展。

多元化战略主要包括四种类型，分别是同心多元化经营战略、水平多元化经营战略、垂直多元化经营战略、整体多元化经营战略。同心多元化经营战略指企业利用原有的生产技术条件，制造与原产品用途不同的新产品。如汽车制造厂生产汽车，同时也生产拖拉机、柴油机等。水平多元化经营战略指企业生产新产品销售给原市场的消费者，以满足他们新的需求。如某机器制造公司，原生产收割机卖给农民，之后生产农用化学品，仍然卖给农民。垂直多元化经营战略又分为前向多元化经营战略和后向多元化经营战略。前向多元化经营是指原料工业向加工工业发展，制造工业向流通领域发展，如钢铁厂设金属家具厂和钢窗厂等。后向多元化经营是指加工工业向原料工业或零部件、元器件工业扩展，如钢铁厂投资于钢矿采掘业等。整体多元化经营战略指企业向与原产品、技术、市场无关的经营范围扩展。如美国国际电话电报公司的主要业务是电信，后扩展经营旅馆业。

密集型发展战略

密集型发展战略是指企业在原有业务范围内，充分利用在产品和市场方面的潜力来求得成长的战略。

密集型发展战略主要包括市场渗透战略、市场开发战略、产品开发战略。市场渗透战略是指企业在现有的市场上增加现有产品的市场占有率。市场开发战略指的是企业尽力为现有的产品寻找新的市场，满足新市场对产品的需要。产品开发战略是指企业向现有市场提供新产品或改进新产品，目的是满足现有市场的不同层次需求。

国际化战略

如果创业者的企业能够顺利度过探索期和成长期，接下来面对的就是国际化发展的抉择。国际化战略是企业产品与服务在本土之外的发展战略。

国际化战略分为本国中心战略、多国中心战略和全球中心战略三种。

本国中心战略

本国中心战略是在母公司的利益和价值判断下做出的经营战略，其目的在于以高度一体化的形象和实力在国际竞争中占据主动，获得竞争优势。这一战略的特点是母公司集中进行产品的设计、开发、生产和销售协调，管理模式高度集中，经营决策权由母公司控制。这种战略的优点是集中管理可以节约大量的成本支出；缺点是产品对东道国当地市场的需求适应能力差。

多国中心战略

多国中心战略是在统一的经营原则和目标的指导下，按照各东道国当地的实际情况组织生产和经营。母公司主要承担总体战略的制定和经营目标分解，对海外子公司实施目标控制和财务监督；海外子公司拥有较大的经营决策权，可以根据当地市场变化做出迅速反应。这种战略的优点是对东道国当地市场的需求适应能力好，市场反应速度快；缺点是增加了子公司和子公司之间的协调难度。

全球中心战略

全球中心战略是将全球视为一个统一的大市场，在全世界的范围内获取最佳的资源并在全世界销售产品。采用全球中心战略的企业通过全球决策系统把各个子公司连接起来，通过全球商务网络实现资源获取和产品销售。这种战略既考虑东道国的具体需求差异，又顾及跨国公司的整体利益，已经成为企业国际化战略的主要发展趋势。但是这种战略也有缺陷，对企业管理水平要求高，管理资金投入大。

纵观中国企业的国际化战略，大致可以分为三种类型：第一种是海外设厂，生产本地化，如海尔；第二种是自有产品直接出口，如华为和中兴；第三种是并购国外企业，如联想。三种模式各有利弊，在选择时需要创业者仔细斟酌。

扩张性战略和国际化战略对于大学生创业者来说还略显遥远，创业者可以将关注的重点更多地放在竞争性战略的设计方面。目前，更多年轻创业者基于资源和风险的考虑，会倾向于选择将现有竞争战略进行融合，如选用集中差异化战略或成本集中化战略等。还有不少创业者开始尝试企业的轻型化发展，即将企业中的非核心环节以外包的形式转交给更为专业的企业，以减少自身的管理负担。这些思路都是大学生创业者可以研究和借鉴的。

练习：请尝试设计你的竞争性战略。

你有哪些成本优势？

你在哪个市场（针对哪一人群）更具竞争力？

你想在哪个环节凸显差异？

竞争性战略

Q3：新企业应该如何设计营销策略？

细分市场，走心服务

对于一个刚刚创立的企业而言，制定新颖独特的营销方案是打开销售途径、建立知名度的一项重要工作。企业的市场营销工作不仅需要与众不同的创意，更需要专业的方法和模式。创业者需要掌握的营销理论及工具主要包括 STP 模型、4P 理论和 4C 理论等。

STP 模型

本书在主题 3 中曾经提及 STP 模型。STP 模型是一种基于市场细分的营销学理论，STP 是 segmenting、targeting、positioning 三个英文单词首字母的缩写，即市场细分、目标市场和市场定位，是指企业在一定的市场细分的基础上，确定自己的目标市场，最后把产品或服务定位在目标市场中的确定位置上。

市场细分（segmenting）

“市场细分”概念是美国市场学家温德尔·史密斯于20世纪50年代中期提出的。指的是营销者通过市场调研，依据消费者的需要和欲望、购买行为和购买习惯等方面的差异，把某一产品的市场整体划分为若干消费者群的市场分类过程。每一个消费者群就是一个细分市场，每一个细分市场都是具有类似需求倾向的消费者构成的群体。细分市场的依据可以是地理区域、人口特性、心理特征、行为特点等。对市场进行细分，有利于创业者选择目标市场和制定针对性的营销策略，还能够帮助创业者发掘市场机会，开拓新市场。

目标市场（targeting）

“目标市场”概念是由美国市场营销学者杰罗姆·麦卡锡提出的。目标市场就是通过市场细分后，企业准备以相应的产品和服务满足其需要的一个或几个子市场。随着社会经济的发展和全球化竞争的日益加剧，企业在目标市场的选择策略上已经发生了明显的变化，逐渐从无差别性市场策略[①]转向差别性市场策略[②]，甚至转入集中性市场策略[③]。企业选择和维护目标市场就是集中性市场策略的一种表现。选择目标市场能够让企业集中优势力量进行产品的研发与优化，保证产品能够做到适销对路。

市场定位（positioning）

市场定位是美国学者阿尔·赖斯于20世纪70年代提出的一个重要营销学概念。所谓市场定位就是企业根据目标市场上同类产品的竞争状况，针对消费者对该类产品某些特征或属性的重视程度，为本企业产品塑造强有力的、与众不同的鲜明个性，并将其形象生动地传递给消费者，求得消费者认同。市场定位的实质是使本企业与其他企业严格区分开来，使消费者明显感觉和认识这种差别，从而在消费者心目中占据特殊位置。

传统的观念认为，市场定位就是在每一个细分市场上生产不同的产品，实行产品差异化。事实上，市场定位与产品差异化尽管关系密切，但有本质的区别。市场定位是通过为自己的产品创立鲜明的个性，从而塑造独特的市场形象来实现的。一项产品是多个因素的综合反映，包括性能、构造、成分、包装、形状、质量等，市场定位就是要强化或放大某些产品因素，从而形成与众不同的独特形象。产品差异化是实现市场定位的手段，但并不是市场定位的全部内容。市场定位不仅强调产品差异，而且要通过产品差异建立独特的市场形象，赢得消费者的认同。

4P理论

4P理论诞生于20世纪60年代的美国，它以营销组合理论为基础，将影响市场需求的营销变量整合为四类，分别是产品、价格、渠道、推广。

产品（product）

从市场营销的角度来看，产品是指能够提供给市场被人们使用和消费并满足人们某种

---

① 无差别市场策略是企业把整个市场作为自己的目标市场，只考虑市场需求的共性，而不考虑其差异，运用一种产品、一种价格、一种推销方法，吸引尽可能多的消费者。

② 差别性市场策略就是把整个市场细分为若干子市场，针对不同的子市场，设计不同的产品，制定不同的营销策略，满足不同的消费需求。

③ 集中性市场策略就是在细分后的市场上，选择两个或少数几个细分市场作为目标市场，实行专业化生产和销售。

需要的任何东西，包括有形产品、服务、组织、观念或它们的组合。企业要注重产品功能的开发，根据目标市场的特性，塑造产品独特的卖点。

价格（price）

价格是指消费者购买产品时的价格，包括折扣、支付期限等。企业的价格或价格决策关系到企业的利润、成本补偿，以及是否有利于产品销售、促销等问题。影响定价的主要因素有三个，即市场需求、产品成本和行业竞争情况。产品的最高价格取决于市场需求，最低价格取决于该产品的成本费用，在最高价格和最低价格之间，企业能把这种产品价格定多高则取决于竞争者同种产品的价格。企业要根据不同的市场定位，制定不同的价格策略。此外，产品的定价在很大程度上受到企业的品牌质量的影响，所以创业者要注重品牌的塑造。

渠道（place）

渠道是指在商品从生产企业流转到消费者手上的全过程中所经历的各个环节和推动力量之和。传统渠道按照有无中间环节可以分为直接分销渠道和间接分销渠道两种。由生产者直接把产品销售给最终用户的渠道称为直接分销渠道，即直销；至少包括一个中间商的渠道则称间接分销渠道，即分销。还可以根据中间商的数量对传统渠道分类，直接分销渠道两端为生产者和消费者，没有中间商，称为零级渠道；间接分销渠道则根据中间环节的数量分为一级、二级、三级甚至更多级的渠道。渠道的选择主要取决于企业的市场定位和产品特性，创业者在为产品设计渠道时要充分考虑外部环境的变化和内部发展的需求。

推广（promotion）

很多人将推广狭义地理解为“促销”，这其实是很片面的。推广应当是包括品牌宣传（广告）、公关、促销等一系列的营销行为。创业者可以通过口碑传播、电视广告、微博、微信、邮件、视频、电子杂志、网络广告、论坛等方式配合公关工作进行企业品牌的宣传。在促销活动方面，企业拥有很多选择，如降价式促销、有奖式促销、打折式优惠、竞赛式促销、免费品尝和试用式促销、赠送式促销、展览和联合展销式促销等，创业者可以结合企业资源储备情况进行促销方法的设计与组合。

4C 理论

4C 理论是由美国营销专家劳特朋教授于 1990 年提出的。该理论以消费者需求为导向，重新设定了市场营销组合的四个基本要素，即消费者、成本、便利和沟通。它强调企业首先应该把追求消费者满意放在第一位，其次是努力降低消费者的购买成本，然后要充分注意到消费者购买过程中的便利性，而不是从企业的角度来决定销售渠道策略，最后还应以消费者为中心实施有效的营销沟通。

消费者（customer）

4C 理论中的“消费者”主要指消费者的需求。企业必须首先了解和研究消费者，根据消费者的需求来提供产品。同时，企业提供的不仅仅是产品和服务，更重要的是由此产生的客户价值。消费者需求有显性需求和潜在需求之分。对显性需求的满足是迎合市场，对潜在需求的满足是引导市场。由于市场竞争的加剧，消费者对于同质化产品表现出消费疲惫，而适度创新则是引导和满足消费者需求的竞争利器。

成本（cost）

4C理论中的“成本”不单是企业的生产成本，或者说4P理论中的“价格”，它还包括消费者的购买成本，同时也意味着产品定价的理想情况应该是既低于消费者的心理价格，亦能够让企业有所盈利。消费者购买成本不仅包括货币支出，还包括消费者为此耗费的时间、体力和精力，以及购买风险。所以，消费者总成本包括货币成本、时间成本、精神成本和体力成本等。由于消费者在购买商品时，总希望把有关成本降到最低，以使自己得到最大满足，因此，企业必须考虑采取措施降低消费者总成本，措施包括：降低商品进价成本和市场营销费用，从而降低商品价格，以减少消费者的货币成本；提高工作效率，尽可能减少消费者的购买时间；通过多种渠道向消费者提供详尽的信息以及优质的售后服务，减少消费者精神和体力的耗费。

便利（convenience）

4C理论中的“便利”即所谓为消费者提供最大的购物和使用便利。4C理论强调企业在制定分销策略时，要更多地考虑消费者的方便，而不是企业自己方便。要通过好的售前、售中和售后服务让消费者在购物的同时享受到便利。便利是客户价值不可或缺的一部分。

沟通（communication）

4C理论认为，企业应通过同消费者进行积极有效的沟通，建立基于共同利益的新型企业-消费者关系。这不再是企业单向的促销和劝导消费者，而是在双方的沟通中找到能同时实现各自目标的途径。

4C理论的核心是顾客战略，而顾客战略也是许多成功企业的基本战略原则，比如，沃尔玛的企业价值观是“顾客永远是对的”。4C理论的基本原则是以消费者为中心进行企业营销活动规划设计，与4P理论相比，其侧重点从产品转到如何实现消费者需求的满足，从价格转到综合权衡消费者购买所愿意支付的成本，从促销的单向信息传递转到实现与消费者的双向交流与沟通，从渠道中的产品流动转到实现消费者购买的便利性。

练习：请根据4P理论设计你的营销策划方案。

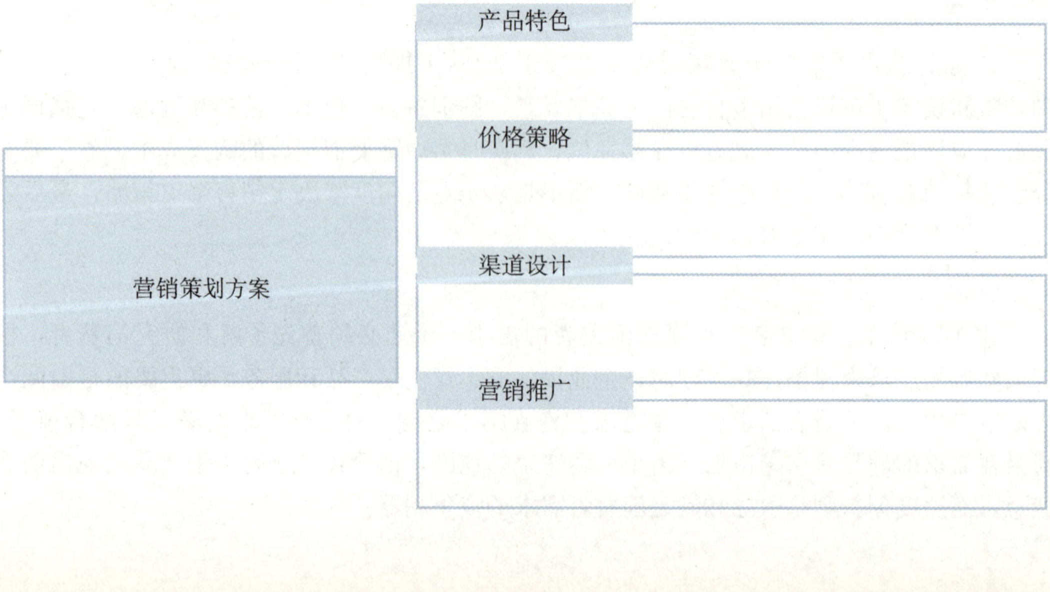

营销策划方案

产品特色

价格策略

渠道设计

营销推广

Q4：新企业需要掌握哪些人员管理技巧?

软硬兼施，刚柔并济

“人”是企业中最核心也最复杂的要素，企业的员工素质和管理模式直接影响着企业竞争战略的实现。新企业在人员管理方面要更加重视文化的打造与沉淀，即使企业初期规模较小，也要注意人员规范化管理。一般情况下，企业人员管理工作主要包括人力资源战略与规划、工作分析、人员招聘、人员培训、薪酬管理、绩效管理、劳动关系管理、员工职业生涯规划八个方面。初创企业在人员管理的各项工作中都有一些技巧可以遵循。

人力资源战略与规划

创业者对于企业人员的吸纳与培养要有一个系统的认识。首先，创业者要根据企业制定的竞争战略设计与其对应的人力资源发展战略。例如，如果企业在进入市场时选择集中差异化战略，那么在人员管理方面就要选择更具灵活性的民主式人员管理模式，给企业的核心员工更多话语权和决策权，在企业中打造尊重知识与创意的氛围和环境。其次，创业者要根据企业未来的发展规划制定能够满足企业发展需求的人力资源规划。创业者要对企业发展所需人员进行数量、层次和结构等方面的预测，再根据内部人员供给能力和外部劳动力市场变化情况，明确企业在各个阶段的人员缺口，为企业的发展制定出完备的人才供给策略。很多小微型企业会忽视人力资源的战略选择与整体规划，但这项工作是能够为企业奠定人才发展基础，培育更加健康的人才发展氛围的重要环节，创业者务必重视。

工作分析

工作分析又称职位分析、岗位分析或职务分析。工作分析是通过系统全面的信息收集手段，提供相关工作的全面信息，以便企业提高管理效率。工作分析是人力资源管理工作的基础，其分析质量对其他人力资源管理模块具有举足轻重的影响。创业者可以通过访谈、问卷调查、观察、工作日记、资料分析、任务调查表、关键事件记录、工作实践等方法了解企业中各个岗位的主要工作内容和特点，并形成具有针对性的企业工作说明书，这对于企业后期人员发展规划、人员招聘与培训以及员工激励等各项工作都具有重要指导价值。创业者在编写工作说明书的过程中切忌照搬照抄同类企业信息，一定要实现人事管理工作的专岗专职，因为人员管理工作本身是一项非常复杂的工程，不能靠兼职的方式来推行。

人员招聘

企业人员招聘主要有两种途径，即内部招聘和外部招聘。内部招聘的方法包括推荐法、布告法和档案法；外部招聘的主要方法有发布广告、借助中介、校园招聘、网络招聘、熟人推荐等。内部招聘与外部招聘各有优点：企业通过内部招聘可以更准确地了解应聘者，并在一定程度上减少招聘费用；而外部招聘可以为企业提供更广泛的人才来源。创业者在确定招聘途径时要根据企业的实际发展情况进行选择。企业在创立之初由于缺乏社会知名度且无法给出足够优厚的薪酬，对于高端人才的吸引力会弱一些，这时企业可以针对所需人才的专业结构，通过人员激励机制吸引和保留人才。例如，对于需要一定社会经验的管理型人才，企业则可以通过猎头公司进行接触，并通过股权激励的形式将其吸纳入创业队伍之中。此外，企业人员招聘需要遵循一定原则，如客观公正原则、德才兼备原则、先内后外原则等。创业者不能因为一时人才短缺，而降低人才选用标准，因为人才的整体素质会直接影响企业未来的发展。

人员培训

创业者需要对企业员工有一个正确的观念：不是企业在控制着员工，而是员工在支撑着企业，所以企业在员工管理上要表现出对员工足够的尊重。企业发展的前提是保证员工的成长，所以，企业要为员工提供学习机会，保证员工能够在精神激励和个人成长方面得到满足。企业培训的形式和内容是非常丰富的，例如，按照职责可以将培训分为应岗培训①、提高培训、职业生涯规划培训、人文培训、拓展培训等。学习的形式包括传统讲授、主题讲座、专业交流、商业模拟、角色扮演、户外拓展等。创业者在创办企业的初期，也许没有太多资金和精力推行员工的各类培训，这时可以借助政府的创业优惠政策，享受政府提供的免费创业培训，也可以将员工技能方面存在的问题记录下来，向地区创业服务中心、创业孵化基地或高校寻求帮助。创业者一定要正视企业运营过程中在员工能力方面出现的各种问题，及时给予解决，不能堆积问题。此外，在组织员工培训时，要注意遵循系统性、制度化、主动性、多样化和效益性原则，保证每次培训的实际效果。

薪酬管理

薪酬管理是企业人力资源管理体系的重要组成部分。企业的薪酬管理工作包括薪酬体系设计与薪酬日常管理两个方面。薪酬体系设计主要是薪酬水平设计、薪酬结构设计和薪酬构成设计。薪酬日常管理是由薪酬预算、薪酬支付、薪酬调整组成的循环，这个循环可称为薪酬成本管理循环。在企业薪酬管理实践中，根据薪酬支付依据的不同，有岗位工资、职务工资、技能工资、绩效工资、工龄工资、薪级工资等薪酬构成元素。通常企业会选择一个或两个为主要形式，其他为辅助形式。刚刚成立的企业也许还无法实现薪酬管理的标准化与规范化，但务必要遵循效率、公平、合法三项原则。所谓薪酬管理的效率原则指的是用适当的薪酬成本给组织带来最大的价值。薪酬管理的公平原则包括分配公平、过程公平、机会公平。合法原则是企业薪酬管理的最基本前提，要求企业实施的薪酬制度符合国家的法律法规、政策条例要求，如不能违反最低工资制度、法定保险福利、薪酬指导线制度等。创业者在创业初期鉴于资金的限制，在员工薪酬基数的设定上难免会略低一些，但一定要保证达到当地同类岗位的最低工资标准，否则将不利于员工队伍的培养与稳定。

---

① 应岗培训指的是企业为了让员工满足岗位所需最基本的能力而进行的培训。

绩效管理

绩效可以简单地理解为员工的工作表现，员工绩效管理是指各级管理者和员工为了达到企业目标而共同参与的绩效计划制订、绩效辅导沟通、绩效考核评价、绩效结果应用、绩效目标提升的持续循环过程，绩效管理的目的是持续提升个人、部门和企业的整体绩效。绩效管理的过程通常被看作一个循环，这个循环分为四个环节，即绩效计划、绩效辅导、绩效考核与绩效反馈。绩效管理强调企业目标和个人目标的一致性，强调企业和个人同步成长，形成“多赢”局面。绩效管理体现着“以人为本”的思想，在绩效管理的各个环节中都需要管理者和员工的共同参与。绩效管理工作是企业人力资源管理的重要内容，企业在推进这项工作时，务必要保证目标的清晰。对员工实行绩效考核的目的是让员工实现企业的目标和要求，所以目标一定要清晰，让目标引导行为。此外，考核的标准一定要客观，很多时候企业的绩效考核不能推行到位，都是因为标准太模糊，要求难量化。与薪酬不挂钩的绩效考核是没有意义的，考核必须与利益、薪酬挂钩，才能够引起企业由上至下的重视和认真对待。人力资源管理的各项工作都是紧密联系在一起的，绩效考核结果直接与薪酬等级挂钩，薪酬的评定又反过来影响员工的工作投入与表现，人力资源管理工作就是各职能环环紧扣、迭代升级的过程。

劳动关系管理

劳动关系是指劳动者与用人单位依法签订劳动合同而产生的法律关系，也可以简单地理解为用人单位与劳动者之间依法确立的劳动过程中的权利义务关系。由于员工与企业双方在利益的追求上存在着根本上的矛盾，所以员工与企业之间就不可避免地产生一些利益方面的冲突。例如，员工希望在工作中得到更多的物质回报和发展空间，但企业出于成本的考虑不可能满足每一位员工的物质激励要求，也不可能满足每一位员工的晋升愿望。也就是说，企业时刻都面对着员工的渴望，甚至不满，如果处理不好与员工之间的矛盾，极有可能爆发严重的劳资纠纷。创业者在面对人员管理中的劳动关系管理这一主题时，务必牢记四项原则：首先是兼顾双方利益，在处理企业与员工之间的矛盾时，要考虑双方的诉求，以公平公正为解决问题的前提。其次是协商解决争议，能够谈妥的事情就不要诉诸法庭，那样对于企业整体形象会造成严重影响。再次是以法律为准绳，针对企业与员工之间的各种矛盾或纠纷，评判的依据只能是《劳动法》《劳动合同法》等相应的法律。最后是以预防为主，创业者要牢记“员工是水，企业是船”。不管事后问题处理得多完美，都不如事前做好防范不出问题强，所以针对企业人力资源管理工作中的劳动关系管理一定要以预防为主，将矛盾解决在萌芽中。

员工职业生涯规划

职业生涯规划就是对职业生涯乃至人生进行持续系统的计划的过程。企业有责任也非常有必要对员工进行职业生涯规划设计，这不仅能够让员工感受到企业对他的重视，更能够将员工的努力与企业的发展进行有效融合，让员工在为自己的目标奋斗的过程中推进企业更快更好地发展。企业在帮助员工进行职业生涯规划时要注意几个问题：第一，保证目标的清晰化，为员工设立的发展目标要既有挑战性又有可衡量性，让员工在经过一段时间的努力之后，能够清楚地判定自己目标的实现情况。第二，保证员工成长目标与企业发展目标的一致性，从稳定人才队伍的角度考虑，员工的发展规划一定要与企业的发展方向相一致，这样才能保证员工与企业共同发展。第三，保证目标的全程性，企业为员工设置的职业生涯规划要覆盖其整个职业生涯，让员工在不自觉间将在企业的工作当成其一生的事业。

练习：请设计企业的岗位结构并撰写岗位职责。

绘制岗位结构图

岗位	职责
岗位1	
岗位2	
岗位3	
岗位4	
岗位5	
岗位6	
岗位7	
岗位8	

Q5：新企业的财务管理工作包括哪些环节？

财务很复杂，但创业者必须懂

财务一般是指与钱、物有关的事务，财务管理是关于资产的购置（投资）、资本的融通（筹资）和经营中现金流量（营运资金），以及利润分配的管理。毫无疑问，企业的运营过程时刻伴随着财务活动，企业在组织资金运作，进行资金筹集、资金运用和资金分配等财务活动时，不可避免地会与投资者、债权人、政府、供应商、分销商、职工等发生经济联系。创业者必须正视财务管理的价值并熟悉财务管理的主要环节。

财务预测

财务预测是根据财务活动的历史资料，考虑现实的要求和条件，对未来的财务活动和财务成果做出科学的预计和测算。财务预测的目的是：测算企业投资、筹资各项方案的经济效益，为财务决策提供依据；预计财务收支（现金流量）的发展变化情况，为编制财务计划服务。财务预测有定性预测和定量预测两类方法。经常采用的定性预测方法有专家会议法、德尔菲调查法、访问法、现场观察法、座谈法等方法。定量预测的方法很多，应用比较广泛的有时间序列预测法（包括算术平均法、加权平均法、移动平均法、指数平滑法、最小二乘法等）、相关因素预测法（包括一元线性回归法、多元线性回归法等）、概率分析预测法（主要指马尔柯夫预测法）等。上述方法并不是相互独立的，在进行财务预测时经常要综合运用。

财务计划

财务计划是根据企业整体战略目标和规划，结合财务预测的结果，对财务活动进行规划，并以指标形式落实到每一计划期间的过程。财务计划主要通过指标和表格，以货币形式反映一定计划期内企业生产经营活动所需要的资金及其来源、财务收入和支出、财务成果及其分配的情况。确定财务计划指标的方法一般包括平衡法、因素法、比例法、定额法等。

财务预算

企业财务预算是在预测和决策的基础上，围绕企业战略目标，对一定时期内企业资金的取得和投放、各项收入和支出、企业经营成果及其分配等资金运动所做出的具体安排。财务预算是企业财务战略的具体化，是财务计划的分解和落实。财务预算的方法通常包括固定预算与弹性预算、增量预算与零基预算、定期预算和滚动预算等。

财务决策

财务决策是指按照财务战略目标的总体要求，利用专门的方法对各种备选方案进行比较和分析，从中选出最佳方案的过程。财务决策是财务管理的核心，决策的成功与否直接关系到企业的兴衰。财务决策的方法主要有两种：一种是经验判断法，即根据决策者的经验来判断选择，常用的方法有淘汰法、排队法、归类法等；另一种是定量分析法，常用的方法有优选对比法、数字微分法、线性规划法、概率决策法等。

财务控制

财务控制是指对企业的资金投入及收益过程和结果进行衡量与校正，目的是确保企业目标以及为达到此目标所制订的财务计划得以实现。财务控制的总体目标是在贯彻执行法律法规和规章制度的基础上，优化企业整体资源综合配置效益，厘定资本保值和增值的委托责任目标与其他各项绩效考核标准。财务控制是企业理财活动的关键环节，也是实现理财目标的根本保证。财务控制的方法通常有前馈控制、过程控制、反馈控制几种。

财务分析

财务分析是以会计核算和报表资料及其他相关资料为依据，采用一系列专门的分析技术和方法，对企业过去和现在有关筹资活动、投资活动、经营活动、分配活动的盈利能力、营运能力、偿债能力和增长能力等进行分析与评价的活动。财务分析的方法包括比较分析、比率分析、综合分析等。

财务考核

财务考核是指将报告期财务指标实际完成数与规定的考核指标进行对比，确定有关责任单位和个人是否完成任务。财务考核与物质奖惩紧密联系，是贯彻责任制原则的要求，是构建激励与约束机制的关键环节。财务考核的形式是多种多样的，包括绝对指标、相对指标、完成百分比考核，也可以采用多种财务指标进行综合考核。

练习：请根据如下产品的市场销售预测表填写“销售成本计划表”与“现金流量计划表”。

假设你的企业的产品是超大尺寸鼠标垫，你将客户划分为两类，分别是个人客户与集团客户，并针对两类客户的特性采用差别定价。企业利用试销的方式对产品进行了10个月的销售情况预测，表1为产品的市场销售预测数据。请根据表1中的数据计算并填写企业的“销售成本计划表”与“现金流量计划表”。

学习总结——请用最简练的语言写下你的答案。

Q1 新企业的管理涉及哪些工作？	A1
Q2 新企业可以选择哪种竞争战略？	A2
Q3 新企业应该如何设计营销策略？	A3
Q4 新企业需要掌握哪些人员管理技巧？	A4
Q5 新企业的财务管理包括哪些环节？	A5

表 1　产品的市场销售预测表

项目		3月	4月	5月	6月	7月	8月	9月	10月	11月	12月
个人客户	销售数量/个	150	300	450	450	500	500	500	600	600	600
	平均单价/元	16	16	16	16	16	16	16	16	16	16
	月销售额/元	2 400	4 800	7 200	7 200	8 000	8 000	8 000	9 600	9 600	9 600
集团客户	销售数量/个	150	300	450	450	500	500	500	600	600	600
	平均单价/元	13.6	13.6	13.6	13.6	13.6	13.6	13.6	13.6	13.6	13.6
	月销售额/元	2 040	4 080	6 120	6 120	6 800	6 800	6 800	8 160	8 160	8 160
合计	销售总量/个	300	600	900	900	1 000	1 000	1 000	1 200	1 200	1 200
	销售总收入/元	4 440	8 880	13 320	13 320	14 800	14 800	14 800	17 760	17 760	17 760

注：企业以赊销方式将产品出售给个人客户，货款一个月之后到账。

表 2　销售成本计划表

单位：元

项目		3 月	4 月	5 月	6 月	7 月	8 月	9 月	10 月	11 月	12 月	合计
销售	含税销售收入											
	增值税											
	销售净收入											
成本	原材料及包装	390	780	1 170	1 170	1 300	1 300	1 300	1 560	1 560	1 560	12 090
	工资	4 000	4 000	4 000	4 000	4 000	4 000	4 000	4 000	4 000	4 000	40 000
	设计费	800	800	800	800	800	800	800	800	800	800	8 000
	房租	1 000	1 000	1 000	1 000	1 000	1 000	1 000	1 000	1 000	1 000	10 000
	促销费	500	500	500	500	500	500	500	500	500	500	5 000
	保险费	20	20	20	20	20	20	20	20	20	20	200
	维修费	70	70	70	70	70	70	70	70	70	70	700
	电费、水费、电话费	950	950	950	950	950	950	950	950	950	950	9 500
	折旧及摊销	700	700	700	700	700	700	700	700	700	700	7 000
	总成本	8 430	8 820	9 210	9 210	9 340	9 340	9 340	9 600	9 600	9 600	92 490
附加税费												
利润												
企业所得税												
企业净利润												

表 3 现金流量计划表

单位：元

项目		月份											
		2 月	3 月	4 月	5 月	6 月	7 月	8 月	9 月	10 月	11 月	12 月	合计
现金流入	月初现金	0											
	现金销售	—											
	赊账销售	—											
	销售总收入	—											
	贷款	—											
	业主投资	30 000											
	可支配现金	30 000											
现金流出	现金采购	—	390	780	1 170	1 170	1 300	1 300	1 300	1 560	1 560	1 560	12 090
	赊账采购	—	—	—	—	—	—	—	—	—	—	—	0
	工资	—	4 000	4 000	4 000	4 000	4 000	4 000	4 000	4 000	4 000	4 000	40 000
	设计费	—	800	800	800	800	800	800	800	800	800	800	8 000
	促销费	—	500	500	500	500	500	500	500	500	500	500	5 000
	保险费	—	240	—	—	—	—	—	—	—	—	—	240
	维修费	—	70	70	70	70	70	70	70	70	70	70	700
	电费、水费、电话费	—	950	950	950	950	950	950	950	950	950	950	9 500
	设备购买	22 000	—	—	—	—	—	—	—	—	—	—	22 000
	场地	2 000	—	—	—	—	—	—	—	—	—	—	2 000
	房租	—	1 000	1 000	1 000	1 000	1 000	1 000	1 000	1 000	1 000	1 000	10 000
	开办费	3 000	—	—	—	—	—	—	—	—	—	—	3 000
	贷款本息	—	—	—	—	—	—	—	—	—	—	—	0
	增值税	—											
	附加税	—											
	企业所得税	—											
	现金总支出	27 000											
月底现金		3 000											

创业者档案

姓　　名：柳传志
国　　籍：中国
籍　　贯：江苏镇江
毕业院校：中国人民解放军军事电信工程学院
主要成就：创办联想集团

柳传志，曾任联想控股有限公司总裁、董事局主席，现任联想集团有限公司董事局名誉主席、联想集团高级顾问。柳传志是中国最知名的企业家之一，泰山会成员，全球 CEO 发展大会联合主席，中国民间商会副会长，中共十六大、十七大代表，第九届、十届、十一届全国人大代表。

柳传志毕业于中国人民解放军军事电信工程学院（今西安电子科技大学），毕业后任职于国防科工委十院十所和中国科学院计算技术研究所，从事科学研究工作。1984 年，柳传志在中科院计算所所长曾茂朝的支持下创办北京计算机新技术发展公司（联想集团前身）。1988 年，柳传志创建香港联想，担任主席一职。1997 年北京联想与香港联想合并，柳传志出任联想集团主席。在企业的管理方面，他大胆启用杨元庆、郭为、朱立南、赵令欢等有才华的年轻人，保证了企业的创新力。2000 年 1 月被《财富》杂志评选为“亚洲最佳商业人士”。2014 年 12 月 21 日，柳传志与巴菲特共同出资的首个在华运营的外国私人航空品牌“利捷公务航空”正式开始运营。2017 年 8 月，柳传志受聘为西安电子科技大学创新创业学院名誉院长。

主题 10

创业者的故事

赵鹏飞：打造更懂消费者的 O2O 平台

赵鹏飞，武汉飞汇云创科技有限公司创始人，“90 后”大学生创业者。

2014 年，读大三的赵鹏飞进入一家电子商务公司实习，萌生了创业的想法。为了创业，他经常去旁听互联网相关课程，学习创新创业理论知识，还与学校的辅导员进行沟通，听取意见，甚至不顾家人的反对放弃了考研。2016 年 3 月，赵鹏飞组建团队，正式走上创业之路，经营线上购物平台。在此过程中，赵鹏飞逐渐认识到电子商务后期的发展方向必然会转入线上与线下结合，商家需要给消费者提供更好的服务，消费者也希望能够更方便、更实惠地买到自己需要的商品，这就意味着 O2O 才是互联网商务平台未来发展的方向。明确思路的赵鹏飞开始转战 O2O 电子商务平台，2016 年 11 月 23 日，正式创办武汉飞汇云创科技有限公司（以下简称“飞汇云创”），专注于 O2O 项目模式发展以及 O2O 线上平台开发与管理，采取 O2O 模式运营。该模式以门店销售为起点，通过会员管理及优惠券折扣方式推动消费者进入线上平台消费，并加大消费频率。线上所得订单由订单所在地区 10 公里范围内的合作实体店铺进行销售与配送，所得利润归于线上，公司根据实体店卖出的件数给予佣金返点。线上销售额的增加不但不会与线下门店产生业务竞争，还将推动线下门店的销售额进一步增加。同时，公司为实体店提供管理指导和市场引流服务。这种模式就是 online to offline（线上到线下）。如此一来，不但线上商城无须支付巨额的营销费用，线下用户还将带动线上销售，实现线上销售额大幅度增加。同时，线上推动线下门店销售额大增，这就是 offline to online to offline（线下营销到线上交易，再到线下消费体验）。飞汇云创创新性地打造双线 O2O 模式，实现了 offline to online to offline 与 online to offline 的结合。

为了更好地整合资源，保证企业得到快速发展，赵鹏飞带领创业团队入驻武汉创新创业园区龙阳湖健康谷，每当前进的路上出现思路不清晰、信心不坚定时，赵鹏飞就与园区的创业导师及创业者们进行交流。他还积极参与园区组织的各类创新创业活动，如创新创业竞赛、大学公益演讲等，通过这些活动帮助团队快速成长。赵鹏飞经常说："创业是一个不断学习的过程，我们所参加的每一项活动都会促进团队的成长，更有利于企业的发展。"

2017 年初，飞汇云创推出线上购物平台——狒狒商城，入驻品类以护肤品、服装、鞋帽、玩具、酒类等快速消耗类产品为主。飞汇云创对入驻商家的审核非常严格，如进口护肤品主要选择与免税店及在国内有正规渠道的店合作，并审核税票及进关报告证等资质。在保证商品质量的前提下，通过线上平台优惠加线下实体店的体验感，让消费者能买到物美价廉且真正适合自己的产品。消费者的购物体验流程图如下：

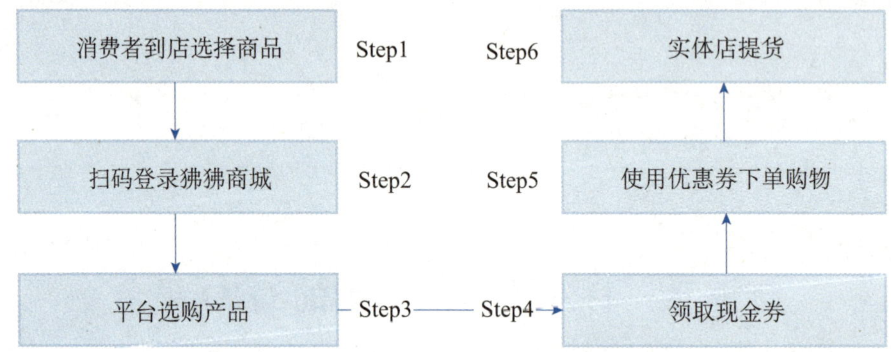

通过狒狒商城消费者可以享受高达 10%的优惠，这部分费用并非由商家承担，而是由飞汇云创来补贴。那这些补贴的费用从何而来呢？赵鹏飞解释道："目前公司的收入主要是靠技术和产品。帮助线下商家销售货品会有返点，这是收入之一；全国招录合作客户，出货的时候会有厂商返点，这是收入之二。现阶段主要是打开市场，所以把返点的费用补贴给了商家，前期可能会给更多利润点和优惠政策。只有前期把根扎好了，后期才能走得更稳。"

2017 年 5 月，飞汇云创参加武汉市汉阳区大学生留汉创新企业"相亲会"，得到 6 家投资机构青睐。全国合作的客户近 500 家，整合的实体店 3 000 多家。随着后期发展，客户量会越来越大，线下消费者的涌入量也会越来越大。飞汇云创目前正在申报高新技术企业，计划在 3 年内完成 50 000 家实体店入驻，2022—2025 年实现上市挂牌，目前正在考虑引进风投机构，加速公司发展。

"只有把根扎好了，才能走得更稳。"这是赵鹏飞在创业过程中反复强调的一句话。这位踏实肯干的"90 后"创业者，一心想打造更懂消费者的 O2O 平台。希望在这个没有硝烟的战场，飞汇云创能化茧成蝶，赵鹏飞也能早日将梦想照进现实。

资料来源：https：//www. sohu. com/a/247462493_611424.

王佳梁：变"中国制造"为"中国创造"

王佳梁，1979 年 10 月出生，高中毕业被保送上海交通大学，本硕连读，毕业以后加入微软中国研发集团，成为一名项目经理，一路走来可谓是顺风顺水。促使王佳梁做出创业决定的，其实是朋友间的一次打赌。

在一次聚会中，他拿出新买的多普达全触屏手机炫耀，却被旁人“吐槽”输入不方便。王佳梁脑中突然闪现出一种全新的设计，并开始和大家讨论。编程高手王健宣称自己一个周末就能实现这个想法的雏形。于是王佳梁与其打赌，如果他能做出来就一起辞职创业。结果王健果然只花了一个周末，一种全新的输入法雏形就做出来了。很快，更多新的点子涌了出来。在完善这个智能手机输入法软件的过程中，王佳梁突然看到了巨大的商机。怀着一直以来对创业特有的热情，王佳梁决定放弃在外企的高薪工作，为梦想而奋斗。

2008年，王佳梁正式创立触宝，这是一家总部设立在上海的创新型移动互联网企业。触宝旗下有两款产品，分别是触宝电话和触宝输入法。走上创业道路的王佳梁真实地感受到自己创业和在知名公司工作截然不同。从出入高档酒店到在路边啃包子，从出差坐飞机到选择坐最便宜的慢车，从甲方到乙方，从强势到弱势，从收入5位数到月月赤字，生活从原先的“小资”变得“小气”，巨大的落差不断考验着王佳梁的耐心和坚持下去的勇气。但他始终认为创业初期是最艰苦的，也是最快乐的，艰苦在于生活的拮据，快乐在于每天都能看到来自世界各地的用户发来的邮件，有衷心的感谢，有真诚的反馈，也有很多批评意见。创业团队每天不断地讨论着各种创新和改进，公司里的每一个人都感觉自己在做一件有趣又有意义的事情。触宝在发布第一版产品之前，王佳梁曾经做过一个大胆的预测：第一个月下载量要达到1 000人次。然而让人意想不到的是，仅仅三周时间，下载量就已突破10万人次。

2009年，王佳梁和他的创业团队受邀参加在巴塞罗那举办的世界通信大会。王佳梁代表团队参加了大会组办的创新大赛，在他的演讲过程中，有评委问道：“你们如何保证你们的创新不被别人抄袭?”王佳梁的回答是：“只有一种方法，就是我们的创新速度比他们的抄袭速度还要快!”凭借创新实力与优异表现，王佳梁和他的创业团队为中国捧回了“全球移动创新大奖”。

创业的路上并不是一帆风顺的，触宝很快遭遇到了知识产权方面的问题。全球最大的手机输入法提供商Nuance公司先是向触宝发出了收购意向，王佳梁和几个合伙人商量后，决定走自己的路，没理睬。接下来，Nuance公司直接下了“战书”，在美国起诉触宝输入法产品侵权。2012年12月，Nuance公司向美国国际贸易委员会（ITC）提出申请，指控美国进口的部分手机设备侵犯了其专利权，被告方包括触宝。如果触宝要应诉，就要承担风险，无论输赢，按常规都要支付500万～800万美元的律师费，这笔钱可能把这家100多人的公司压垮。当然他们也可以选择认错或不理睬，但这意味着触宝承认侵权，并且不能再进入美国市场。王佳梁认为这样不仅会失去美国市场，自己现有的客户也会陷入信任危机；相反，打赢官司，对方的专利威胁就彻底清除了，公司将进入高速发展的新阶段。“哪怕律师费再贵，也要证明自己没错!”这个信念让一群年轻的合伙人选择放手一搏，背水一战。最终，触宝赢了这场跨洋官司，靠的除了勇气还有底气。

王佳梁现在已是上海触宝信息科技有限公司的掌舵人，公司推出的手机输入法软件已实现年盈利2 000万元，王佳梁也成为中国企业家新晋代表。

资料来源：http：//news. xinhuanet. com/fortune/2013 - 06/23/content_8420. htm.

郭炜兰：女大学生创业传承家乡美食

郭炜兰是一名“95后”，大学期间成绩优异，年年都拿奖学金，毕业那年更是拿到了国家励志奖学金。2017年毕业后她先是在泉州一家电商企业实习，半年后因为表现突出成为公司合伙人，也拥有了自己的团队。但是，她很快放弃了前景良好的工作，选择回家乡传承家族流传下来的擀面手艺。很多人不理解她的决定，她给出的理由是，返乡创业一来能照顾父母，二来能保住传统手艺，三来能助力家乡发展。

刚刚返乡创业的郭炜兰不仅要面对老乡的质疑，更要面对家人的反对，但她并没有太多的解释，只是用实际行动展现自己创业的决心。

郭炜兰的家族经营的是一种传统美食，叫“屁股面”。“屁股面”起源于清朝，在郭炜兰太爷爷那一辈就已开始制作了。“屁股面”的擀面手艺很奇特，既不像一般人用双手擀面，也不借助机器设备，而是用一根一米多长、碗口粗的擀面杖，擀面人骑在一头用自身体重不断碾压面团。这种工艺制出来的面条劲道足、有嚼劲，当地人给起了个名字叫“屁股面”。“屁股面”的制作过程并不简单，分为和面、擀面、切面三个步骤。先用上等面粉和碱用温水和盐搅拌，揉成面团。然后擀面，不能用蛮力，需要均匀用力，还得保持平衡，以免从擀面杖上摔下。最后将擀好的面饼卷起，切面，保证每根面条粗细均匀。一整天做下来，经常把人累得腰酸背痛。一个壮小伙都受不了，更别说是一个瘦弱的姑娘。

但郭炜兰硬是咬牙坚持了下来，她每天早上不到6点就起床擀面。骑坐在碗口粗的擀面杖上，双脚不停地上下跳动，几十个来回后，面团慢慢被压成扁条形。再将擀好的面皮按10厘米左右的宽度折好，菜刀起落间，均匀细长的面条便叠在桌案上。擀面的郭炜兰从不化妆，长时间碰水的双手红肿粗糙，几个月坚持下来，村民们都对她竖起了大拇指。

一直希望孩子能走出去的父母，最初也很不理解。郭炜兰的父亲郭金星一开始并不看好女儿的选择，因为原本她已经在大城市找到一份不错的工作，月收入近万元。郭金星还有一个不支持女儿的原因是这行不易，从18岁就开始做面的郭金星深知这个行当的辛苦，他不想女儿重走父辈的老路，过得那么辛苦。但看到了女儿的坚持，他也慢慢理解了女儿，并放手让女儿去闯。

郭炜兰在经营“屁股面”的过程中采用了全新的理念，她在坚守传统工艺的基础上，引入了更多新媒体营销元素。和制面的辛苦相比，“屁股面”的价格显得物美价廉。市场上一斤3元左右，郭炜兰家的面有独到之处，一斤生面可以卖到4元，但一天也就卖100多斤，扣除各项成本，赚得并不多。为了扩大销量，拥有电商经验的郭炜兰将“屁股面”挂到网购平台，一天能卖出三四百斤，高峰期还曾一天卖到五六百斤，产品卖到广东、上海、香港等地。在郭炜兰的努力下，“屁股面”受到全国网友关注，销售量不断攀升。郭炜兰说服父亲将旧门店进行了一番改造，同时还在店内做了一些文化墙绘，展现“屁股面”的制作工艺。

2017年9月，郭家受邀参加第十届海峡两岸（泉州）农产品采购订货会，面条很快就销售一空，这也让郭炜兰更有信心，她想通过“屁股面”，把家乡的农特产品推广开来，让更多人知道她的家乡蓬华，走进蓬华，镇政府也十分重视保护和传承这一传统工艺，以郭家团队为基础，组建电商平台，结合“屁股面”和镇上其他特色农产品的销售，通过产业融合的模式，把“屁股面”同产业、文化、旅游、扶贫等相融合，让传统工艺焕发新的生机，助推蓬华镇乡村振兴。

在当地政府的帮助下，郭炜兰筹划建设了大学生创业基地，她希望运用在大学所学的知识和在互联网企业工作的经验，帮助村里更多人解决农产品的销路问题。在基地的支持下，“屁股面”不仅吸引了顾客的关注，还吸引了不少大学生创业者的目光。“95后”大学生杨志强慕名前来拜师学艺，并计划在其他地方开设分店。未来，郭炜兰打算把自家的“屁股面”一步步做大，在全国设代理点，统一配送，让更多人加盟，开连锁店，做大品牌价值，振兴家乡发展。

资料来源：http：//k. sina. com. cn/article_5137261048_1323461f8034003aqp. html？from=food.

张旭豪：从“网瘾少年”到企业掌门人

张旭豪，本科就读于同济大学，硕士毕业于上海交通大学，饿了么网上订餐平台创始人，现任饿了么董事长。

张旭豪出生于上海经商世家，祖父是上海滩的“纽扣大王”，伯父是“轴承大王”。家庭的熏陶，让张旭豪极富经营头脑。

2007年，张旭豪高分进入上海交通大学，开始了研究生学习。其间，张旭豪迷恋上了网游，常常打游戏到忘记吃饭，晚上十点多和室友饿着肚子也不愿意下楼买餐。当时外卖并不普遍，大多数饭店里是没有外卖服务的，更不用说深夜送外卖了。

头脑灵活的张旭豪敏锐地看到了商机，于是以发小广告的形式做地推，又和室友凑钱买了8辆电瓶车，干起了送外卖的活儿。张旭豪积极拓展线上渠道，通过学校的BBS给论坛中的每个人发了一封饿了么的推广信。这招让张旭豪的订单迎来暴涨，完成了两个月当日200单、六个月当日1 000单的可喜成绩。一时间，上交大附近的餐馆都认识了这么一个“外卖服务商”。在部分实体餐馆支持的基础上，饿了么进入快速发展期。

在发展过程中，张旭豪遇到过不少竞争对手，算得上旗鼓相当的却只有一位——王兴主导的美团。彼时，饿了么和美团正面交锋，美团在资本实力、人才储备和技术开发层面占据绝对优势，饿了么陷入困境。张旭豪察觉美团正集中精力主攻团购、餐饮、院线、酒店等战线，外卖领域趋向保守。发现切入点之后，张旭豪当即战略调整：增加各地区的人手，以强硬指标加强地推人员业绩考核，并主动挑起外卖市场的价格战，美团补贴2块，饿了么就补贴3块，遇到活动补贴大红包则全免单。曾经有一段时间，饿了么在这场外卖大战中占据了优势，但最终还是以美团率先盈利告终。

自2008年上线以来，饿了么从几十个用户发展到2亿多用户，从几个商家发展到百万商家，从上海发展到全国2 000多座城市。为了保证公司的资金供应，2015年12月，阿里巴巴向饿了么投资12.5亿美元，占股约27.7%，成为第一大股东。2016年12月，饿了么与阿里巴巴签订对赌协议，若2018年3月未实现协议内容，阿里巴巴将全面接管饿了么。2017年5月，饿了么获得来自阿里巴巴和蚂蚁金服共同追加的新一轮融资。融资后阿里巴巴占股接近33%，张旭豪本人股份已不足2%。2017年8月，饿了么收购百度外卖，外卖市场呈现了饿了么与美团外卖双双争雄之势。2018年4月2日，阿里巴巴联合蚂蚁金服以95亿美元对饿了么完成全资收购。从此，饿了么全面融入阿里巴巴的新零售战略。

资料来源：https：//www.sohu.com/a/225711452_100097560.

吴欣鸿：屡战屡败、屡败屡战的创业者

吴欣鸿，福建泉州人，美图公司创始人兼CEO。

1981年，吴欣鸿出生于福建泉州的一个商贾之家，可能是因为家庭环境的影响，吴欣鸿自小就有创业的想法，但吴欣鸿的创业之路并不十分平坦。

吴欣鸿自幼学习美术，中考后曾到中国美术学院求学两年。吴欣鸿在读高中期间正值中国的互联网兴起之时，电脑开始走进中国人的家庭，吴欣鸿家便是其中之一，也是在这个时候，吴欣鸿与互联网结下了不解之缘。

当时有一则新闻，一个叫作“business.com”的域名在美国竟卖出了750万美元，这让吴欣鸿看到了域名背后的商机。1998年，吴欣鸿拿着父亲给的一万元试水创业，开始搞域名投资。初期经营并不顺利，一万元钱打了水漂。2000年他手里有一个叫作“e23.com”的域名，经过讨价还价，最终以3 000美金的价格与美国一家公司成交。

2002年，吴欣鸿发现了一个叫作“520.com”的域名，这个域名与网络流行语“5201314”（谐音“我爱你一生一世”）非常契合，吴欣鸿预感到这个域名如果能做成交友网站一定会成功。于是他创立了一个交友网站，会员要付费才能取得对方的联系方式。但由于不懂用户需求，交友网站失败了。此后吴欣鸿加盟了朋友蔡文胜的公司，做搜索工具条，并获得了不错的成绩。之后，吴欣鸿便一个一个项目地接着尝试，大部分是网站，涉及股票、视频、资讯等，这些都是利用流量赚钱的，虽然利润不少，但吴欣鸿对这些并不真正感兴趣。

机会再一次来临。吴欣鸿在QQ群里发现，很多人在聊天时喜欢用一些奇奇怪怪的符号和表情。他突发奇想，如果推出一套适合网络语境的文字形式，不是会很受欢迎吗？2007年开春时节，吴欣鸿和他的团队推出了“火星文”。“火星文”因为符合众多“90后”的需求，用户量到年底突破4 000万。“火星文”很成功，但产品定型后的商业空间在哪里是吴欣鸿思考的一个问题：“‘火星文’只是一款小小的软件，展现空间不足，真的很难有商业发展空间。”更让吴欣鸿苦恼的是：“可能跟‘90后’脱节太远，我自己基本不用‘火星文’，一个产品连我自己都不喜欢用，我真的很难想象它会有什么前途可言。”

继续做吧，自己不喜欢，但若说放弃，又舍不得，毕竟有数量如此之大而且特征鲜明的用户群。在一次与蔡文胜的闲聊中，吴欣鸿得到了启发。当时的修图软件市场里，只有Photoshop和光影魔术手，前者操作步骤烦琐，后者已经卖给了迅雷，修图市场有相当大的作为。“火星文”的用户群体大多是“90后”，而这部分群体很爱晒照片，对修图软件有需求，因此如果做出了修图软件，在推广上也不会有太大的难度。2008年10月，吴欣

鸿上线“美图大师”，到年底用户量突破100万。后来大家觉得“美图大师”这个名字有点儿过于正经了，不太符合用户群的审美，上线2个月后便改了名字，叫“美图秀秀”。美图秀秀不断更新，2009年增加了美容功能。所谓美容功能，就是给照片化妆，但又不像专业软件那么复杂，深受年轻女孩欢迎。这个功能让美图秀秀的用户数量瞬间得到极大提升。吴欣鸿的团队深知，大多数用户会在版本升级区下载软件，因为大家都喜欢用新的。为此，他们制定了一个策略，美图秀秀更新频率为1～2个星期一次。吴欣鸿说：“只要我们时常更新，就会获得更多的曝光机会，在排行榜上的名次也会得到提升。”这一年，吴欣鸿从蔡文胜的公司中独立出来，成为一名创业者。吴欣鸿带领美图秀秀一步一步向前行，取得了骄人的成绩。2011年底，美图秀秀在PC端和移动端用户突破1亿。2012年，PC端用户量突破1亿，PC加移动端突破2亿。2013年春节，移动端用户量突破2亿，单日活跃用户突破1 800万，并一直呈增长趋势。2013年5月19日，美图秀秀在北京举行发布会，并发布Meitukiss手机。2016年12月15日，美图在香港联合交易所主板正式挂牌交易。这是深港通开闸后迎来的最大一笔IPO。美图成为继腾讯之后，在香港上市的最大的互联网公司。

吴欣鸿也随着公司的上市变成了身家数十亿的商界精英，身份的转变要求他付出更大的努力。“以前我们与世无争，专心做自己感兴趣的事情。但现在必须要争，必须要赢。”吴欣鸿表示自己曾经满脑子艺术家思维，处于比较“佛系”的状态，但现在要带2 000多人的团队打胜仗，需要热血沸腾，需要全力战斗。上市之后，美图的品牌、资金实力都得到了加强，但同时股东和公众也对美图提出了更高的要求。吴欣鸿必须让自己像狼群的头狼一样全力以赴，用他自己的话说：“我有一颗年轻的心，在我看来，年轻没有失败。因为，我的青春烈火燃烧着永恒，我愿意用所有热情换回时间，让年轻的梦没有终点。”

资料来源：https：//baijiahao. baidu. com/s? id=1592838772180155891&wfr=spider&for=pc.

史晓刚：立足科技创新的潮流引领者

史晓刚，天津人，是一位立足科技创新的“90后”大学生创业者。

史晓刚对电子设备的热爱主要是受家庭环境的影响，从小家里就摆满了各式各样的电子元器件和测量仪器。他从高中开始对电子产生了浓厚的兴趣，高三时除了应付繁重的课业负担外，还制作了一个自动测量不规则物体体积的装置，并获得了天津市青少年科技创新大赛一等奖。

2009年，史晓刚考入北京理工大学微电子专业，开始拼命地做科研项目，参加科技竞赛。他在入学之初就提前自学嵌入式软硬件方面的知识，用了两年时间带领团队研发了一架可以垂直起降的固定翼无人机，大二时获得“挑战杯”大学生课外学术科技作品竞赛一等奖。

大学期间，史晓刚所有的兴趣点都集中在了科学研究上，他担任学校科技创新基地的负责人，负责实验室和项目的管理。学校专门为他配备了一间独立办公室，史晓刚吃住基本都在办公室里，几乎没有上过课、没有回过宿舍。大三时史晓刚陆续参加了很多项目和比赛，毕业设计时做了一套“基于 DSP+FPGA 的雷达信号处理系统”。

本科毕业后，史晓刚进入华为技术有限公司，从事智能手机硬件的研发工作。在华为工作将近两年时间里，史晓刚学到了很多关于技术、研发流程与人力资源制度方面的知识，更重要的是，他接触到了智能眼镜领域，在与公司多名专家交流探讨后，史晓刚认定 AR 将是一项真正改变人类未来的技术，于是在 2015 年从华为离职，正式开始创业。

2015 年 5 月，史晓刚创立枭龙科技有限公司，致力于 AR 技术及相关硬件的开发。与其他所有“90 后”大学生创业者一样，刚刚起步的史晓刚虽然对于未来有着宏伟的展望，但现实中也不得不面对技术、资金、人才等多方面资源的困境。创业初期，史晓刚的想法很简单，就是一门心思研究他痴迷的 AR 技术，做出跟谷歌一样好的 AR 眼镜。但是，研究一款高水平的 AR 眼镜并不是那么简单，产品涉及硬件、外观、光学、设计等几大技术领域，所有技术必须全部自主研发，这对当时只有十几个年轻人的创业团队来说可谓是一项艰巨的挑战。面对技术上的挑战，史晓刚没有退缩，而是与小伙伴们一起潜心技术研发，并将运动领域作为市场切入点。2016 年，秉持着“要做就做到极致”的理念，公司推出了首款产品“Techlens T1”，这是专门为骑行者研发的一款 AR 智能眼镜。“推出这款产品的时候，团队只有 15 个人，每个人都能独当一面，几乎是 7×12 小时在拼命努力，用了不到一年时间就把产品做到了开模程度。”从硬件、驱动到 App，无处不体现着创造性的“Techlens T1”一经推出，马上成为业内关注的焦点。

随后，枭龙科技创新的步伐可谓一发而不可收。2017 年，枭龙科技在美国 CES 展①上发布了“Techlens T2”，这款双日 AR 智能眼镜拥有双目大视场角显示、OLED 微显示屏、手势+语音交互等先进技术，具备“解放双手”“虚实融合”“信息近眼显示”的特性，开放 API 接口让这款智能眼镜具备了可扩展功能，可以结合互联网、云计算、AR 技术以及行业需求，定制开发专属功能。2018 年，国际消费电子展上引人注目的 AR 智能眼镜产品——枭龙科技的“Techlens S1”，不仅重量轻、佩戴舒适，还可广泛应用于安防、巡检、物流等多个领域，可实现身份识别、车牌识别、执法记录、远程指挥调度等功能。

史晓刚的创业之路看似顺风顺水，但实际上在这一路上充满着他和他的科研团队殚精竭虑的努力和不断的自我挑战。史晓刚原本是一个极其内向、不善言谈的人，但作为公司的掌舵人，他必须“豁出去”，跟政府职能部门、金融投资人等讲解自己的技术和产品，让更多人了解 AR 技术。他还要学着管理团队，沟通各方信息，可以说，创业把他从一个窝在实验室搞科研的“理科男”历练为“商场老手”。所有这一切的努力都是为了当初创业时许下的承诺：让枭龙科技未来可以成为像苹果、微软这样引领时代潮流的科技型企业。

发展至今，枭龙科技已经拥有近百人的团队，拥有多项 AR 核心技术及国家专利，成功研发出消费级运动 AR 智能眼镜、AR 工业智能眼镜、AR 警务智能眼镜、军用 AR 单兵头盔等重量级产品。同时，公司通过强大的软硬件整合能力，将 AR 技术和传统行业相结合，研发出针对工业、安防、军工等多领域专属解决方案，帮助行业解决长期存在的问题。

资料来源：http：//www. bit. edu. cn/xww/lgxb21/154365. htm.

① 美国 CES 展由美国电子消费品制造商协会（简称 CEA）主办，创始于 1967 年，是世界上最大、影响最广的消费类电子技术年展，也是全球最大的消费技术产业盛会。

主题11

创业项目集锦

车主邦：打造能源零售新模式
DWELT：全球精准室内位置服务
易露营：把“游景点”变成“住景点”
抖音：创意短视频社交软件
拼多多：与众不同的拼团社交购物 App
一品一家：中国小农经济运营平台
今日头条：基于数据挖掘的推荐引擎

车主邦：打造能源零售新模式

项目介绍

车主邦由车主邦（北京）科技有限公司开发运营，是一款能够帮助车主既省钱又省时地完成加油的应用软件，是中国汽车后市场服务平台之一，主营业务是移动互联网折扣加油服务。此外，车主邦携手异业合作品牌，构建车主服务一站式平台，提供的服务包括查违章代缴、轮胎服务、4S店服务、洗车服务、汽车保险、维修保养等。

车主邦一方面通过互通技术实现商用车和现有加油站、充电桩、加氢站数据闭环联通；另一方面通过区块链技术打造微型电网，直接参与能源供给，完成商用车能源集中采购B2B闭环交易。

2018年3月，车主邦已经接入20余万根充电桩，覆盖全国，支持充电桩查找、导航、支付、预约、共享等功能。目前，车主邦正在打造基于区块链的微型电网，并在此之上，与云鸟科技、58速运、货拉拉等商家合作，共同打造专为商用车服务的充电网络。

车主邦软件已嵌入商用车企业司机客户端，实现能源采购数据闭环，签约包括58速运、云鸟科技、货拉拉、首汽约车、易到、神州专车等专快车、同城货运等，覆盖商用车数量超350万。车主使用车主邦加油的流程为：点击“一键加油”查看合作加油站→一键导航到加油站→选择油号→输入加油金额→选择优惠券→在线支付。车主邦支持微信、支付宝等多种支付方式，车主不用携带现金，在加油过程中可以通过软件获得优惠券，省钱又省时地完成加油。

项目启示

车主邦目前的成绩主要取决于三点：第一，找到蓝海；第二，迅速占领市场；第三，利用B2B2C模式让利车主，培养品牌强度。

以加油站为入口的互联网公司并不少见，从车到加油等初创公司到滴滴加油这类大公司的旗下产品都在试水。但相对而言，没有哪一家互联网公司像车主邦一样，精准定位于商用车，特别是物流车、货车。可以说，车主邦找到了一片蓝海。

车主邦成立于2016年5月，是搭建在互联网上的油电一体化能源供应商。2016年，车主邦完成天使轮融资，融资金额达500万元，由亚联资本投资。2018年上半年，车主邦在3个月内闪电完成两轮融资：1月，车主邦宣布完成中楷集团、赛马资本、蓝焱资本的5 000万元A轮融资；4月，车主邦完成A+轮融资，融资金额1.1亿元人民币，估值约10亿元。车主邦App从南到北覆盖北京、上海、深圳、天津、杭州、成都等50余个一二线城市。目前，车主邦已经成为商用车能源零售网络覆盖第一的供应商，与中国前100主流商用车平台都建立了合作，在销售量上仅次于滴滴加油，排名第二。车主邦在资本市场上的整套动作只能用一个字来形容，那就是“快”，这么做的目的非常明显，要在市场变成红海之前建设壁垒，站稳脚跟。

车主邦在攻占市场的过程中，做得最漂亮的一招是打造B2B2C链条，让利车主。在B端，车主邦与品牌加油站签订协议，锁定成品油价格和货源，反向集中采购获得价格优惠，并将利差让渡给下游货车司机。与此同时，车主邦与全国范围内的大型物流平台，例如58速运、卡车之家等签订合作协议，成为这些平台的唯一接口，通过这种锁定B端的方式，再锁定下游C端客户。在加油站和平台两方面合作上，车主邦同时推进，并且进展速度非常之快。

在合作对象的选择上，主要是一些外企加油站及民营加油站，包括壳牌、中化石油、大桥石化、延长石油等品牌加油站，数量超过 3 000 家。车主邦不跟中石油、中石化合作，是因为它们的客户大多为私家车，且价格较高，并不是货车司机的选择。车主邦的目标客户群主要设定在货车司机。

在新零售模式的冲击下，传统成品油销售模式的地位已经被撼动。有很多品牌加油站主动找到车主邦，希望参与到这种商业模式中。除了帮加油站保证销量之外，车主邦还为加油站提供线上交易平台、支付等在内的全套技术和运营方案，包括加油站 SAAS 服务①、免下车一键支付等支持新消费模式的软件技术。

为了增强竞争实力，车主邦也在不断增加平台的合作伙伴。从市场端来看，车主邦已经成为商用车能源零售网络覆盖第一，与中国前 100 主流商用车平台都建立了合作，包括 58 速运、首汽约车、易到、嘀嗒出行、货拉拉等，直接面对 1 200 万商用车车主。更重要的是，车主邦与合作平台打通技术与数据，实现唯一接口锁定交易。

车主邦也在不断拓展合作伙伴类型，包括汽车金融租赁、客车销售租赁、停车洗车服务等各类平台。车主邦在电桩和新能源车租赁等业务上也有布局，已经与星星充电、好易充、特来电等充电桩运营厂商签订合作协议。

资料来源：http：//news. bitauto. com/hao/wenzhang/880228.

DWELT：全球精准室内位置服务

2018 年 11 月 1 日，同济大学刘儿兀教授指导的创业项目“DWELT——全球精准室

① SAAS 是 software as a service（软件即服务）的简称，是一种软件布局模型，其应用专为网络交付而设计，便于用户通过互联网托管、部署及接入。

内位置服务领导者”荣获中国第四届“互联网+”创新创业大赛金奖。

据调查，人们有超过80%的时间在室内度过，预计到2024年室内定位技术市场规模将超过百亿美元。室内定位有需求，但GPS因建筑物遮挡没办法在室内使用，并且目前各种室内定位技术因为过度依赖硬件、精度不够等原因无法满足需求。

刘儿兀教授及其科研团队自主研发的室内定位技术DWELT（基于动态加权进化的路径追踪技术），攻克了没有卫星信号和无线信号下的定位难题，创新地结合手机传感器、地磁、无线和视觉信号，进行数据融合和机器学习，无须大量部署基础设施和硬件，即可实现高精度定位，能满足展会、体育场、商场、地下停车场等众多复杂场景的定位导航需要。

DWELT代表了当前手机室内定位的国际领先技术水平，具有“高精度、低成本、低延迟、全样本、易部署、易扩展”的特性，还曾获权威的微软国际室内定位技术大赛冠军，以及中国国际工业博览会创新银奖，被选定为国家会展中心全馆定位导航服务和首届中国国际进口贸易博览会以及国家体育馆定位导航服务的唯一提供商。DWELT获得香港特首办公室-城市逍遥行计划的支持，未来视障人士可依靠DWELT系统独立环游城市，探索周边环境，更好地融入社会，自信地参与社会。

DWELT未来将拓展至以下八个领域：

1. 智慧商城：对消费者行动轨迹及消费数据进行挖掘分析；帮助商家实现精准营销；提升消费者购物体验。

2. 智慧出行：为地下停车场提供停车推荐、路线引导、反向寻车功能；方便单车的追踪和管理；提供网约车用户的室内位置；提升出行体验。

3. 智慧枢纽：针对机场、火车站、地铁、大型展馆等客流密集的场所，为消费者提供室内定位导航服务；实现分流和疏导。

4. 智慧旅游：为游客提供旅游导航、景点介绍服务，为管理者提供客流监控、景点安防服务。

5. 智能工厂：提供电子围栏，保障员工及资产的安全，方便进行员工管理；提升设备、材料、人力的运行效率。

6. 智慧医疗：提供导医服务和智慧养老服务，提升用户就医和养老体验。

7. 智慧社交：基于位置的社交，让用户实时分享室内位置，提升沟通效率。

8. 基于位置游戏：精准位置和VR/AR结合，打造极致的游戏体验；放置游戏精灵，促进相关区域的客流量和销售。

DWELT计划未来成为结合区块链技术、构建位置服务与数据分布式交易平台，成为全球位置数据流量入口。

项目启示

毫无疑问，位置服务市场潜力巨大，DWELT项目从技术、算法等各个方面规避了GPS的一些技术障碍，突破性地以数据融合和机器学习等技术解决了室内位置服务的问题，室内定位的精度非常高。

DWELT 与目前存在的其他六种主流室内定位技术[①]相比较，无疑在定位精度、推广易度、成本等方面均占据优势。接下来工作的重点将转入项目推行中的试错环节，该项技术在实际落地的过程中会遇到很多问题，项目团队要注意整合资源、积累数据，不断实现服务质量的反馈与提升。此外，DWELT 在嵌入八大应用场景的过程中要分出主次，同步推进会导致资金链过于紧张，链接商业化联盟将会成为该项目未来发展的重点。

资料来源：https：//www. sohu. com/a/272685075_407277.

易露营：把“游景点”变成“住景点”

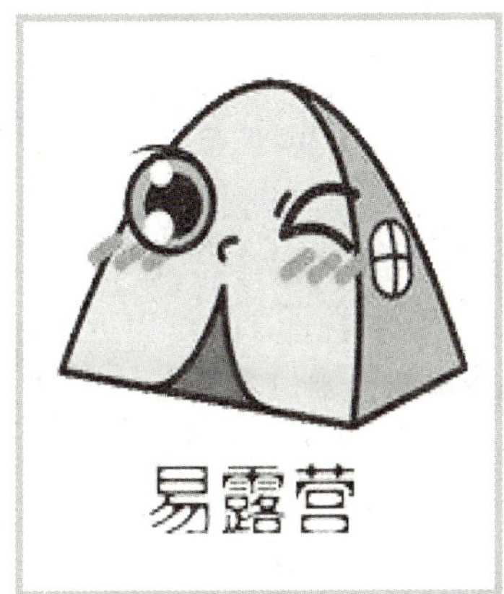

项目介绍

易露营是浙江大学竺可桢学院 2011 级求是化学班学生沈爱翔于 2013 年 3 月推出的创业项目。该项目主要是针对年轻人群提供移动旅游服务，项目发展至今已经经历了三次升级与转型。

第一轮转型：从露营装备租赁到露营综合服务平台。

2012 年春天，当时还是大一新生的沈爱翔萌生了户外露营的想法，并很快看到了背后的商机。沈爱翔在浙大校园内进行了市场调查，收回了近 600 份调查问卷，发现 86%的同学有租赁帐篷的需求，但真正体验者不足 5%。这个结果让沈爱翔吃了颗定心丸，他随即找到四个小伙伴，成立了露营社团。当时，五个人凑了 14 000 元，租下一间库房，购置了帐篷等露营装备，做起了租赁生意。2013 年 3 月，“浙大蜗 Camp”正式推出，这就是易露营的雏形。

不过瓶颈很快到来，在 2 万人规模的浙大学生市场中，浙大蜗 Camp 的知名度只覆

① 六种主流室内定位技术分别是：Wi-Fi 室内定位技术、超宽带 UWB 室内定位技术、蓝牙室内定位技术、RFID 室内定位技术、红外线室内定位技术、超声波室内定位技术。

盖了30%，每周的订单量在30人左右。为此，沈爱翔和团队再次开展调查，发现同学们普遍对露营缺乏专业知识。同学们会搜索各种露营论坛的帖子，却没有一个权威的专业露营资源整合平台能为他们提供实质性帮助。于是，浙大蜗 Camp 开始转型做露营综合服务平台，租帐篷的同时给出攻略，还不定期组织露营活动，并改名为“易露营”，即让露营更容易。2014年6月底，在一次浙大创业论坛后，当时担任活动嘉宾的新东方创始人之一徐小平把沈爱翔约到北京，表示看好该项目，并给易露营投入了几十万元的启动资金。

第二轮转型：从 B2C 模式到 B2B2C 模式。

创业的路途总是跌宕起伏。很快，沈爱翔意识到易露营的问题：“既要管理活动，又要管理用户。平时还得负责帐篷的租借归、清洗，而且要让用户来拿帐篷，自己带到景区，有局限性，可复制性较低。”2014年9月，易露营进行第二次转型。他们整合了后端的营地资源，和杭州周边营地达成合作，露营装备和相关服务由营地方面提供。无论是私人定制还是集体露营活动，都通过易露营线上预订、营地线下承载服务。如果说第一阶段的易露营属于 B2C 模式，那么第二阶段的易露营就属于 B2B2C 模式。易露营开始整合露营资源，逐渐转化为承接上游供应商和下游客户的综合性服务平台。

第三轮转型：从移动旅居服务平台到露营管理方案提供商。

2018年初，易露营完成了来自海石投资和初心资本合计1 000万元的 PreA 轮融资，将重点用于建设新品牌——易露云，和营地规划公司澳蒂姆以及营地管理公司露云娜美合作，共同开发和整合营地资源，并为营地方开发 CRM 管理系统。易露营 CEO 沈爱翔表示，目前旅游市场上缺乏好的产品是公认的，但是很少有公司能从上游完成改造，景区又缺乏内驱动力和市场反馈，所以在消费升级的同时旅游玩法却没有保持同步。在确定移动旅居方向确实有巨大需求之后，沈爱翔决定开始整合上游渠道。易露营的每一个营地供应商都将接受露云娜美标准化、精细化的露营地运营管理，借此来提升营地的服务品质和接待能力。露云娜美会对营地方收取一定的管理费用，而易露营将确保每年向合作营地输送不低于5 000人的客户资源。和澳蒂姆的合作重点将是联合景区规划、设计、开发合适的营地，为景区建立房车区、卫浴区、无线网络等基础设施。原来的易露营网站作为一个获客渠道为平台上的营地服务导流；易露云则将服务于各家营地，用于信息管理，甚至还可以根据淡旺季调配共享各家营地的房车、帐篷等资源。

项目启示

易露营这一款创业项目源自高校社团，最初的目标市场也设定为高校大学生，后续自然会出现市场过于狭小的问题。此外，高品质露营旅游服务平台的缺失也限制了易露营“1.0版”（露营装备租赁）的发展。沈爱翔敏锐地捕捉到困难背后暗含的商机，果断地将创业重点转至露营旅游服务平台的打造，并整合国内外露营旅游产业上下游渠道资源，率先抢占商机，成为品类第一。易露营未来的发展需要更强大的管理团队和资源补给，要将每一步做实，保证品牌美誉度。

资料来源：https：//www.kanzhun.com/news/260640.html.

抖音：创意短视频社交软件

项目介绍

抖音是一款创意短视频社交软件，由北京微播视界科技有限公司于 2016 年 9 月上线。用户可以通过这款软件拍摄短视频，制作和分享自己的作品。

抖音这款产品本身的研发难度并不大，重点在项目的市场推广和品牌构建方面。在进行前期市场推广的过程中，抖音砸下大量资源，请众多知名人士进行宣传，还联络了直播平台家族公会，从美拍批量导入 KOL（意见领袖），进行以 KOL 为核心的粉丝传播。抖音在市场开拓过程中的娱乐性和轻松性，与年轻人追求的自我表达风格十分吻合。

2018 年 7 月 25 日，抖音官方首次对外公布自己的全球月活跃用户超过 5 亿，相当于微信用户的一半。

项目启示

抖音这款产品有鲜明的特性，目前取得的突出成绩主要是因为抓住了目标市场的消费需求与特点。这个项目也存在运营上的诸多风险，例如资源整合导致的管理问题、品牌价值的建立与维系、内容的审查与监督等。而这其中最考验北京微播视界科技有限公司的就是平台内容的审核管理。目前，公司已经采取各种手段，试图加强公众对抖音的信任，如清理视频、封禁账号、增加违禁关键词组等，但这些措施多是在问题发生之后的弥补性行为，总体看来，抖音在内容管理方面还是缺乏主动预防。

作为一个已经具有强大社会影响力的视频社交平台，抖音必须将重点放在保证平台品质上，创建美好、正向的社区氛围，打造健康、有价值的平台，引导用户传递正能量，记录和分享美好生活。

资料来源：http：//tech. ifeng. com/a/20180725/45083206_0. shtml.

拼多多：与众不同的拼团社交购物 App

项目介绍

拼多多成立于2015年9月，创始人为黄峥。拼多多是一个专注于C2B拼团的第三方社交电商平台。用户通过发起和朋友、家人、邻居等的拼团，可以以更低的价格购买优质商品。

拼多多作为新电商开创者，将娱乐社交的元素融入电商运营中，通过“社交+电商”的模式，让更多的用户带着乐趣分享实惠，享受全新的共享式购物体验。拼多多目前主要开设了PC与手机应用两个端口，其中PC端主要针对商家，包含“商家入驻”“热点资讯”“爱心扶贫”“社会招聘”“校园招聘”“下载App”“帮助中心”“分享赚钱”等模块。相较于PC端，拼多多的手机应用端模块更加丰富，操作起来也更方便，商品品类包含服装、母婴、水果生鲜、家居用品等多个方面。此外，拼多多还开设了“全球海淘”模块，以保证产品的丰富度。

拼多多自上线以来一路高歌猛进，取得了优异的成绩。2016年9月，拼多多用户超过1亿，月成交总额超10亿元，日均订单超过100万单；2017年12月，拼多多成交总额为1 412亿元，实现GMV（成交总额）突破千亿元大关；2018年3月，拼多多实现12个月活跃用户突破2.95亿，拥有超过100万商家；2018年7月，拼多多正式登陆美国资本市场，市值达到240亿美元。

看到拼多多上线以来取得的各项成绩，我们不禁要问，它是怎么做到的？是如何在电

商的一片红海中杀出重围的？

许多人认为，拼多多吸引的是县城和农村的用户，依靠的是其他电商平台玩剩的"拼团"模式，但其实远没有那么简单。拼多多以拼团模式取胜固然没错，但它吸引的可不只是县城和农村的用户。其实，拼多多抓住的并不是某一类人群，而是消费者对价廉物美商品的偏好，没有地域与人群差别。

再说拼团模式，这确实不是什么新鲜的电商模式。但以往电商平台搞拼团，是由商家或平台发起的，往往是针对特定品项进行的促销活动，而拼多多的拼团模式由用户自主发起，发起后既可以等待别的用户加入，也可以在社交网络上发动自己的社交联系人一起参与。这就改变了以往的拼单模式，注入了社交这一强大赋能元素，采取各种方式试图将一个人的朋友圈"一网打尽"。

拼多多迅速发展，让人看起来像是一匹电商黑马，但如果深入了解拼多多的创始人及其团队，以及拼多多的资本结构、路径选择，就会发现这一切并非偶然。拼多多的创始人黄峥，不仅有一份耀眼的履历，而且拥有一个强大的"朋友圈"。在美国求学毕业后，黄峥在谷歌工作了三年，这段经历培养了他对互联网、公司价值的理解。2007年，黄峥与李开复一起到北京拓展业务，一年后就开始了自己的创业生涯，先后涉足手机、电商服务、游戏等领域，而且都有不错的业绩。这段时间里，黄峥逐渐打造了自己的团队，积累了自己在资本圈的资源。这为拼多多进入电商领域并迅速发展，积累了丰富的团队经验和行业基础。

资料来源：http：//baijiahao. baidu. com/s? id=1604842959761816500&wfr=spider&for=pc.

一品一家：中国小农经济运营平台

四川一品一家农业发展有限公司，是国内首个小农经济领域专业运营平台，创始人是

"80后"村支书李君。一品一家自2014年11月24日成立以来，一直广受媒体和政府关注。

一品一家以中国传统小农经济为依托，搭建小农生产与城市消费的供需链接。一品一家没有自己的生产基地，也不进行任何规模化养殖，所有产品均来自四川省广元市苍溪县39个乡镇的上万农户，以保证产品的原生态品质。一品一家的产品主要包括"时光鸡""岁月鸭""年华猪""土鸡蛋""柚香腊肉""麻辣香肠"等，此外还有不同价位的年货礼包等。

一品一家不直接参与生产环节，传统农户通过亲戚朋友等的诚信担保加入一品一家P2P平台，经过考核即可给平台提供农产品。城市家庭根据自己实际消费水平，选择结对一家或多家"亲戚"，在线上下单后，即可选择到周边社区体验中心直接验货提货，也可以选择由快递配送上门。一品一家通过设立社区体验中心覆盖周边客户的方式，实现线上下单、线下体验或提货的无缝对接。

为了保证整体链条的完整性与科学性，一品一家构建了"溯源系统"。农户与一品一家签约后，平台上将生成该农户的专用编码。每个农户编码包含该农户的家庭情况、养殖信息以及生产能力等相关信息。签约农户家的家禽和牲畜在养殖初期，将由一品一家的工作人员统一打上溯源标识，所有的家禽和牲畜都会有一个能够记录其生长情况的溯源码，通过该溯源码，消费者可以了解他所购买的产品完整的养殖过程。

一品一家带有明显的公益色彩，公司会定期举办"爱心拍卖"活动。一品一家爱心拍卖活动所倡导的是"让爱心者有回报，让受助者有尊严"的新公益理念。一品一家将每个月的17日定为"爱心拍卖日"。该活动把贫困农户家庭生产的农产品通过拍卖的形式，提供给参加竞价的爱心中标者，农户得到全额拍卖款。如果拍卖款超过农产品本身价值，农户将在之后的一年时间里提供等值农产品回报爱心中标者。一品一家将无偿提供产品的宰杀、包装、配送等服务，并全程监督产品安全。

一品一家还设置了线下体验餐厅，消费者能够品尝来自四川广元农村的食材佳肴，还能直接将生鲜食材购买回家。

一品一家通过"溯源系统"保证产品与服务品质，构建平台美誉度；通过"爱心拍卖"实现扶贫功能，体现社会价值；通过体验餐厅强化市场信赖感，也为未来拓展打下基础。

项目启示

一品一家这个项目属于比较传统的农产品对接平台，商业模式并不复杂，建设的目的也非常明确。它的优势就在于运营模式的简单性。

这个项目的核心人物是创始人李君，他还有一个特殊身份，即四川省广元市苍溪县白驿镇岫云村党支部书记。如果没有这个身份，就没有一品一家产生的可能性。

李君在担任村支书期间，发现了小农经济的痛点：一是农民担心自己的产品销售不出去，传统的农产品贩卖方式要经过商贩层层压价，并且极易受到市场波动的影响，最终受伤害的还是农民；二是食品安全问题。在这背后是一个第三方对接平台的缺失。李君看到了这个机会，也有能力进行资源整合，因此一品一家诞生了。

李君创新性推行“一对一”签约模式，公司与农户签约，农户与城市消费者“结对”，这其实是将乡村精准帮扶嵌入企业的经营之中，发动社会力量实现“有尊严的帮扶”。当然，“溯源系统”与体验餐厅也起到了保障与加分的作用。

一品一家是在国家实施乡村振兴战略背景下诞生的项目，带有明显的公益色彩，其资源也多是来自政府的帮扶。一品一家若想有更大作为，必须与投资机构建立联系，通过专业投资人打开更广阔的市场。

资料来源：http：//www. cnyipinyijia. com/.

今日头条：基于数据挖掘的推荐引擎

项目介绍

今日头条是北京字节跳动科技有限公司开发的一款基于数据挖掘的推荐引擎产品，专门为用户推荐信息，提供连接人与信息的服务，创始人为张一鸣。

今日头条创建于 2012 年 3 月，平台功能主要包含五项，分别是“头条号”“头条寻人”“算数功能”“精准辟谣”“账号内搜索”。“头条号”是今日头条针对媒体、国家机构、企业以及自媒体推出的专业信息发布平台，致力于帮助内容生产者在移动互联网上高效率地获得更多的曝光和关注。“头条寻人”是由今日头条发起的公益寻人项目，它借助精准地域弹窗技术，对寻人或寻亲信息进行精准的定向地域推送，可以帮助家属寻找走失人员，帮助救助管理机构救助的疑似走失人员寻找家人。“算数功能”中的“算数”指的是“算法”与“数据”，今日头条依托其独到的推荐引擎技术，倡导“个性化阅读”理念。“精准辟谣”是通过“机器算法+用户反馈”的方式，高效识别虚假信息，当有大量用户举报一篇内容为虚假信息或在某篇内容的评论区中密集出现“假新闻”等类似关键词时，平台即可自动识别，将其提交至审核团队，进行高优先级的复核，甄别虚假信息后，运营团队将立刻停止虚假信息的推送和展示，并对发布虚假信息的来源进行处罚。信息平台还能通过虚假信息的阅读记录，将阅读过此信息的用户识别出来，进行定向辟谣，避免了辟谣时可能的次生传播。“账号内搜索”是头条号平台推出的“圈子”功能，收到邀请的创作者可创建免费或付费粉丝社群，与用户直接交流互动。

今日头条在信息的推送上主要是基于个性化推荐引擎技术，根据每个用户的兴趣、位置等多个维度进行个性化推荐，推荐内容不仅包括狭义上的新闻，还包括音乐、电影、游戏、购物等资讯。

今日头条的业务重点是信息的推送，近几年也进行了一些业务扩张和战略投资。2016 年 9 月，今日头条投资 10 亿元用以补贴短视频创作，后独立孵化 UGC 短视频平台——火山小视频；2017 年 2 月，全资收购美国短视频应用 Flipagram；2017 年 11 月，以 10 亿美元估值收购音乐短视频平台 Musical. ly；2018 年 1 月，正式与 BuzzFeed 达成内容授权协议；2018 年 2 月，完成对 Faceu 的收购，交易总价约为 3 亿美元；2018 年 12 月，推出一款联合互联网保险公司泰康在线开发的医疗险产品——“合家保·全家共享健康保障计划”。

目前今日头条已经不只是局限于信息的推送，而是涉猎内容制作、视频社区建设、线上保险等多个领域。

项目启示

2012 年，今日头条 App 上线时的口号是“你关心的，才是头条”，体现出今日头条赖以迅速成长的“推荐+算法”基因和“以用户为中心”的态度。此后 6 年间，今日头条一直沿用这句口号，一系列产品举措都围绕“连接人与信息，促进创作与交流”进行，如 2014 年推出头条号，2016 年投入短视频，2017 年上线问答和微头条等。

2018 年 5 月，今日头条将口号更换为“信息创造价值”，其核心重点是在通过连接人与信息来创造新的价值时，更加重视信息的优质。

2020 年，今日头条启用新口号——“看到更大的世界”，继续在内容及内容分发机制上进行产品迭代。今日头条 CEO 朱文佳说：“要解决信息茧房，通用信息平台是当下我们能想到的最有效的解决办法。只有内容体裁足够丰富，分发方式足够多样，才能让人们看到更大的世界。”

从“信息创造价值”到“看见更大的世界”，意味着今日头条早已不是“算法时代的 App 工厂”，而是它对未来进程的自信体现，以及愿景彰显。作为一个普惠通用信息平台，和以前相比，在了解到世界、身边正在发生什么的同时，用户对内容的专业性、可信度、实用性也有了更大需求。诸如科普、政策、医疗等知识类专业内容，以及财经等较高门槛和信息深度的内容，如今在今日头条颇受欢迎。

资料来源：http：//baijiahao. baidu. com/s? id=1602173380299217610&wfr=spider&for=pc.

参考文献

[1] 施有朋．轻创业：低成本打造小而美公司 [M]．北京：台海出版社，2019.

[2] 郑旭．创业突围：跨越企业成长的 12 个陷阱 [M]．北京：中信出版社，2019.

[3] 杜倩，洪雨萍．创业管理：企业成长战略的视野及实践 [M]．长春：吉林大学出版社，2019.

[4] 曹海涛．合伙创业：合作机制＋股份分配＋风险规避 [M]．北京：清华大学出版社，2018.

[5] 杜平．创业思维：让创业者少走弯路的方法论 [M]．北京：企业管理出版社，2018.

[6] 深圳市科技创新委员会．深圳创业故事 [M]．深圳：海天出版社，2018.

[7] 秋叶．创业 7 堂课 [M]．北京：人民邮电出版社，2018.

[8] 布拉德・菲尔德．创业人生：掌控生活与工作的平衡 [M]．邓非，左立冰，译．北京：机械工业出版社，2018.

[9] 周航．重新理解创业 [M]．北京：中信出版社，2018.

[10] 清华 x-lab．从学生到创业者：清华 x-lab 案例课 [M]．北京：人民邮电出版社，2018.

[11] 余胜海．不折腾：大众创业成功法则 [M]．北京：电子工业出版社，2018.

[12] 贺尊．创业学概论 [M]．北京：中国人民大学出版社，2011.

[13] 林诚光，陈建行．创业情商：决定你创业成功的 8 种关键能力 [M]．北京：中信出版社，2018.

[14] 罗永浩．创业在路上 [M]．北京：中信出版社，2018.

[15] 赵博思．创业的真相 [M]．杭州：浙江大学出版社，2018.

[16] 布拉德・菲尔德，马亨德拉・拉姆辛哈尼．创业公司董事会设计：架构、方法、案例范本 [M]．王雪畅，译．北京：人民邮电出版社，2018.

[17] 孙志超，郑可君．创业实战笔记：教你掌握创业下半场的生存要诀 [M]．北京：清华大学出版社，2018.

[18] 姜镪．手把手教你创业开公司：注册、融资、营销一册通 [M]．北京：人民邮电出版社，2018.

[19] 大卫・科恩，布拉德・菲尔德．创业唯快不破：美国超级加速器 TechStars 内部创业手册 [M]．桂曙光，译．北京：机械工业出版社，2018.

[20] 杨中兴，胡丽丽．创业合伙人 [M]．天津：天津科学技术出版社，2018.

[21] 肖森舟．创业的 108 个方法 [M]．北京：中国纺织出版社，2017.

[22] 诺姆・沃瑟曼．创业者的窘境 [M]．七印部落，译．武汉：华中科技大学出版社，2017.

[23] 张子睿．创业者表达能力训练 [M]．北京：九州出版社，2017.

[24] 乔·卡伦．创业简史：塑造世界的开拓者 [M]．王瑶，译．北京：中国人民大学出版社，2017.

[25] 廖连中．创业公司的动态股权分配机制 [M]．北京：中国铁道出版社，2017.

[26] 艾诚．创业不死法则 [M]．北京：中信出版社，2017.

[27] 史蒂夫·费舍尔，加奈·杜安．图解创业：创业可视化操作指南 [M]．黄珏苹，译．北京：中信出版社，2017.

[28] 戴维·罗斯．创业清单 [M]．桂曙光，魏亦萌，译．北京：中国人民大学出版社，2017.

[29] 伦纳德·施莱辛格．创业：行动胜于一切 [M]．郭霖，译．北京：北京大学出版社，2017.

[30] 汤亚舟．创业三板斧：重运营 [M]．北京：电子工业出版社，2017.

[31] 杨轩．创业时，不可不知的细节 [M]．杭州：浙江大学出版社，2017.

[32] 程江波．创业力：创业者的 9 堂必修课 [M]．北京：机械工业出版社，2017.

[33] 史少武．创业合伙人 [M]．北京：人民邮电出版社，2017.

[34] 比尔·费舍尔．创业融资，从一个好故事开始 [M]．郭杰群，Felicia B Guo，孙云，译．北京：中信出版社，2016.

[35] 盖伊·川崎．创业的艺术 2.0：创业者必读手册 [M]．刘悦，段歆玥，译．北京：电子工业出版社，2016.

[36] 陈工孟．创业基础与实务 [M]．北京：经济管理出版社，2016.

[37] 宿春礼，高清福．创业是一种修行：徐小平献给年轻人的创业忠告 [M]．北京：石油工业出版社，2016.

[38] 孙志超．创业第一年：如何让公司活下来 [M]．北京：中国发展出版社，2016.

[39] 道恩·福图普鲁斯．给创业小白的财报书 [M]．曾琳，译．南昌：江西人民出版社，2016.

[40] 何维克．创业从 0 到 1 [M]．北京：民主与建设出版社，2016.

[41] 李笑来．斯坦福大学创业成长课 [M]．天津：天津人民出版社，2016.

[42] 艾诚．创业的常识：顶级投资人告诉你的创客生存法则 [M]．北京：中信出版社，2016.

[43] 孙陶然．创业 36 条军规 [M]．北京：中信出版社，2015.

[44] 彼得·戴曼迪斯，史蒂芬·科特勒．创业无畏：指数级成长路线图 [M]．贾拥民，译．杭州：浙江人民出版社，2015.

[45] 本·霍洛维茨．创业维艰：如何完成比难更难的事 [M]．杨晓红，钟莉婷，译．北京：中信出版社，2015.

[46] 杰弗里·蒂蒙斯，小斯蒂芬·斯皮内利．创业学：21 世纪的创业精神 [M]．周伟民，吕长春，译．北京：人民邮电出版社，2014.

[47] 知乎．创业时，我们在知乎聊什么？[M]．北京：中信出版社，2014.

[48] 史蒂夫·布兰克，鲍勃·多夫．创业者手册：教你如何构建伟大的企业 [M]．新华都商学院，译．北京：机械工业出版社，2013.

[49] 埃里克·莱斯．精益创业 [M]．吴彤，译．北京：中信出版社，2012.